KB059406

스포티파이 플레이

▶ 유튜브, 넷플릭스를 뛰어넘는 콘텐츠 공룡 스포티파이가 온다

스포티파이 플레이

스벤 칼손 · 요나스 레이욘휘부드 지음
홍재웅 옮김

SPOTIFY PLAY

비즈니스북스

옮긴이 홍재웅

스웨덴 스톡홀름대학교에서 스트린드베리 연구로 박사 학위 취득 후 현재 한국외국어대학교에서 강의를 하고 있다. 스웨덴, 노르웨이, 덴마크 문학 작품의 번역과 연극 공연 작업 등 북유럽의 문화를 소개하는 다양한 일에 매진하며, 북유럽과 한국 사이의 외교적 유대 관계를 돈독히 하는 데 힘을 보태고 있다. 옮긴 책으로 《스웨덴식 성평등 교육》, 《3부작》, 《보트하우스》 등 다수가 있다. 저서로는 《Creating Theatrical Dreams》, 《20세기 서양의 일상과 풍경》(공저) 등이 있다.

스포티파이 플레이

1판 1쇄 발행   2020년 11월 11일
1판 3쇄 발행   2020년 12월 21일

지은이 | 스벤 칼손 · 요나스 레이온휘부드
옮긴이 | 홍재웅
발행인 | 홍영태
발행처 | (주)비즈니스북스
등 록 | 제2000-000225호(2000년 2월 28일)
주 소 | 03991 서울시 마포구 월드컵북로6길 3 이노베이스빌딩 7층
전 화 | (02)338-9449
팩 스 | (02)338-6543
대표메일 | bb@businessbooks.co.kr
홈페이지 | http://www.businessbooks.co.kr
블로그 | http://blog.naver.com/biz_books
페이스북 | thebizbooks
ISBN 979-11-6254-176-0   03320

기업의 성공 공식이 바뀌고 있다

"왜 스포티파이를 쓰니?"

전 세계에는 너무도 다양한 음악 스트리밍 서비스가 있고, 심지어 스포티파이가 소개되기 전부터 음악 서비스를 사용하는 소비자들을 상당히 강력하게 사로잡은 플레이어들이 있었다. 조수석에 앉자마자 자연스럽게 블루투스를 연결해 스포티파이를 플레이하며 이제 갓 스무 살이 된 소피Sophie는 한 치의 망설임도 없이 답했다.

"확실히 더 편해. 음악도 다양하고, 모든 기능이 조금씩 더 좋아."

음원 시장의 넷플릭스라고 불리는 스포티파이의 국내 진출 소식에 맞춰 그 경쟁력이 궁금하던 차에 즉흥적으로 나온 질문이었지만 이 짧은 대답에서도 꽤 깊이 있는 답을 얻게 되었다.

전 세계에서 음악을 듣는 사람들의 귀를 35퍼센트 이상 장악하고 있는 스포티파이의 창립자이자 CEO인 다니엘 에크가 집중한 것은 음악 산업 생태계의 생리를 바탕으로 한 비즈니스 모델과 사용자 친화적인 인터페이스 부분이었다. 그는 이 두 영역만큼은 절대 타협하지 않았다. 5천만 곡 이상의 음원 보유량, 3억 명 이상의 사용자, 더불어 1억 명 이상의 월 정액제 가입자라는 어마어마한 성공의 지표는 견고했던 음악 생태계를 고려한 비즈니스 모델과 획기적인 아이디어의 절묘한 조합 덕분이라고 할 수 있다.

음악 산업의 넷플릭스, 스포티파이의 성공 레시피

흔히 새로운 비즈니스를 떠올릴 때 아이디어의 참신함과 천재적인 비즈니스 모델의 발굴을 가장 중요한 요소로 생각하고 이 영역에 지나치게 몰두한 나머지 공급자적 사고에 매몰되는 경우를 많이 접하게 된다.

얼마 전 국내 농어촌의 빈집을 활용한 공유 숙박에 관한 상생 합의안이 도출되었다는 기사가 있었다. 여행을 좋아하고 다양한 숙박 형태에 대해 관심이 많은 나로서는 기존에 난항을 겪어온 문제가 해결되었다는 반가운 뉴스였기에 관심 있게 들여다보게 되었다. 사실 그간 농어촌 빈집 숙박 문제를 놓고 기존 농어촌 민박업계와 스타트업 사이의 갈등이 많았다.

스타트업 측은 농어촌 빈집을 리모델링해서 숙박시설을 조성하고 농촌관광을 활성화하려 했지만, 농어민 소득 증대를 위한 농어촌 민박

제도 취지와 상충하고 지역 안전이 우려된다는 등의 이유로 기존 농어촌 민박업계의 반발에 부딪혔다. 하지만 이러한 산업 생태계의 이해관계를 조율하고 이해 당사자가 각자 한 걸음씩 양보한 끝에 상생 합의안이 마련된 것이다. 구체적으로 신규사업자는 희망하는 사업 범위 대비 제한적인 조건을 수용하고 마을 기금 적립 등에 나서기로 했고, 기존 농어촌 민박업체는 민박업계 경쟁력 제고를 위한 안전 교육, 컨설팅 등의 지원을 수용하기로 했다.

말하자면 비즈니스 생태계를 정확하게 바라보고 각 이해 당사자들에게 줄 가치를 정의하고 그 가치를 더 매력적으로 만드는 과정이 결국에는 비즈니스의 진입 장벽을 낮춘다는 것이다. 비즈니스 현장에서는 이에 대한 충분한 이해가 필요하다.

새로운 비즈니스가 특정 산업에서 새롭게 태동하는 시기에 겪는 진통이 크면 클수록 훗날 더 큰 영향력으로 이어질 수 있다. 음악을 듣는 이용자 입장에서는 불법 다운로드 없이 정당한 방법으로 원하는 고음질의 음악을 듣기 위해서는 비용이 발생하게 된다. 스포티파이는 비용을 이용자에게 부담하게끔 하지 않고 광고나 월 정액제를 통해 음악 저작권자에게 수익이 배분되는 모델을 만들어냈다. 더 중요한 건 이를 실제로 구현하기 위해 이해 관계자들과 상당히 어렵고도 고통스러운 조율과 협상을 스포티파이가 해냈다는 것이다. 스포티파이의 2019년 매출은 9조 3천억 원에 이르지만, 이중 70퍼센트가 저작권료로 지급되었다.

월 사용자 수가 한국에서만 3,700만 명이 넘어가는 유튜브에서도 이러한 면을 엿볼 수 있다. 유튜브에는 1분마다 약 500시간 분량의 콘텐츠가 업로드되고 있다. 이 콘텐츠를 소비하기 위해 수많은 시청자가 유튜브 내에서 시간을 보내고 있으며, 포털이나 다른 SNS 앱을 훌쩍 뛰어넘는 가장 많은 사용 시간을 기록하고 있다. 크리에이터가 더 재밌고 질 좋은 콘텐츠를 올리도록 유도하고 이를 통해 더 많은 시청자를 끌어들이는 선순환 구조를 만드는 것은 양면 시장two-sided market의 생태계적 접근에 그 해답이 있다.

유튜브가 가져가는 수익보다 크리에이터에게 가는 수익이 더 많은 이유는 업의 본질이 콘텐츠에 있기 때문이며 크리에이터가 유튜브 플랫폼 비즈니스의 핵심이라는 이해가 밑바탕에 깔려 있다. 그로 인해 유튜브는 최다 방문자 수와 최장 체류 시간이라는 가치 있는 지표들을 보여주고 있다. 스포티파이 역시 각각의 이해 당사자를 조율하여 이용자에게 최고의 가치를 만들어내는 것이 기업의 지속가능성에 가장 중요한 부분임을 정확히 이해하고 있었다.

비즈니스 모델을 넘어 사용자 확장에도 스포티파이 특유의 스칸디나비안 스타일이란 것이 있다. 2018년에 스포티파이는 삼성전자의 협력 업체가 되었는데, 이는 본문에서 스포티파이의 중요한 시점마다 등장하는 파트너십과 비슷한 양상을 보인다. 스포티파이는 어느 특정 분야의 시장점유율을 활용하여 해당 서비스의 시장 확장을 꾀하는 파트너십을 통해 서로 윈윈하는 구조를 지속적으로 만들어가고 있다.

사용자 친화적인 기업만이 선택받는다

2011년 스포티파이의 미국 진출을 앞두고 다니엘 에크는 〈뉴욕 타임스〉와의 인터뷰에서 "사람들은 편리함에 대해 지불할 준비가 되었습니다."라고 말했다. 그 말에서 편리함은 바로 사용자 친화적인 편의라는 뜻이고, 지불은 그들이 플랫폼 내에서 기꺼이 보내고자 하는 시간 혹은 월 정액제 구독의 의미이다. 그렇다면 사용자 친화적인 편의란 무엇일까?

구글 비즈니스 팀에 계신 리더분들 중에 인류학 박사님과 함께 여러 글로벌 기업의 마케팅 논의를 진행한 적이 있었다. 이때 가장 많이 언급된 내용 중 하나가 마케팅 플랜이 '사용자 친화적'인지 아닌지가 중요하다는 것이었다. 우선 인류학 전문가가 조직에서 중대한 역할을 하는 것부터가 바로 '사용자 우선'Put User First 철학이 그 무엇보다 구글에서 중요하다는 방증이라고 할 수 있다.

예전에 우리는 신용카드를 고를 때 카드사별로 혜택을 뜯어보곤 했다. 신용카드의 혜택이 범용화commoditize 되면서 점차 디자인이 중요해졌다. 맞춤형 혜택을 조합해서 쓰는 지금의 카드 선택 기준은 어떻게 변했을까? 모든 카드 앱에는 정말 유사한 기능들이 비슷한 가짓수로 탑재되어 고객들에게 모바일 서비스를 제공하고 있다. 다만 이 서비스들을 구현하는 방식은 카드사별로 드라마틱하게 다르다. 은행이나 카드를 결정하는 데 있어 주거래 은행이나 반드시 보유해야 할 카드를 제외하고 자주 사용하는 계좌나 카드를 결정짓는 기준이 바로 사용자 친화적인 요소가 얼마나 강하게 반영되어 있느냐이다.

스포티파이 팀에도 인류학이나 인지 과학cognitive science을 전공한 전문가들이 많다. 이들은 사용자를 분석하고 이해하고 이를 바탕으로 '적확한' 기술을 녹여 사용자 환경ux을 개선하는 역할을 하고 있다. 이들은 조직 내에서 핵심 업무의 방향을 리드하고 있으며 그 비중은 점점 커지고 있다.

지금까지 강조한 사용자 친화적인 플랫폼으로서의 스포티파이를 바라보면 책에서 소개된 바와 같이 스포티파이의 큐레이션에는 인간 공학적인 면모가 물씬 배어 있다. 직관적인 인터페이스와 소셜 네트워크 기능, 새로운 음악을 발견하는 서비스 등 많은 이용자로부터 칭송을 받는 기능들이 많은데 특히 그중 매주 새로운 음악을 추천해주는 '디스커버리 위클리'는 "오래된 연인보다도 내 음악 취향을 더 정확히 알고 있다."는 평을 받을 정도로 놀라운 수준의 퀄리티를 유지하고 있다.

유튜브의 경우 다양한 알고리즘으로 영상을 큐레이션하고 이를 통해 시청 만족도를 높이는 과정에서 "대체 나에게 왜 이 영상을 추천한 거지?"라는 의구심이 들 때가 있다. 그러나 이렇게 추천된 영상들조차도 수많은 조회 수를 기록하며 시청자들의 새로운 관심 영역을 만들어가는 역할을 하고 있다. 이렇게 이용자에 대한 심도 있는 연구를 통한 알고리즘은 날로 복잡해지고 있으며 이는 시청 지표와 사용자 만족도에 막대한 영향을 끼친다.

책의 내용을 짚어보면서 스웨덴의 한 스타트업의 설립과 성공의 과정이 대한민국의 지금을 살아가는 개인 한 사람 한 사람으로 하여금 느껴지게 하는 바가 이렇게 다양할 수가 있구나 싶었다. 이 책의 내용이 다양한 문제에 대한 해결책을 가지고 있다는 부분을 거듭 강조하고 싶다.

맥도날드를 부동산 회사로 정의하듯이 스포티파이는 데이터 회사로 정의할 수 있겠다. 하지만 2006년 스웨덴에서 설립된 한 데이터 기업에 대한 정보를 담은 책으로만 이 책을 정의 내리기에는 그 쓸모가 다양하다. 이 책은 비즈니스를 구상하고 있는 스타트업 예비 창업자, 다양한 산업에서 전략 수립과 비즈니스 모델 개선에 골머리를 앓고 있는 전략·마케팅 담당자, 인생의 크고 작은 이슈들과 씨름하고 있는 취준생, 주부, 직장인들에게 각각의 맞춤 솔루션을 주는 인생 전략서에 가깝다.

다니엘 에크와 마르틴 로렌손이 겪은 좌충우돌 경험담과 천재적인 문제 해결 방식, 그리고 끝까지 밀어붙이는 실행력은 스포티파이가 담고 있는 30억 개의 플레이리스트만큼이나 다채롭게 독자 한 분 한 분에게 재미와 교훈의 시간을 선사할 것이라 자신한다.

조용민(구글 커스터머 솔루션 매니저)

목차

PART 1 시작
음악을 해방시킨다는 혁명적인 아이디어가 실행에 옮겨지기까지

▶ **비밀스러운 창업 아이디어** ┃ 025

창업자들의 첫 만남 • 프로그래머로 재능을 꽃피우다 • 본격적인 창업 준비 • 스포티파이라는 이름의 탄생 • 핵심은 무료 스트리밍 • 천재 개발자 엔의 합류

▶ **말도 안 되는 아이디어를 기술로 실현시키다** ┃ 036

뮤토렌트를 만든 토렌트 기술의 1인자 • 돈으로는 살 수 없는 것 • 버퍼링 없는 플레이어를 향한 도전 • 스포티파이의 첫 사무실, 리다르가탄 아파트 • 0.2초 만에 플레이되게 하라 • 불법 공유에 대한 음반사의 분노 • 베타 버전이 출시되다 • 대체 음악이 어디서 나오는 거지?

▶ **노동자들의 도시 록스베드의 컴퓨터 신동** ┃ 055

펑크의 물결을 이어받다 • 중학생 때부터 프로그래밍으로 돈을 벌다 • 파일 공유 서비스, 냅스터의 충격 • 구글에 이력서를 보낸 16세 에크

▶ **닷컴 버블의 붕괴와 아이튠즈의 탄생** ┃ 064

로렌손과 항외, 두 사람의 만남 • 트레이드더블러의 성공 • 닷컴 버블의 붕괴에도 살아남다 • 다니엘 에크와의 인연의 시작 • 애플, 5대 음반사를 설득하다 • 잡스가 보낸 아이튠즈라는 메시지

▶ **불법 공유를 막을 수 있는 탁월한 플레이어를 위하여** ┃ 078

런던에서 날아온 지원군 • 굳은 신념으로 음반사를 설득하다 • IT 업계의 전설, 샤킬 칸의 투자 • '사운드클라우드'라는 동지가 생기다 • 우리의 목표는 음악을 다시 재밌게 만드는 것 • 전환점이 점차 가까워지다

▶ **스포티파이, 드디어 투자를 받다** ┃ 091

투자자를 백방으로 찾다 • 계속되는 거절 • 결국 투자를 받아 내다 • 다니엘 에크의 '눈과 귀'가 될 남자

스웨덴의 작은 스타트업이
전 세계 1위가 되기까지

여태껏 세계 대중문화에서 스웨덴 기업이 이렇게까지 막강한 권력을 행사했던 적은 단 한 번도 없었다. 스포티파이가 미국에 진출하면서 불법 복제로부터 음악 산업을 구원한 지도 어느덧 10년이 되었다. 그동안 스포티파이는 음악 산업의 생태계를 다시 설계했고, 세계에서 가장 큰 기업인 애플의 비즈니스 모델을 바꾸는 데 영향을 미쳤다. 아이튠즈가 CD에서 각각의 곡들을 변환하는 동안에 스포티파이는 스트리밍을 대중화했으며 더 나아가 사람들이 듣고 싶어 하는 음악을 미리 예측하는 기술을 만들었다.

직접 곡을 선택하는 '플레이리스트' 기능이나 선곡할 필요조차 없는 '라디오' 기능을 사용하여 스포티파이에서 음악을 점점 더 자주 듣게 될 것이다. 스포티파이의 빅데이터를 활용한 추천 알고리즘과 인공지능 에디터는 취향이 비슷한 수백만 명의 다른 사람들이 어떤 음악을 좋아하는지 알고 있기에 번개처럼 빠르게 개인에게 최적화된 음악 큐레이션을 제공한다. 이 모든 것은 물 흐르듯 자연스럽게 이루어진다. 이렇게 스포티파이는 사용자의 습관을 지배하는 큐레이션 덕분에 지속적으로 성장하고 있다.

2006년 스톡홀름 남쪽 록스베드Rågsved에서 장차 세계에서 가장 큰 오디오 플랫폼이 될 스포티파이가 설립되었다. 2020년 6월 30일을 기준으로 스포티파이는 전 세계 92개국에서 약 3억 명의 사용자를 보유하고 있다. 월스트리트에서 이 기업의 가치는 2,300억 크로나(약 29조 원)로 가늠되며, 이는 스웨덴에서 시작해 세계적인 기업으로 도약한 패션 브랜드 H&M과 어깨를 나란히 할 정도다. 그런데 이 눈부신 성과를 이루어 낸 기나긴 여정 동안 무슨 일들이 있었는지는 아직 세상에 덜 알려진 것 같다.

이 책은 스포티파이라는 작은 스웨덴의 스타트업이 어떻게 유니버설 뮤직, 소니 같은 음반 회사를 설득하였는지부터 애플의 방해 공작을 딛고 월스트리트에 화려하게 발걸음을 내디뎠는지까지 그동안 감추어져 있던 스포티파이의 비하인드 스토리가 가득하다. 말수가 적은 컴퓨터 괴짜인 다니엘 에크Daniel Ek와 투자 유치를 담당한 동업자 마르틴 로렌손Martin Lorentzon이 함께 스포티파이를 만들 개발자들을 모았던 옛 시절부터 차근차근 안내한다. 그리고 알려지지 않은 역사 속의 영웅들을 따라가며, 음반사 대표와 애플의 스티브 잡스를 화나게 만들었던 '이용자에게 모든 음악을 무료로 제공한다'는 스포티파이의 비전이 과연 어떻게 성공을 거두었는지도 설명한다.

이 책을 집필하기 위하여 여러 해 동안 경제부 기자들을 수차례 만났다. 2018년 8월 스포티파이의 사업 성과를 브리핑하는 기자 회견 당시 에크에게 개인적으로 가장 중요하게 꼽는 스포티파이의 성장 요인을 물었다. 그는 이렇게 대답했다.

"두 가지 이유를 이야기하겠습니다. 첫째, 아무도 하지 않을 때 우리는 월 정액제 프리미엄 계정을 내놓는 데 투자했습니다. 그때 대단한 논란을 불러일으켰지요. 둘째, 우리는 스웨덴에서 시작한 우리 모델을 증명했고, 진출한 국가에서는 현지화 전략으로 성장을 꾀했습니다."

이 책에서 최초로 공개되는 이야기는 스포티파이의 이사회 임원을 비롯하여 음악 산업의 다양한 관계자들 가운데 일부가 익명을 보장받고 입을 열었으며 이를 통해 얻은 70개 이상의 민감할 수도 비판적일 수도 있는 정보를 바탕으로 작성되었다. 연차 보고서, 내부 협약 등의 문서들 또한 집필의 토대로 삼았고, 각종 기사, 인터뷰 그리고 공식적인 행사 기록 등도 이 책을 집필하는 자료가 되었다.

이 책은 역경을 넘어 음악을 위하여 세계에서 가장 거대한 스트리밍 서비스를 만든 기업에 대한 고무적인 이야기다. 동시에 강한 확신, 유례없는 굳은 의지 그리고 큰 꿈을 지닌 이가 어떻게 세계에서 가장 큰 플랫폼을 만들 수 있었는지에 대한 기록이기도 하다.

스벤 칼손, 요나스 레이욘휘부드

스티브 잡스에게서 온 전화 한 통

스포티파이는 오랫동안 고전한 끝에 2010년 말 미국 진출을 이루어 냈다. 다니엘 에크는 어느 날 동료에게 말했다.

"그가 전화를 걸어서 수화기에 대고 말도 없이 씩씩거리기만 하더라고."

"누구 말이야?"

"스티브 잡스."

동료는 정말로 잡스가 그랬을지 의문스러웠다.

"무슨 일 때문인지 그가 아무 말도 안 했다고? 근데 말을 안 했다면 잡스인지 어떻게 안 거야?"

"그 사람인지 아닌지는 내가 잘 알아."

에크는 미국 진출을 준비하는 과정에서 세계의 음악 산업에서 결정권을 가진 자가 누구인지 비로소 이해하기 시작했다. 당시 문제들이 끊이지 않았는데 전부 스포티파이와 애플과의 적대적인 관계에서 비롯되었다. 에크가 출근할 때도, 뉴욕과 로스앤젤레스로 수없이 출장을 갈 때도 이 생각은 끊임없이 따라다녔다. 2006년 스포티파이를 창업한 이래로 애플의 그림자는 항상 드리워져 있었다. 디지털 음악 판매 시장에서 전 세계를 통틀어 가장 큰 파이를 차지하는 잡스의 플랫폼에는 아이튠즈와 아이팟이 존재했다.

2010년 말 잡스의 세계에서는 모든 것이 아이폰과 안드로이드 사이의 경쟁에 초점을 맞추고 있었다. 잡스는 애플의 강력한 음악 서비스를 구글의 모바일 시스템에 맞선 '성전'을 이끌 무기로 여겼다. 파일을 한 개씩 다운로드하는 방식으로 판매하는 것은 음악 산업을 지키고 안드로이드 세상으로부터 승리하는 잡스만의 방식이었다.

반면 에크는 잡스와 정반대의 방법으로 성공을 거두었다. 스포티파이는 모든 음악을 스트리밍으로 번개같이 빠른 속도로 제공하고 심지어 광고를 참아 내는 사람에게는 무료다. 이윽고 잡스는 스포티파이가 애플을 위협할 만큼 강력하다는 사실을 알게 되었다. 만일 스포티파이가 미국에서 음반사와 저작권을 해결한 뒤 갑자기 구글한테 팔렸다면 과연 어떤 일이 벌어졌을까?

에크에게는 미국 시장 진출이 지상 최대의 과제였다. 몇 년 동안의 고생 끝에 성공이 눈앞에 놓이게 되었다. 페이스북 창업자인 마크 저커버그와 친구가 되었고, 심지어 애플과 가까운 사이인 세계 최대의 음반사 유니버설 뮤직과의 저작권 합의가 거의 막바지에 도달했다. 하지만 유니버설 뮤직의 임원들은 아직 최종 서명을 하지 않았다. 결국 에크는 잡스를 만나야만 한다고 느꼈다. 에크는 주변에 잡스와의 만남을 주선해 달라고 요청했고, 지인들은 최선을 다하겠다고 약속했다.

그렇지만 여러 소식통에 따르면 그때 에크는 잡스를 결코 만나지 못할 것으로 예상되었다. 잡스는 심상치 않은 건강 상태에도 불구하고 자기 것을 지키려고 끊임없이 전쟁을 벌이던 중이었기 때문이다. 시간이 흐를수록 스포티파이에는 긴장감이 스며들었다. 그러던 중 잡스가 씩씩거리며 에크에게 직접 전화를 걸 거라고는, 정말 상상조차 할 수 없었다.

PART 1

시작

음악을 해방시킨다는
혁명적인 아이디어가
실행에 옮겨지기까지

비밀스러운 창업 아이디어

▶

2005년 가을의 어느 날 다니엘 에크는 스톡홀름의 바사스탄Vasastan
을 가로지르는 중이었다. 지금 그의 머릿속에는 세상을 바꿀 만한 창
업 아이디어와 계획, 함께할 동료가 모두 들어 있었다. 하지만 아직은
때가 아니었다. 땡전 한 푼 없는 파산 상태인 그에게는 일자리와 돈이
절실히 필요했다.

IT 개발자로서 첫해에 에크는 일하는 데 열과 성을 쏟았다. 고등학
교를 졸업한 뒤에 전업으로, 아니 전업 이상으로 일해 왔다. 벌써 머리
가 빠지기 시작했고, 옷도 대충 걸쳐 입다 보니 22세라는 실제 나이보
다 훨씬 늙어 보였다. 하지만 그는 겉모습 따위는 아무래도 상관없었
다. 그저 커다란 이상을 품고 미래를 생각할 뿐이었다.

그는 면접 인터뷰를 보기 위해 텡네르가탄Tegnérgatan의 맨 인 더 문
Man in the Moon이라는 술집으로 들어갔다. 나무 벤치에 초록색 가죽 쿠

선이 놓인 영국식 펍 스타일의 술집이었다. 안으로 들어가니 안경을 낀 남자가 그를 향해 손짓했다. 가벼운 티셔츠에 재킷을 걸친 남자의 이름은 마티아스 미크셰Mattias Miksche로 37세의 IT 개발자였다. 얼마 전 그는 스타돌의 회장이 되었다. 스타돌은 주요 고객인 여성 청소년이 아바타를 예쁘게 꾸미는 놀이를 하는 사이트였다. 새로운 소유주를 맞이한 스타돌의 전망은 밝아 보였다.

에크는 면접관 앞에서 자신감 있게 기업이 나아갈 방향에 대해 아주 흥미로운 의견을 풀어놓았다. 그가 입을 열자 나이보다 유능하고 성숙한 사람이라는 점이 확연하게 드러났다.

면접이 끝나갈 무렵 미크셰가 제안했다.

"당신이 기술 부문 사장을 맡아 줬으면 좋겠군요."

에크는 미소를 지으며 답했다.

"저는 준비가 되어 있습니다. 다만 고용되어 일하기보다는 컨설턴트로 일하고 싶습니다. 언젠가는 꼭 시작하고 싶은 사업 아이디어가 있거든요."

두 사람은 악수를 나누고 면접을 마쳤다.

창업자들의 첫 만남

(‖ Light My Fire)*

마르틴 로렌손은 에크의 아이디어를 본격적으로 실현하는 데 재정 지원을 하겠다고 결심했다. 로렌손은 스웨덴 남부에 위치한 소도시 보로스Borås 출신의 36세 기업인으로 미소를 지을 때 입이 비뚤어졌고 항상 물로 빗겨 넘긴 머리를 했다. 사업이 잘된다면 그는 곧 돈방석에 앉을 예정이었다.

2000년 3월에 IT 거품이 꺼지고 난 뒤 모두가 힘든 시기를 보내고 있었다. 그렇지만 로렌손은 대박 나는 사업을 찾는 데 탁월했고, 펠릭스 항외Felix Hagnö와 동업으로 트레이드더블러Tradedoubler를 운영하고 있었다. 이 회사는 제휴 마케팅을 중점으로 하는 곳으로 반半자동 광고를 판매했다. 트레이드더블러의 소프트웨어는 소비자의 행위를 따라가며 광고주는 노출 결과에 따라 광고비를 지불했다.

에크가 고등학교를 졸업한 지 3년이 지난 2005년이었다. 에크 역시 같은 분야에서 일하고 있었다. 2005년에 에크는 애드버티고Advertigo라고 명명한 서비스를 개발하는 프로젝트를 몇 명의 프로그래머에게 맡겼다.

이 시스템은 광고주가 의뢰한 광고에 가장 적합한 온라인 배너 자리를 찾아 주었다. 광고주는 배너를 통하여 고객과 연결될 경우에만 선택적으로 돈을 지불했다. 경기가 나아지는 중이어서 에크는 이 사업에 가능성이 있다고 보았다. 그래서 그는 스톡홀름의 노라 반토리엣Norra Bantorget 광장에 위치한 트레이드더블러 본사를 찾았다. 에크와

---

* 원서에는 본문 내용을 은유적으로 표현하는 전 세계 노래들이 소제목으로 붙여져 있다. 음악에서 시작된 스포티파이의 정체성을 보여주기 위해 원문 그대로를 한국어판에 삽입했다.—편집자

로렌손은 이때 처음 만났다.

　로렌손은 트레이드더블러에 공식 직함이 없어서 일부 직원들에게 회사의 '떠돌이 골키퍼'라고 불렸다. 2005년 가을에 로렌손은 주식 시장에서 트레이드더블러의 가치를 수십억 크로나로 평가받는 것을 목표로 세웠다. 창업한 지 거의 7년이 된 시점에서 그는 새로운 도전을 준비했다.

　14세라는 나이 차이가 있지만 에크와 로렌손은 거침없이 대화했다. 그들은 검색 엔진과 웹트래픽으로 광고 비즈니스를 개발하는 이야기를 나누었다. 두 사람 모두가 여러 해 동안 중앙 서버를 거칠 필요 없이 사용자들의 하드디스크끼리 파일을 직접적으로 공유하는 P2P 기술의 잠재력을 주시하고 있었다.

　야야Jajja 미디어 그룹에서 에크의 동료였던 윌바 마르텔리우스Ylva Martelius도 P2P 기술에 주목했다. 에크와 가끔 어울리곤 했고, 트레이드더블러 창업 때 고용된 직원들 가운데 한 사람이었던 야콥 드 기어Jacob de Geer도 마찬가지였다. 그는 오랜 시간이 지난 뒤 핀테크 기업인 아이제틀을 미국의 페이팔에 팔면서 백만장자로 등극하게 된다.

　2005년 가을에 에크와 로렌손은 더 친해졌다. 에크는 P2P 기술을 활용한 사업 아이디어를 보다 구체적으로 공유했고 로렌손은 이를 현실화시키고 싶어 했다. 하지만 다른 사업을 시작하기 위해서는 먼저 트레이드더블러를 상장시킨 다음 로렌손이 자신의 주식을 팔아 자금을 마련해야만 했다.

프로그래머로 재능을 꽃피우다

(‖ True Colors)

바사스탄에서 면접 인터뷰를 치른 몇 달 뒤, 에크는 스타돌에서 일을 시작했다. 그는 자신의 네트워크를 동원하여 함께 일할 동료 프로그래머를 구하고 본격적인 개발에 착수했다. 이미 첫 주에 동료들은 그가 타고난 천재임을 인정했다. 스타돌 회장인 미크셰는 에크가 해내는 일들을 보며 그를 고용한 것은 탁월한 선택이었다며 만족스러워했다. 동료들은 에크가 내성적이고 갈등을 두려워한다는 것을 알게 되었다. 그는 셔츠보다 청바지와 티셔츠 차림을 좋아했다. 때때로 탕비실을 사용하고 뒷정리를 깜박하는 바람에 하루는 이렇게 적힌 쪽지가 붙어 있기도 했다. "에크의 부모가 여길 치워 주는 건 아니잖아."

하지만 몇 가지 단점에도 불구하고 시간이 갈수록 에크는 점점 더 동료들로부터 존경을 받았다. 친해지고 나니 그는 유쾌하고 재미있는 사람이었다. 더군다나 그의 훌륭한 작업 덕분에 스타돌의 이용자는 가파르게 증가했다. 매주 수백만 명이 방문하여 자신의 아바타를 꾸밀 의상과 액세서리를 엄청나게 구매했다. 몇 달 만에 스타돌은 10~17세 여성 청소년을 대상으로 하는 가장 큰 인터넷 쇼핑몰 가운데 하나로 손꼽히기 시작했으며, 미크셰는 갑자기 스톡홀름에서 가장 잘나가는 스타트업 기업인이 되었다. 그는 스웨덴 최고의 명문 대학교인 왕립 공과 대학교 출신의 석사들을 고용하고 수백만 달러를 끌어모았다. 지금은 영국의 인덱스 벤처스와 미국의 세쿼이아 캐피털 등 세계적인 투자사들이 댔다.

　스타돌의 성공에도 에크는 몇몇 동료들과 함께 그곳을 떠나 새로운 사업을 할 궁리를 했다. 뜻을 모은 동료들 가운데는 27세의 사업 발전 담당 이사인 헨릭 토스텐손Henrik Torstensson, 유머 감각이 뛰어나며 큰 키에 마른 체형인 예술 감독 크리스티안 빌손Christian Wilsson이 있었다. 그렇지만 누구보다도 에크가 데려가고 싶었던 동료는 비상한 프로그래머인 안드레아스 엔Andreas Ehn이었다. 그는 빳빳하게 다림질된 유명 브랜드 셔츠를 즐겨 입었고, 앞머리가 눈썹을 덮을 정도로 길었다. 스웨덴 왕립 공과 대학교의 강의 일환으로 실리콘밸리의 소프트웨어 기업인 BEA 시스템즈에서 인턴십을 한 그는 비록 대학 졸업은 못 했지만 대신에 스타돌에서 일을 시작했다. 그러다가 곧 에크의 프로젝트에 관심을 갖게 되었다.

본격적인 창업 준비

　Ⅱ Paradise City

　2005년 11월 8일 트레이드더블러의 주식이 스톡홀름에서 거래되기 시작했으며 이와 동시에 로렌손은 9,600만 크로나(약 125억 원)어치의 주식을 팔았다. 공동 창업자인 항외는 회사 지분을 두 배 더 소유했기에 대박이 났다. 주식 상장 직전에 트레이드더블러의 두 창업자는 스웨덴 경제 신문 〈다겐스 인두스트리〉Dagens Industri의 기자들을 몇 명 만나 회사 밖의 자갈이 깔린 공터에서 사진 촬영을 했다. 로렌손은 가는 세로줄 무늬의 정장과 줄무늬 셔츠를 입고 있었다. 그는 웹 서핑할 때 화면에 대고 사용하는 터치 펜을 오른손에 쥐는 포즈를 취했다.

이미 두 달 전에 트레이드더블러 창업자들은 세금 천국인 지중해의 키프로스공화국에 지주 회사를 등록한 다음 자금을 옮겨 놓았다. 11월 말에 로렌손은 에크가 이 세금 천국에 회사를 설립하도록 도왔다. 로렌손의 회사는 로셀로 주식회사Rosello Company Limited, 에크의 회사는 인스트럭터스 주식회사Instructus Limited였다. 아직은 두 사람이 공동으로 주식회사를 보유하지 않고 새로운 프로젝트에 투자할 준비를 하던 중이었다. 문제는 로렌손이 자신의 트레이드더블러 주식을 모두 곧바로 팔 수 없다는 거였다. 로렌손과 항외는 적어도 반년은 기다려야 했다. 반년 뒤 주식을 팔 수 있게 되는 타이밍을 잘 이용해야만 했다. 그리고 항외도 에크와 로렌손의 비밀 프로젝트에 참여하여 새 회사의 공동 소유주가 되기로 했다.

스포티파이라는 이름의 탄생

Ⅱ Feeling Hot Hot Hot

겨울 내내 에크와 로렌손은 퇴근 후에 만나곤 했다. 백만장자 반열에 오른 로렌손은 외곽의 회색빛 콘크리트 단지인 록스베드로 향하는 전철을 탔다. 두 사람은 영화 〈대부〉를 함께 볼 만큼 서로에 대해서 너무나 잘 알게 되었다. 에크는 록스베드 스퇴바르가탄Stövargatan의 4층 짜리 임대 아파트에서 성장기를 보냈고 여전히 그곳에서 살았다. 어머니 엘리사벳Elisabet과 계부 하세Hasse가 이사를 갔지만, 주소에는 여전히 부모의 이름이 남아 있었다. 몇 백 미터 떨어진 곳에는 높은 아파트가 들어서 있었다. 이곳은 로렌손이 1970년대에 성장했던 보로스의 그림같이 아름다운 개인 주택 지역과는 크게 대비되었다.

에크는 록스베드의 아파트를 일종의 본부로 만들었다. 방대한 데이터를 다운받느라 서버가 밤낮없이 돌아가서 아파트에 들어가면 마치 열대 지방처럼 열기가 후끈했다. 이따금 에크와 로렌손은 속옷만 입은 채 각자의 컴퓨터 앞에 앉아 있었다. 드디어 그들은 어떤 사업을 시작할지를 결정했다.

그렇지만 로렌손이 보기에 에크가 자신을 사업 파트너로 완전히 확정 짓지 않은 것 같았고, 에크의 계획에서 다음 단계가 무엇인지 잘 몰랐지만 일단 먼저 투자금 이야기를 꺼냈다.

"내가 1천만 크로나(약 13억 원)를 넣을게."

이에 에크는 나중에 은행 계좌를 살펴보고 초기 자본금이 들어왔는지 살필 거라고 대꾸했다.

비록 로렌손은 의기소침해졌으나, 매일같이 바사스탄의 자기 아파트에서 남쪽 록스베드로 향하는 전철을 탔다. 얼마 뒤 에크와 로렌손은 아직 아무도 사용하지 않은 기업명을 생각해 내려고 애썼다. 그러던 중 로렌손은 다른 방에 있던 에크가 "스포티파이!"라고 외치는 소리를 들었다. 스포티파이 닷컴을 검색해 본 로렌손은 아무것도 나오지 않자 바로 도메인을 샀다. 나중에 에크가 말하기를 로렌손이 자기 말을 잘못 알아들었다고 했다. 심지어 그는 자신이 무슨 말을 했는지조차 기억하지 못했다. 하지만 두 사람 모두 그 이름을 좋다고 생각했고, 'Spotify'를 무엇인가를 발견한다는 뜻의 'spot'과 식별한다는 뜻의 'identify'라는 단어의 조합으로 뜻풀이를 하게 된다.

핵심은 무료 스트리밍

❚ Poker Face

2006년 초 에크는 동료인 엔과 자주 점심 식사를 같이했다. 엔은 젊었으나 스타돌의 비공식적인 리더 역할을 수행하고 있었다. 몇 개월 뒤에 그는 에크의 가장 친한 협업자이자 스포티파이의 기술 담당 이사CTO가 되었다. 두 사람은 기술과 새로운 아이디어를 주제로 많은 이야기를 나누었다. 에크는 진행 중인 사업에 대해서도 터놓고 대화했고 비트토렌트의 가능성에 대해서도 토론을 마다하지 않았다.

비트토렌트는 P2P가 진화한 기술의 일종이다. 파일들을 수많은 작은 비트로 쪼개서 사람들이 사용하는 서로의 컴퓨터로 보내는 기술이라 이를 활용하면 다운로드할 때 시간을 절약할 수 있다. 비트토렌트는 세계적으로 유명한 스웨덴 파일 공유 사이트인 파이러트 베이에 의해서 대중화되었다.

에크는 불법 다운로드가 아닌 합법적으로 그와 유사한 사업을 하고 싶었다. 봄이 되었을 때, 그는 엔에게 자신이 구상 중인 사업의 핵심 내용을 밝혔다. 비디오, 음악 그리고 다른 미디어들 내에서 광고로 수익을 충당하는 방식의 무료 스트리밍 서비스를 계획하고 있다고 말이다.

동시에 에크는 동료인 빌손에게 개인적인 일을 두 가지 의뢰했다. 하나는 구글에 소개할 애드버티고의 그래픽 프로필을 제작하는 것이었고, 또 하나는 '스트리밍과 관련된 무언가를 하는' 스포티파이라는 회사의 로고를 만드는 것이었다. 에크는 로고가 '웹 2.0'이라는 점이 중요하다고 설명했다. 빌손은 스웨덴 기업인 스카이프의 로고에서 영감을 얻었다. Spotify에 동그랗고 재미있는 서체를 적용하고 알파벳 o 위에다가 구부러진 세 개의 선을 스케치했다. 세 개의 선은 스트리밍을 뜻했다. 이틀도 안 걸려서 이 연두색 로고의 작업을 마친 그는 6천 크로나(약 80만 원)의 계산서를 에크에게 보냈다.

2006년 3월에 에크는 애드버티고를 1천만 크로나(약 13억 원)를 받고 트레이드더블러에 팔았다. 스포티파이는 여전히 아이디어 단계였다. 이제 에크는 자신의 사업에 필요한 자본금의 일부를 확보했다.

얼마 뒤 에크는 록스베드에서 바사스탄의 하가가탄Hagagatan에 위치한 아파트를 구입해서 이사했다. 5월이 되자 그는 아예 새로운 회사에 매진하기 위해서 스타돌을 퇴사했다. 훗날 그는 새로운 부호가 되어 스포츠카를 타고 스투레플란Stureplan 광장의 클럽들을 돌아다니면서 파티를 즐기게 된다.

천재 개발자 엔의 합류

‖ Good Vibrations

공식적인 기록에 따르면 에크와 로렌손은 2006년 4월 1일에 스포티파이를 설립했다. 이날은 로렌손의 37세 생일이기도 했다. 2주 안팎의 짧은 기간 안에 그들은 스포티파이 주식회사를 만드는 서류들을 전부 마련했다. 그 주식회사는 모회사의 역할을 할 예정이었다. 서류 작업이 끝나자 두 사람은 키프로스의 회사를 통해서 공동 소유주가 되었다. 이제 모든 퍼즐 조각은 맞추어졌고 사업은 빠른 속도로 제자리를 찾기 시작했다.

5월 3일에 트레이드더블러는 로렌손이 소유하던 8천만 크로나(약 105억 원)가 넘는 주식의 반을 매도했다고 발표했다. 항외는 거의 두 배나 더 많은 주식을 팔았다. 시장을 진정시키기 위해서 이들은 6개월 내에는 주식을 팔지 않기로 약속했다. 그 발표 이후 주가는 곤두박질쳤지만 몇 개월 안에 회복되어 새로운 주가를 경신했다. 두 사람은 이제 5억 크로나(약 650억 원)가 넘는 돈을 끌어모았다. 에크는 명석하게도 스타돌의 후임자인 엔을 찾아가 스포티파이와 함께하자고 제안했다.

그렇게 엔은 스포티파이의 첫 번째 기술 담당 이사가 되었다. 엔의 퇴사에 스타돌 회장인 미크셰는 고통스러워했다. 이후 수년 동안 미크셰는 스톡홀름에서 IT 분야에서 최고의 재능을 지닌 에크와 엔에게 맞서 상대가 안 되는 싸움을 벌였다. 안타깝지만 스타돌은 더 이상 스톡홀름에서 제일 잘나가는 스타트업 기업이 아니었다.

말도 안 되는 아이디어를
기술로 실현시키다

▶

2006년 여름 내내 에크와 엔은 스포티파이의 동료를 구하려고 친구와 지인들에게 연락을 돌렸다. 에크는 스타돌에서 자신을 도왔던 컨설턴트들 가운데 몇 명을 설득했다. 왕립 공과 대학교 출신의 많은 개발자가 동년배 학생들 가운데 가장 똑똑하다고 알려졌던 엔과 일하기를 원했다.

그렇게 해서 모인 그들은 자신들의 새 출발을 축하하려고 8월에 바르셀로나로 날아갔다. 그들은 스페인식 애피타이저인 타파스를 먹고 레드 와인을 마셨다. 이 자리에서 에크와 로렌손은 음악 그리고 어쩌면 영상의 유통이 가능한 토렌트에 기반한 법적 플랫폼을 만들고 싶다고 사람들에게 설명했다. 불법 다운로드를 척결하는 유일한 방법은 무료 서비스뿐이었다. 무료 서비스가 먼저 나오는 것이 당연했으며 상업적인 저작권은 나중 문제였다.

바르셀로나에서 이 과정이 얼마나 어려울지 전혀 예측하지 못한 것은 천만다행이었다. 만약 예측했다면 그들은 절대로 이 무모한 사업을 시도하지 않았을 것이다.

대부분의 음반사 대표들은 '무료'라는 단어 하나만 들어도 말이 안 된다며 고개를 절레절레 흔들기 마련이었지만, 이 창업자들은 이전에 저작권 문제로 음반사와 협상을 벌인 적이 한 번도 없었다. 상대가 디지털 배급과 특히 P2P 기술에는 가차 없이 반대하는 세력임을 그들은 전혀 생각하지 못했다.

하지만 스포티파이에는 세 가지 특별한 점이 있었다. 첫째는 로렌손의 경험과 대자본, 둘째는 사업에 대한 에크의 통찰력, 셋째는 스웨덴 최고의 개발자들을 모은 엔의 능력이었다.

스포티파이의 첫 번째 사무실은 리다르가탄 20에 있는 주상 복합 아파트였다. 스투레플란 광장에서 도보로 5분 거리에 있는 외스테르말름Östermalm의 신발 가게와 점심 식사를 내놓는 한 식당 위에 자리했다.

첫 주 동안 사람들은 이케아에서 구매한 사무실 가구들을 조립했으며, 화이트보드를 달고 컴퓨터와 서버를 설치했다. 시간이 흐른 뒤에 이 프로젝트가 수백 명을 백만장자가 되게 해 주리라고는 이때 아무도 알지 못했다.

뮤토렌트를 만든 토렌트 기술의 1인자

당시 스웨덴에서 토렌트 기술의 1인자는 루드비히 스트리게우스 Ludvig Strigeus였다. 그는 세계에서 가장 인기 있는 파일 공유 프로그램 중 하나인 뮤토렌트를 직접 만든 자존심이 강한 25세의 해커였다. 이 마이크로 토렌트 클라이언트는 파이러트 베이와 같은 사이트를 통하여 빠르게 파일을 다운로드하기 위해서 사용되었다.

에크와 로렌손은 '룻데'Ludde(건달이라는 뜻—옮긴이)라는 별명으로 불리는 스트리게우스가 자신들의 프로젝트에서 키 맨이 될 것을 일찍이 알아챘다. 로렌손은 오랫동안 알고 지내던 같은 고향 출신 사업가인 니클라스 이바손Niklas Ivarsson에게 부탁하여 스트리게우스를 만나는 데 성공했다. 이바손은 자동차 산업에 필요한 소프트웨어를 파는 ATIAutomotive Technologies International의 유럽 지사장이었다. 이바손은 직장에서 알게 된 스트리게우스가 기존 코드를 분석해서 즉석에서 새로운 프로그램을 개발해 내는 재능에 놀랐다.

스트리게우스는 어린 시절부터 기계가 어떻게 작동하는지 궁금해하며 온갖 물건을 분해하곤 했다. 그의 어머니는 유치원에 다니던 스트리게우스가 고장 난 세척기를 수리 기사가 도착하기도 전에 고쳐놓은 일을 기억한다. 그런데 어느 날 스트리게우스의 부모는 아들의 엉덩이가 삐뚤어진 것을 알아차렸다. 신체 근육이 작아지는 척수성 근위축증이라는 불치의 병이었다. 건강이 악화되어 8세 즈음에 그는 휠

체어에 앉게 되었다.

스트리게우스가 처음 사용한 컴퓨터는 코모도어 VIC-20이었다. 나중에 물려받은 PC로 프로그래밍 언어인 베이직을 배워서 간단한 프로그램과 게임을 만들기 시작했고, 10대 때 해커가 되었다. 그는 1980년대 말에 인기 있는 게임이었던 '매니악 맨션'을 제작하는 데 사용된 스컴이라는 스크립트 언어 등을 복제했다. 스컴은 클로즈드 소스 코드를 만들었다. 하지만 스트리게우스는 컴파일러를 통해서 프로세스만이 이해하는 언어로 번역된 명령어, 즉 어셈블리 코드를 분석하는 데 성공했다.

그는 줄 하나하나의 내용을 풀어서 그 정보를 이해할 수 있는 프로그래밍 언어로 되돌렸다. 몇 년이 걸릴 수도 있는 일이었으나 마침내 그는 해냈다. 스컴을 어떤 운영 체제로든지 변환할 수 있게 한 다음, 여기에 '스컴VM'이라는 이름을 붙여서 오픈 소스 코드로 대중에게 공개했다. 이것이 바로 스트리게우스가 비상하면서도 고집불통의 컴퓨터 프로그래머로 여겨지는 이유다. 그는 자바와 C#보다 상당히 까다롭다고 하는 옛 프로그래밍 언어인 C++로 프로그램하는 것을 좋아했다. C++는 다른 프로그래밍 언어에 비해 단순하면서도 빠른 프로그램을 만들어 냈다. 뮤토렌트가 2005년에 등장했을 때 용량이 50킬로바이트밖에 안 되었을 정도로 말이다.

2006년 중반의 어느 날 에크와 로렌손은 예테보리Göteborg에 있는 ATI 본사를 방문했다. 이바손은 두 사람과 스트리게우스를 소개시켜 주었다. 에크와 로렌손은 아주 높은 액수를 제시하지는 않았지만, 스포티파이가 비트토렌트 기술을 사용할 예정이니 뮤토렌트를 팔라고 제안했다. 스트리게우스는 흥미롭다고 생각했으나 망설였다.

한편 뮤토렌트에 관심을 보이는 미국 국적의 구애자들이 있었다. 그중 한 명은 비트토렌트 기술의 창시자이자 비트토렌트 주식회사를 창립한 전설적인 인물 브램 코언이었다. 또 한 명은 뮤토렌트 같은 자체 토렌트 클라이언트로 인기를 끌고 있지만 스트리게우스의 것만큼은 빠르지 않은 P2P 기술업체 애저리어스Azureus였다.

돈으로는 살 수 없는 것

∥ Can't Buy Me Love

2006년 이른 가을 스트리게우스는 결정을 내려야만 했다. 뮤토렌트를 스포티파이에게 팔고 그곳에서 일을 시작할지 아니면 다른 누군가에게 넘길지를 말이다. 이러한 상황에서 애저리어스 임원진은 비행기를 타고 날아와 예테보리의 유명한 엘리트 호텔에 저녁 만찬을 마련하고 스트리게우스를 초대했다. 이에 질세라 비트토렌트 주식회사 또한 비용을 대어 스트리게우스를 칸 영화제에 보내 주기까지 했다. 스포티파이도 끊임없이 연락을 취하며 스트리게우스를 설득하려 애썼다. 스트리게우스는 분석력이 남달랐으나 어떤 선택이 가장 최선일지 결정하기가 어려웠다. 불안정한 변수들이 너무 많았기 때문이다.

애저리어스는 조만간 회사 법률 고문을 통해 이해하기 어려운 장문의 합의서를 보내올 예정이었다. 스트리게우스는 뮤토렌트를 팔았을 때 어떤 결과가 초래될지 다소 걱정스러웠다. 뮤토렌트가 불법적인 다운로드에 이용되었기 때문이다. 몇 달 전 파이러트 베이가 이 같은 이유로 스웨덴 경찰의 급습을 받았으니 어쩌면 자신도 언제든지 기소를 당할 수 있었다.

마침내 스트리게우스는 스포티파이를 선택했다. 믿음직한 동료들과 함께 스웨덴 기업에서 일하는 것이 편안하게 느껴졌다. 2006년 10월 중순에 모든 거래가 완료되었다. 스포티파이는 스트리게우스에게 현금과 주식을 지불했고, 스트리게우스는 스포티파이의 네 번째 소유주가 되었다. 이듬해 그는 스포티파이로 직장을 옮겼다. 그리고 주택을 위탁받아 관리해 주는 회사의 추천으로 예테보리의 한 오피스텔로 이사하여 일하기 시작했다.

이후 이바손은 스포티파이와 함께하려고 ATI를 떠났다. 그는 곧 음반사와의 절망적인 협상에서 중요한 역할을 하게 된다.

스포티파이 지분 보유 현황(2007년 4월 기준)

마르틴 로렌손 … 42.8%

다니엘 에크 … 42.8%

펠릭스 항외 … 9.5%

루드비히 스트리게우스 … 4.9%

뮤토렌트에서 발생하는 수익은 스포티파이가 스트리밍 기업을 만들어 나가는 데 유용하게 사용되었다. 스트리게우스에게 스포티파이 지분은 당장 큰돈은 안 되었다. 그러나 12년 뒤 스포티파이가 주식 시장에 상장되면 2006년에 내렸던 결정은 스트리게우스를 백만장자로 만들어 줄 것이다.

버퍼링 없는 플레이어를 향한 도전

‖ Indestructible

   에크가 기술 담당 이사인 엔에게 전달한 보고서에는 다음과 같은 내용이 명시되어 있었다. 스포티파이의 플레이어는 번개처럼 빨라야 만 했다. 그리고 시장의 다른 서비스들처럼 절대로 해킹당해서도 안 되었다. 마지막으로 음악이 수도꼭지에서 나오는 물처럼 흘러야 했다. 리다르가탄 아파트에서는 누구나 버퍼링 때문에 발생하는 지체 현상 을 참아 내기 힘들어했다. 스포티파이 초기 버전에는 "기다리는 것은 쿨하지 않다."라는 문구가 있을 정도였다.

   플레이어는 토렌트 기술에 기반해야 했다. 사용자가 음악을 들을 때 노래 파일을 조각내어 네트워크로 접속된 컴퓨터들에서 한꺼번에 다 운받게 하도록 말이다. 그리고 스포티파이는 파이러트 베이와는 근본 적으로 다르게 아티스트와 음반사에 광고 수익을 배분할 생각이었다. "우리 서비스는 광고 수익으로 운영되므로 사용자 여러분은 어떤 비 용도 지불할 필요가 없습니다." 스포티파이 웹 사이트에는 초창기부터 이 같은 공지가 있었다.

엔은 자신의 팀에 높은 기술적인 능력을 요구하며 지식을 끊임없이 넓힐 것을 주문했다. 2006년 10월에 엔은 왕립 공과 대학교의 컴퓨터 공학 박사 과정인 27세의 프레드릭 니에멜래Fredrik Niemelä에게 전화를 걸어서 만남을 제안했다. 스웨덴 북부의 시골인 노를란드Norrland 출신으로 갈색 말총머리에 염소수염을 기른 그는 프로그래밍 대회에서 세계 챔피언을 차지한 적이 있었다.

바사스탄에서 둘이 저녁 식사를 하는 동안 엔은 스포티파이의 환상적인 미래상을 설명했다. 스포티파이의 목표는 '유일무이한 스트리밍 플랫폼'으로 음악에 먼저 도전할 거라고도 덧붙였다. 스포티파이는 텔레비전 프로그램, 영화 그리고 다른 가능한 모든 것을 스트리밍할 계획을 갖고 있었다.

니에멜래는 스포티파이의 비전에 강한 인상을 받았다. 그리고 자신의 지식이 이 시대를 바꾸는 데 사용될 거라는 점에 매혹되었다. 파일 공유자와 음반사 사이에 벌어지고 있는 전쟁은 이미 다 아는 이야기였다. 게다가 그는 왕립 공과 대학교를 떠나 스포티파이에 합류한 선배들에게 존경심을 품고 있었다.

결국 그는 기술 고문을 맡아 스포티파이에서 근무하게 되었다. 그는 늦은 시간까지 일하다가 한밤중에 택시를 타고 스톡홀름 변두리인 링케뷔Rinkeby의 자기 아파트로 갔다가, 몇 시간 뒤면 같은 길을 전철을 타고 출근하곤 했다. 에크는 실력과 열정을 갖춘 이 프로그래머가 차기 사장 후보라고 확신했다.

스포티파이의 첫 사무실, 리다르가탄 아파트

‖ We Are Family

리다르가탄의 아파트는 스포티파이의 젊은 직원들에게 또 다른 집이 되었다. 직원의 대부분은 25세 정도로 한두 군데의 직장을 다닌 경험이 있었다. 정시에 퇴근하는 일이 아주 드물 만큼 늦게까지 일했고, 업무에 지칠 때면 테이블 풋볼이나 포커를 하며 머리를 식혔다.

왱왱거리는 서버들은 잡동사니가 있는 공간에 자리했고, 아파트에서 제일 큰 방에는 백엔드back-end 개발자들이 앉아 있었다. 여기에는 꽃무늬 커튼과 화이트보드가 걸려 있었다. 니에멜래는 스트리밍 기술 개발을 최우선적으로 진행했다. 다른 직원들은 음악 데이터베이스를 발전시키고 광고 시스템을 개발했다.

개발자 망누스 홀트Magnus Hult는 곡, 음악가 그리고 앨범을 한꺼번에 연결하는 모든 메타데이터metadata에 대한 책임을 맡았다. 홀트는 이를 도서관의 데이터베이스와 유사하게 설계했는데, 음악가와 곡뿐 아니라 커버 곡이나 라이브 곡도 찾을 수 있었으며, 같은 음악가의 다른 곡이라든지 혹은 같은 프로듀서의 다른 곡까지 찾는 것이 가능한 수준이었다.

추후 스포티파이는 음악과 관련한 자료들을 모조리 사들여서 일종의 음악 백과사전을 구축한다. 더 나아가 스포티파이는 비욘세의 음악을 듣는 사람이 리아나의 음악도 좋아할지 모른다는 예측을 하는 알고리즘을 만들어 낸다.

두 번째로 작은 방에는 프런트엔드front-end를 개발하는 직원들이 앉아 있었다. 라스무스 안데손Rasmus Andersson은 스포티파이의 시작 화면을 장식할 첫 번째 그래픽 형상을 멋지게 만들어 냈다. 컴퓨터 프로그래밍을 독학한 스트리게우스는 윈도우와 맥을 위한 스포티파이 플레이어를 혼자 힘으로 개발했다. 그는 정해진 날마다 스톡홀름 팀을 방문했다.

세 번째 방은 회사의 나머지 직원들 차지였다. 법무 담당 이사인 페트라 한손Petra Hansson, 그리고 음반사와의 협상 건으로 출장을 가지 않을 때 에크가 세 번째 방을 사용했다. 2007년 2월에는 구매 담당 이사인 요나탄 포스테Jonathan Forster가 이 방에 합류했다. 포스테는 광고주들이 타깃 광고의 가치를 알아보지 못한다며 불안해했는데 동료들에게 이렇게 말하곤 했다.

"잘게 썬 고기를 찾는 사람한테 통 스테이크를 팔 수는 없잖아."

자금 관련한 '연줄'을 담당하는 로렌손은 운동을 자주 했고 점심시간이면 시내로 나갔다. 그러다 이따금 사무실에 나타나서는 직원들에게 인사를 건넸다.

"이보게들, 지금 노닥거리는 거야?"

그러면 기술 팀 직원들이 낄낄거렸다. 그들은 로렌손이 중요한 일을 한다는 건 알았지만 그게 무엇인지 정확히는 알지 못했다.

0.2초 만에 플레이되게 하라

| Slice Me Nice |

    스포티파이의 엔지니어들은 최고의 품질을 위해서 전력 질주했다. 사용자가 어떤 곡을 원하면 즉시 찾아서 들려줄 수 있어야 했다. 모든 게 속도와 관련 있었다. 그 속도는 200밀리초라는 숫자 하나로 설명이 되었다. 니에멜래는 최소 200밀리초, 즉 0.2초 안에 음악이 시작되어야 한다는 것을 깨달았다. 네트워크의 현재 속도(대역폭)는 곡들을 재생하는 것보다 다운로드를 받는 게 더 빠를 정도로 충분했다. 그렇기 때문에 한 곡이 바로 재생되어야 하고 나머지 곡들이 완전히 다운되는 동안 그 곡이 멈추지 않고 계속해서 흘러나와야 했다.

    토렌트 기술을 사용하니 파일 조각들이 어수선하게 쏟아져 들어왔다. 만약 한 곡의 첫 부분을 먼저 시작하는 프로토콜이 강제로 작용한다면 모든 게 너무 느려졌다. 이것이 엔의 팀이 풀어야 할 숙제였다. 꽃무늬 커튼이 달린 방은 점차 세미나실처럼 되어 가기 시작했다. 몇 주가 지나자 화이트보드에는 토론 내용과 개발 과정 스케치가 빼곡했고 마침내 그들은 세련된 해결책을 찾아냈다.

    현존하는 토렌트 시스템은 마치 토스트 된 식빵처럼 음악 파일을 수직으로 잘랐다. 일단 모든 조각이 제자리를 잡고 나면 곡이 왼쪽에서 오른쪽으로 순서대로 플레이되었다. 그런데 달리 생각해서 마치 햄버거 속 재료들처럼 음악 파일을 수평으로 자르면 각각의 조각들은 처음부터 끝까지 전체 곡의 가로 부분을 구성하는 셈이었다. 그러면 프로토콜은 어떤 특별한 순서로 조각들을 취할 필요가 없어서 곡을 바로 듣는 것이 가능해진다. 당장에 그 아이디어를 실현하는 것이 가능하다는 사실을 알게 된 팀원들은 아연실색했다. 잡동사니 방에 있는 서버에서 그 조각들을 스트리밍하자 노래가 바로 들렸다.

그런데 인터넷 연결이 원활하지 않더라도 뮤직 플레이어는 제 기능을 해야 했기에 사용자가 다음으로 듣고 싶어 하는 곡들을 추적해 다운받거나 버퍼 기능을 하는 시스템을 개발했다. 사용자가 선택할 첫 번째 곡은 당연히 예측하기 어렵다. 하지만 플레이리스트의 곡들은 가능성 높은 후보들이므로 미리 다운받아서 컴퓨터의 캐시 메모리에 일시적으로 저장해 두었다.

팀원들은 속도가 빠른 스포티파이의 자체 서버에서 예측이 불가능한 선택 곡들을 스트리밍하는 방법을 썼다. 먼저 어떤 곡에 대한 청취가 시작되면 네트워크에 연결된 다른 사용자를 통해 조각들을 다운로드하면서 P2P 모델로 넘어가게 조치를 취했다.

또 다른 방법도 있었다. 사용자의 애청곡을 미리 다운로드하여 컴퓨터의 메모리에 남아 있게 하는 것이었다. 이렇게 하면 지체되는 현상을 확실히 줄일 수 있었다. 즉 스포티파이가 개발하는 프로토콜은 일종의 하이브리드였다. 중앙 서버에 뛰어난 장점들이 추가된 토렌트 네트워크였으며 오류가 거의 없었다. 뮤직 플레이어의 첫 번째 테스트 버전은 2007년 1월에 완성되었다. 그와 동시에 니에멜래가 생산 담당 이사로 취임했다.

뮤직 플레이어를 테스트한 모든 사람들은 정말 마술 같다고 생각했다. 직접 개발에 참여한 사람들조차 믿기지 않아 했다. "이건 달에 로켓을 쏘아 올린 것과 마찬가지야!" 하고 감탄하기도 했다. 몇 달 뒤 스포티파이는 시장에 최고의 뮤직 플레이어를 선보였다.

사실상 현재 스포티파이 시스템에 있는 거의 모든 곡은 파이러트 베이 같은 토렌트 사이트의 해적 복사판 음악 파일이었다. 이 모순은 아무도 피할 수 없었다. 과연 어떻게 할 것인가? 아이튠즈에 있는 수백만 개의 곡들을 모두 구입할 것인가? 그렇다 해도 스포티파이가 음악을 무료로 퍼트릴 법적 권리가 있는가? 스포티파이 구성원들은 스포티파이 출시에 박차를 가하는 동안 음반사와 저작권을 해결하는 모든 과정이 잘될 거라고 여겼다. 약간의 운이 따른다면 2007년 가을에 스포티파이 서비스를 시작할 수 있을 것으로 기대했다.

불법 공유에 대한 음반사의 분노

‖ Police & Thieves

스포티파이가 자체 뮤직 플레이어를 개발하는 동안 파일 공유에 대한 음반 업계의 불만이 커지고 있었다. 어느 날 오후, 당시 소니 BMG의 북유럽 사장인 페르 순딘Per Sundin은 반복해서 이야기했다.

"그러니까 여러분들은 여러분 가족들의 것을 훔치겠다는 거지요?"

43세의 음반사 사장 순딘은 흥분한 나머지 탁자 위로 몸을 내밀었다. 그는 부인 옌뉘Jenny와 함께 새로 알게 된 사람의 초대를 받아 저녁 식사를 하던 중이었는데 마침 이야깃거리로 나온 불법 복제라는 주제가 즐거운 시간을 망쳐 버렸다. 옌뉘는 눈을 동그랗게 떴다. 남편이 하는 일에 대해 이야기할 때마다 그 자리에서는 항상 불법 복제에 관한 논쟁이 벌어졌다.

"그래요, 하지만 모두가 이미 다운로드하고 있잖아요. 우리도 음반을 구입하지 않고 다운받아요."

이 말을 듣는 순간에 순딘의 속이 부글부글 끓어오르기 시작했다. 옌뉘는 귀갓길에 순딘의 화가 폭발할 거라고 생각했다. 그렇지만 순딘은 그때까지 도저히 자제력을 발휘할 수 없었다.

"만약 당신네 아이들이 마트에 가서 물건을 훔쳤다면 어떻게 할 겁니까? 그냥 별문제 아니라고 할 건가요? 도대체 아티스트들은 뭘로 먹고살아야 하나요?"

지난 몇 년간 불법 복제 탓에 음반사들의 수입은 급속도로 쪼그라들었다. 순딘은 어쩔 수 없이 수차례 직원들을 내보내는 구조 조정을 단행했다. 소니 BMG의 다른 지역 사장들이 그에게 "스웨덴에서는 왜 그렇게 파일 공유가 많습니까?"라고 물어보곤 했는데 그럴 때마다 그는 "아이튠즈가 늦게 출시되는 바람에 그렇게 된 것 같습니다."라고 해명했다. 스웨덴에서는 2005년이 되어서야 아이튠즈를 이용할 수 있었고, 당시에는 이미 세계적으로 불법 복제를 부추기는 카자, 파이러트 베이 그리고 뮤토렌트가 존재했다. 세 곳 모두 공교롭게도 스웨덴 기업이었다.

순딘은 이 이야기에 호기심을 보이는 사장들에게는 두 가지 설명을 덧붙였다. 하나는 1998년에 스웨덴에서 진행한 가정용 컴퓨터를 구입할 때 보조금을 지급한 정책hem-pc-reform이었고, 또 다른 하나는 여러 해 동안 스웨덴 정치가들이 광대역 네트워크의 확장을 위해 애쓴 것이었다. 그래서 미국에서는 꿈도 못 꿀 인터넷 속도가 스웨덴에서는 가능했다.

2006년 가을에 실시된 국회 총선 때 순딘에게는 최악의 일이 발생했다. 신생 정당인 해적당이 성공적으로 대중의 눈도장을 받은 것이다. 그해 1월 1일에 창당된 해적당은 인터넷 불법 다운로드를 옹호하며 정보의 자유로운 공유와 개인 정보 보호를 주장했다. 해적당뿐만 아니라 스웨덴에서 가장 큰 정당들조차 불법 복제를 심각하게 생각하지 않았다.

"요즘 젊은이들은 인터넷에서 불법으로 다운로드하는 것을 범죄로 생각하지 않습니다. 하지만 이 문제에 주의를 기울여야 합니다."

스웨덴 수상인 예란 페르손이 선거 2주 전에 당대표 텔레비전 생방송 토론에 나와 이렇게 당부했음에도 불구하고 말이다. 반면 온건당 대표인 프레드릭 라인펠트Fredrik Reinfeldt는 그 문제에 어정쩡한 태도를 취했다. 방송을 본 순딘의 어머니는 곧장 순딘에게 전화를 걸었다.

"토론 보고 있니? 너는 이제 음반 산업에서 손 떼야겠구나!"

이후 순딘은 직장을 바꾸었다. 유니버설 뮤직의 스웨덴 대표가 되었다. 즉, 스웨덴의 음반 사업에서 가장 강력한 목소리를 낼 수 있는 사람이 되었다. 곧 스포티파이가 그의 레이더망에 잡힐 것이다.

베타 버전이 출시되다

2007년 3월의 어느 저녁이었다. 늦게까지 스포티파이 기술 팀의 직원 몇 명이 사무실에 남아 있었다. 엔, 니에멜래 그리고 개발자 마티아스 드 잘렌스키Mattias de Zalenski는 뮤직 플레이어의 백엔드와 프론트 엔드를 연결시켜 최종 플레이어를 만들고 있었다. 첫 번째 계정을 등록하라는 창이 뜨자 엔과 니에멜래는 시선을 교환했다.

"기술 담당 이사님이 저보다는 먼저죠."

이렇게 엔은 스포티파이의 첫 번째 계정을 갖게 되었다. 곧이어 더 많은 계정이 스포티파이에 만들어졌다. 이후 마케팅 담당 이사인 소피아 벤츠Sophia Bendz가 광고라든지 언론사 홍보를 맡아 진행했다.

스포티파이는 음악 마니아들을 공략해 설계되었다. 음악을 찾아 플레이리스트를 만들 수 있었고, 아티스트와 앨범을 따로 분리하거나 아티스트와 앨범을 한꺼번에 볼 수도 있었다. 음악은 버튼을 누르자마자 바로 재생되었고 컴퓨터의 캐시 메모리에 암호화되어 저장되었다. 사용자는 네트워크를 통해서만 음악에 접근할 수 있었으며 파일을 소유하지는 못했다.

에크는 자신의 개발자들을 칭찬했지만 한편으로는 양심에 걸려 마음이 무거웠다. 그는 음반사와 저작권 합의가 잘 이루어지지 않았다는 진실을 아는 몇 명 가운데 하나였다. 그래도 작곡가 협회인 스팀Stim에 일시불로 대가를 지불함으로써 제한된 기간 동안 테스트 저작권을 얻는 데는 성공했다.

2007년 4월에 드디어 스포티파이의 베타 버전이 출시되었다. 이를 기념하기 위해 모두 모여 단체 사진을 찍었다. 열네 명의 사람들은 카메라를 향해 웃었다.

대체 음악이 어디서 나오는 거지?

‖ Invisible Touch

패르-예르겐 패르손Pär-Jörgen Pärson은 노트북을 뚫어져라 보고 있었다. 뮤직 플레이어의 화면은 마치 아이튠즈의 진한 회색 화면 같았다. 하지만 그가 제일 좋아하는 밴드의 이름이자 곡명인 '킬스위치 인게이지'Killswitch Engage를 입력한 다음에 재생 버튼을 누르자 한순간도 지체되지 않고 그 곡이 바로 플레이되는 게 아닌가. 다운로드된 곡도 아니었지만 버퍼링 없이 음악이 흘러나왔다.

탁자 반대편에 앉은 로렌손은 환하게 미소 지었다. 언젠가 패르손이 로렌손의 상사인 적이 있었다. 이제 그는 회토리엣Hötorget 광장의 고층 건물에 사무실을 둔 벤처 투자사 노스존Northzone의 파트너였다. 로렌손은 투자자를 놀래키려고 이곳에 왔다. 패르손의 표정을 보니 놀래키는 건 성공한 것 같았다. 패르손이 물었다.

"대체 음악이 어디서 나오지?"

로렌손은 노트북을 휴대 전화와 연결해 화면을 보여 주었다. 패르손

2007년 4월에 스포티파이 직원들이 단체 사진을 찍었다. 두 번째 줄 왼쪽부터 마티아스 아렐리드, 군나르 크라이츠, 안드레아스 엔, 페르 말름, 요나탄 포스테, 망누스 홀트, 다니엘 에크베리에르, 톰미 간네트, 마르틴 비르켈드, 프레드릭 니에멜래. 앉아 있는 사람들 첫 번째 줄 왼쪽부터 라스무스 안데손, 욘 오슬룬드, 안드레아스 맛손. 맨 앞 다니엘 에크. ⓒRasmus Andersson

은 숨이 멎을 듯 놀랐다. 해가 갈수록 수백 명에 이르는 투자자들이 음악 산업에 관심을 보였다. 그러니 이것은 실로 엄청난 일이었다. 8년 전, 패르손은 로렌손과 사무실을 같이 썼었다. 당시 그는 트레이드더블러에 투자할 기회를 놓쳤었다. 노스존에서 성공하기 위해 마침 패르손은 히트 상품이 필요했다. 스포티파이는 과연 스카이프의 후속 주자가 될 수 있을까?

로렌손은 협상이 수월치 않은 인물이었다. 패르손은 로렌손 앞에서 스포티파이에 대한 관심을 내색하면 안 된다고 생각했다. 그러나 이내 솔직하게 스포티파이에 투자하고 싶다고 말했다. 로렌손은 미소를 보이며 다시 방문하겠다고 답했다.

노동자들의 도시 록스베드의 컴퓨터 신동

에크는 스톡홀름 외곽의 콘크리트 단지 가운데 한 곳인 록스베드에서 성장했다. 그의 아버지는 일찍부터 가족사진에 없었다. 훗날 에크는 아버지와 서로 어떤 연락도 취한 적이 없다고 회상했다. 몇 년 동안 어머니 엘리사벳은 홀로 에크를 키웠다. 에크는 혼자서 시간을 보내는 데 익숙해졌다. 시간이 지나 엘리사벳은 하세라는 새로운 남자를 만났고, 그는 나중에 에크의 계부가 되었다. 에크가 10세가 되었을 때 이복동생 펠릭스Felix가 생겼다.

에크가 스뇌새트라Snösaträ 초등학교 저학년 시절, 엘리사벳은 그 학교의 방과 후 레크리에이션 센터에서 일했다. 경제 사정이 풍족하지는 않았지만 에크는 자신의 유년기가 음악으로 가득해서 행복했다고 회상했다. 엘리사벳은 비지스, 다이애나 로스, 테드 예데스타드를 즐겨 들었다. 에크는 집의 한쪽 벽에 걸려 있던 나일론 줄로 된 기타로 연주하는 것을 배웠다. 처음에는 기껏 동요를 연주하는 정도였으나 점차 비틀스와 너바나의 곡들까지 연주해 냈다. 학교 음악 수업에서 그는 드럼, 베이스 기타, 피아노, 아코디언의 연주법을 배웠다. 그는 청소년 시절에 지역 밴드 몇 곳에서 활동했다.

이처럼 음악에서 뛰어났던 에크가 더 탁월한 실력을 발휘한 분야가 있었다. 바로 컴퓨터였다. 어린 나이에 남들이 알아주는 경지에 올랐을 정도였다. 5세 때 이미 그에게는 텔레비전에 연결된 중고 코모도어 VIC-20 컴퓨터가 있어서 매일 오랜 시간 게임을 했다. 컴퓨터에 문제가 생기면 어머니에게 도움을 요청하곤 했으나 항상 이러한 조언이 되돌아왔다.

"네 스스로 문제를 풀어 보렴."

그러다가 계부가 PC를 마련해 주었고 9세부터 에크는 코딩을 시작했다. 11세가 된 에크는 주변 사람들에게 말했다.

"난 빌 게이츠보다 더 대단한 사람이 될 거예요!"

집에서 조금만 걸어 내려가면 언덕 아래에 헬스장, 실내 하키장, 탁구대와 연습장 등을 갖춘 레크리에이션 센터가 있었다. 레크리에이션 교사였던 미케 요한손Micke Johansson은 에크를 친절하고 예의 바른 학생으로 기억했다. 10대 시절에 내성적인 편이었던 에크는 혼자서 자주 그곳에 갔다. 레크리에이션 센터장인 리카드 클렘밍Rickard Klemming은 60대로 보통 리키Ricky라고 불렸다.

하루는 리키가 유선 인터넷을 연결하면서 컴퓨터도 함께 설치하려다가 에크가 컴퓨터 도사라는 소문을 듣고는 도와 달라고 부탁했다.

에크는 계부의 격려로 리키가 컴퓨터를 설치하는 데 큰 도움을 주었고 자신이 이런 일에 흥미를 느낀다는 것을 깨달았다. 그는 점차 동네에서 가장 어린 IT 개발자가 되어 갔다.

펑크의 물결을 이어받다

Ⅱ   Staten och kapitalet

1950년대 록스베드가 건설되었을 때 높은 건물과 말굽 형태의 다운타운 건물 등에서 현대적인 모습이 느껴졌다. 하지만 10년 정도 지나자 동네 이미지가 달라졌다. 록스베드는 질풍노도 시기의 10대들과 마약 때문에 문제가 많은 지역처럼 보였다.

1970년대 말 펑크 밴드인 엡바 그뢴Ebba Grön은 록스베드를 유명하게 만들었다. 어두운 분위기의 가수 요아킴 톨스트룀Joakim Thåström이 활동하던 이 밴드는 몇 년간 돌풍을 일으켰으며 록스베드의 레크리에이션 센터와 같은 건물에 있던 클럽에서 공연했다. 클럽은 관중으로 꽉 찼고, 언젠가부터 스톡홀름 전역의 펑크족들이 그곳을 찾게 되면서 '록간'Råggan(록스베드를 부르는 명칭 ─ 옮긴이)이라는 펑크 운동의 핵심지가 되었다. 음악은 반항하기를 원하는 세대를 결속시켜 주었다. 나중에 클럽 건물을 재건축하게 되었을 때 펑크족들이 그곳을 점령한 뒤 벽보를 붙이고 열흘 동안 바리케이드를 치는 바람에, 결국 경찰이 그들을 끌어내야만 했다.

1983년 2월에 에크가 태어났을 때는 이미 펑크의 물결은 사라져 버리고 없었지만, 에크의 세대는 음악을 가두려는 세력에 대항하여 또 다른 형태의 투쟁을 벌였다. 그들은 펑크록 대신에 일종의 정치 운동이 된 음악 공유에 전력을 기울였다.

중학생 때부터 프로그래밍으로 돈을 벌다

ll School Daze

레크리에이션 센터에서 조금 걸어가면 록스베드 중학교가 나온다. 1996년에 에크가 입학한 중학교로, 당시 주말마다 싸움을 벌이거나 마약과 술에 빠진 문제아들 탓에 악명 높았다. 하지만 그렇지 않은 학생들이 대부분이었고, 학교에 대해서 자부심을 가진 학생들도 꽤 있었다.

에크는 레크리에이션 센터에서 열리는 디스코 파티에서 술을 마시거나 싸움을 즐겨 하는 부류의 학생은 아니었다. 학교에서 그는 똑똑하고 재능 많은 아이로 잘 알려져 있었다. 그는 기타 연주 실력으로 주변을 놀라게 했으며, 매년 무대에 올리는 교내 뮤지컬 공연에서 주인공을 자주 맡았다. 남자 친구들 못지않게 여자 친구들과도 잘 지냈다. 그는 조숙해서 교사들과 대화가 잘 통했다. 컴퓨터 수업에서는 다른 누구도 따라올 수 없을 정도로 두각을 나타냈다. 친구들의 컴퓨터가 말썽을 부리면 가서 도와주었고, 다른 사람이 해결하지 못하는 문제들을 풀면서 자신감을 키워 나갔다.

점차 록스베드에서는 홈페이지를 만들 때면 다들 에크를 찾아왔다. (어떻게 14세의 나이에 그가 돈을 벌기 시작했는지에 대해서는 나중에 좀 더 자세히 설명하겠다.) 그는 반 친구들에게 HTML과 프로그래밍을 가르쳤다. 반 친구들은 에크가 만든 작은 IT 왕국의 하청 업자가 되었다. 인터넷의 여러 채팅방에서 그는 새로운 친구들을 만났다. 그는 그곳에서 해킹 노하우를 공유하고 자신이 직접 고친 프로그램이나 불법 복제 파일들을 주고받았다. 그는 자기 홈페이지에 누군가 방문할 때마다 숫자가 매겨지는 계산기를 프로그래밍해 놓았다. 얼마 뒤 인터넷 여기저기에서 그 계산기가 사용되기 시작했다. 이 일에 고무된 그는 친구에게 말했다.

"모든 것이 다 연결되어 있다는 사실이 어느 순간 갑자기 이해되더라. 좋은 것은 알아서 퍼져 나가는 힘이 있어."

1999년 6월에 에크는 중학교를 졸업했다. 그는 영어, 음악, 역사, 종교, 사회 그리고 기술 과목에서 최고 점수를 받았다. 순드뷔베리 Sundbyberg의 IT 고등학교에 입학하는 데는 충분한 성적이었다.

파일 공유 서비스, 냅스터의 충격

Ⅱ Breaking the Law

1999년 8월에 에크는 고등학생이 되었다. 당시 스웨덴에는 한창 인터넷 붐이 일고 있었다. 학교는 기대감으로 가득했다. 학생들은 프리랜서로 일하면서 돈까지 많이 버는 IT 커리어를 꿈꿨다. 에크는 나중에 당시를 이렇게 회상했다.

"그때 세계 최고가 될 거라는 생각을 했습니다."

에크가 1학년일 때 파일 공유 서비스 냅스터가 막 세상에 나왔다. 그는 문득 집에 있는 컴퓨터 앞에 앉아서 전 세계의 음악을 무료로 다운로드하는 장면을 떠올렸다. 음악을 사랑하는 사람에게는 거의 종교와 같은 경험이 될 것이었다. 그때 그는 "냅스터는 아마도 내 인생을 완전히 바꿔 놓을 인터넷 서비스일 거야."라는 기록을 남겼다.

이 시기부터 에크가 속한 세대에서는 파일 공유가 대세가 되었고, CD를 구매하던 시절보다 취향을 넓혀 더 다양한 음악을 많이 들었다. 그렇게 한 가지 장르만 들으며 음악에 자신의 정체성을 투영하고 동일시하던 시대가 저물기 시작했다. 점점 더 많은 사람이 가능한 모든 음악을 들었다.

몇 년 뒤에 에크와 같은 세대의 젊은이들은 파일을 공유할 권리를 주장하며 시위를 벌인다. 그런데 에크는 시위를 하다가 바리케이드에 갇히는 처지가 되고 싶지 않았다. 대신에 그는 기업과 해적 사이에서 평화롭게 지내고자 했다. 그래서 냅스터의 창업자인 숀 파커를 자기편으로 만들었다.

구글에 이력서를 보낸 16세 에크

16세가 된 에크는 구글에 이력서를 보냈다. 구글은 그로부터 1년 전에 스탠퍼드 대학교 대학원생들인 래리 페이지와 세르게이 브린이 설립한 회사였다. 구글에서는 이력서를 보내주어서 고맙다면서 졸업하고 난 뒤에 다시 연락하라고 했다. 예상치 못한 구글의 답변에 에크는 자신만의 검색 엔진을 만드는 시도를 했다. 소스 코드가 인터넷에 퍼블리시되면서 점차 수십 명의 개발자들이 참여하기 시작했다. 몇 년 뒤에는 야후 같은 대기업들이 그 기술에 관심을 보였다.

IT 고등학교 수업에서는 C++ 프로그래밍과 드림위버 프로그램으로 홈페이지를 제작하는 법 등을 가르쳤다. 학생들은 IBM과 통신 장비 업체인 에릭손이 위치한 스톡홀름 북쪽의 시스타Kista IT 클러스터에서 수업을 들으며 컴퓨터를 해체하고 조립하는 것을 배웠다.

2학년이 된 에크에게서는 앳된 모습이 조금씩 사라지기 시작했다. 예전에 비해 금발 머리색이 짙어졌고 이마 위에 드리웠던 앞머리는 가르마를 타서 옆으로 넘기고 다녔다. 학교 복도에서 몇몇 여자 친구들을 마주치기라도 하면 상당히 부끄러워했다. 오히려 그는 채팅 서비스 ICQ에서는 좀 더 말을 잘해서 여자 친구를 사귀는 데 여러 번 성공했다.

반 친구들은 그를 야심차고, 똑똑하며, 말 잘하는 이야기꾼으로 여겼다. 또한 그는 IT 분야에서 실질적인 수입을 올리기 시작한 몇 안 되

순드뷔베리의 IT 고등학교에 다니던 16세의 다니엘 에크. ©Jonas Leijonhufvud

는 학생들 가운데 하나였다. 이때부터 그는 거의 전업으로 일했다. 인터넷 컨설팅사이자 포털 사이트인 스프레이Spray의 여러 프로젝트에 참여했고, 한동안 경매 사이트인 트라데라에서 임시직 기술 담당 이사로서 일하기도 했다.

때로 그는 학교 친구들에게 일자리를 주선해 주었다. 그러다가 아예 홈페이지를 만들어서 콜센터 회사에 뛰어들었다. 에크는 자신이 최고의 능력을 가진 컴퓨터 프로그래머는 아니라는 사실을 잘 알았다. 그렇지만 그에게는 새로운 아이디어를 실행하는 타고난 감각이 있었다.

3학년이 되자 에크는 학교에 거의 나오지 않았다. 어쩌다 학교에 오면 사업 아이디어와 돈 이야기를 주로 했다. 그는 조별 모임에 자주 빠졌고 말도 안 되는 변명을 해댔다. 그가 하는 이야기 중 일부는 천연덕스럽게 꾸며 낸 것 같았다. 같은 반 친구들은 에크로부터 스웨덴의 슈퍼 밴드인 카디건스와 함께 투어를 다녔다는 이야기를 들었다. 마치 에크는 공상에 빠져서 실제로 일어난 일과 꿈꾸는 일을 구분하지 못하는 상태인 듯했다.

그랬던 에크도 시험 성적을 올리기 위해 고등학교 마지막 한 학기에는 공부에 집중했다. 그가 졸업했을 때 경기는 눈에 띄게 얼어붙어 있었다. 이듬해 그는 IT 컨설턴트로 일하며 자신의 여러 프로젝트를 시작했다. 당시 그는 자신이 누구인지 그리고 어디를 향해 가고 있는지 자주 스스로에게 묻곤 했다.

닷컴 버블의 붕괴와
아이튠즈의 탄생

에크가 록스베드의 자기 방에서 음악을 다운로드하는 동안, 미래의 사업 파트너인 로렌손은 나중에 기업 가치가 수천억 크로나에 이를 자신의 첫 번째 회사 트레이드더블러를 세우는 중이었다.

1999년 4월에 로렌손은 막 30세가 되었다. 그는 잘나가는 벤처 투자사에서 일했고, 스톡홀름의 IT 업계에서 떠오르는 별이었다. 갈색 머리를 빗으로 윤기 나게 뒤로 빗어 넘긴 그는 자신감으로 가득 차 있었다.

당시 스톡홀름은 유럽 최고의 혁신 도시 중에 하나였다. 엄청난 속도로 경쟁사들을 사들이는 아이콘 메디아랩Icon Medailab과 프람티스파브리켄Framtidsfabriken 등 주식에 상장된 인터넷 컨설팅사들이 특히 주목받았다. 그 업체의 중역들은 신문 인터뷰와 텔레비전 방송을 통해 흥미진진한 미래의 홍보 대사 역할을 톡톡히 했다. 스투레플란 광장 주변의 술집들에서는 IT 개발자들이 패션 디자이너, 광고 촬영 감독, 유명 연예인 그리고 금융인들과 어울렸다.

스웨덴 그룹인 카디건스의 유명세가 하늘을 찔렀고 스웨덴의 스타 프로듀서인 맥스 마틴은 세계적 슈퍼스타인 브리트니 스피어스에게 곡을 만들어 주었다. 정치인들은 '스웨덴 음악 세계'를 주제로 이야기를 나누었다.

스웨덴 출신의 세 젊은이가 만든 부닷컴Boo.com이 영국에서 문을 열었다. 하지만 이 패션 온라인 쇼핑몰은 곧 기술적인 문제에 봉착했고 닷컴 버블이 터지면서 사이트를 연 지 6개월 만에 파산을 맞이했다. 이 같은 사건이 종종 벌어졌으나 사람들에게는 버블이 피부에 와 닿지 않았다. 인터넷 붐에 휩쓸린 그들은 그저 타야 할 기차를 놓치게 될까 봐 전전긍긍했다.

당시 기회를 잘 잡은 사람이 얀 스텐벡Jan Stenbeck이다. 투자사인 시네빅Kinnevik을 소유한 그는 일찌감치 집안의 자금을 통신사인 텔레트보Tele2와 미디어 기업인 MTG에 투자했다. 그런 다음 전자 상거래 업체인 세데온CDON과 포털 사이트인 에브리데이닷컴Everyday.com과 같은 인터넷 기반 서비스에 투자를 집중했으며, 이때 일시적으로 니클라스 센스트룀을 CEO로 세웠다. 곧 센스트룀은 냅스터의 후속 주자인 카자를 설립한 덴마크인 야누스 프리이스Janus Friis와 사업 파트너가 되었다. 카자는 대형 음반사들의 변호사가 침몰시키기 전까지 몇 년간 선풍적인 인기를 끌었다. 그리고 이 명콤비는 스카이프라는 유례없는 대성공을 탄생시켰다. 2003년 8월에 출시된 스카이프는 인터넷으로 전 세계에 무료 통화를 할 수 있게 하여 센스트룀을 IT 억만장자로 만들어 주었다. 이후 그는 음원 서비스 알디오Rdio를 설립하여 계속해서 P2P 기술을 개발했다.

스웨덴의 유서 깊은 발렌베리 가문의 기업들도 새로운 투자처에 뛰어들었다. 세기가 전환될 무렵, 지주사인 인베스트AB는 스프레이에 9억 크로나(약 1,200억 원)를 투자했다. 그러나 스프레이는 사람들에게서 천천히 사라져 버린 실망스러운 기업이 되고 말았다. 그 쓰라린 실패 탓에 발렌베리 가문은 몇 년 동안 스웨덴의 IT 분야를 피하게 된다.

로렌손과 항외, 두 사람의 만남

Ⅱ Two Princes

이처럼 닷컴 버블로 정신없던 시기에 로렌손과 그보다 세 살 어린 항외는 아이디어로 반짝였다. 두 사람은 신생 기업에 투자하는 벤처 캐피털인 셀 벤처스Cell Ventures에 입사하면서 예테보리에서 스톡홀름으로 이사했다. 그들의 사무실은 스톡홀름 한복판에 위치한 고층 건물에 있었다. 그곳에서 로렌손과 항외는 온라인 쇼핑몰의 초기 플랫폼에 해당하는 셀 모아Cell More에 전념했다. 그러나 그 프로젝트는 사내에서 관심을 받지 못했으며, 이에 로렌손과 항외는 직접 회사를 차리기로 결정했다.

로렌손은 외향적이고, 아이디어가 풍부하며, 에너지가 넘쳤다. 어찌 보면 지나치게 활동적이라고 할 수 있었다. 그는 언제든 카리스마를 드러내고, 무언가 재미있을 때는 입을 크게 벌려 웃어 댔다. 그렇지만 주의를 기울여야 할 일이 있으면, 충분한 시간을 두고 집중할 줄 알았다. 게다가 그는 스톡홀름에 자신의 네트워크를 재빠르게 구축했다. 이에 비해 항외는 내성적이었다. 부모가 의류 브랜드 조이Joy의 창업자여서 집안이 부유했지만 그는 옷과 유행보다 컴퓨터에 더 관심이 많았다.

로렌손은 보로스에서 힘들게 대학 교육을 받은 부모 밑에서 성장했다. 어머니는 교사였고, 아버지는 경제학자였다. 두 분 모두 어린 시절에 청소년 대표로 운동을 했는데, 그 영향으로 로렌손도 운동 신경이 뛰어났으며 승부욕이 강했다. 보로스에 있는 스벤 에릭손 고등학교에 다닐 때 그는 성적이 좋았다. 학교 앨범에서 긴 금발 곱슬머리의 그는 마치 할리우드 영화배우 패트릭 스웨이지처럼 보였다.

졸업 뒤 그는 예테보리에 있는 칼메스 공과 대학교Chalmers Tekniska Högskola로 진학했다. 대학교에서 멋진 총학생회 생활을 비롯하여 다양한 활동에 참여하긴 했으나 기본적으로 그는 성실한 학생이었다. 정규적인 학과 공부 외에도 예테보리 대학교 경영 대학원에서 강의를 수강할 정도였다. 또한 그는 토슬란다Torslanda에 있는 자동차 기업 볼보에서 청소 아르바이트를 해서 돈을 벌었다.

1995년 26세가 된 로렌손은 통신사인 텔리아의 수습 프로그램을 신청해 일을 시작했다. 그 프로그램의 진행 중에 그는 실리콘밸리에 있는 검색 엔진 기업인 알타비스타에서 실습을 하기도 했다. 그곳에서 로렌손은 창업한 대학생을 투자자와 연결해주는 스타트업 기업의 생태계에 대해 배웠다. 이후 로렌손은 스톡홀름으로 와서 셀 벤처스에 이력서를 냈다. 패르-예르겐 패르손이 사장이었는데, 장차 로렌손의 경력에 큰 도움이 되었다.

패르손은 짙은 금발에 물결 모양의 머리를 한 35세의 자신만만한 리더였다. 그가 웃을 때면 앞니 사이에 틈이 보였다. 5개 국어에 능통한 그는 대화 중에 영어로 된 비즈니스 용어를 자주 사용했다.

어느 날 그는 로렌손과 항외가 저녁에 늦게까지 사무실에 남아서 비밀스런 프로젝트를 진행하는 것을 보았고, 어느 정도 구체화되면 자신이 투자하리라 마음먹었다. 사실 그는 셀 벤처스 외에 다른 일이 항상 있어서 가방이 서류로 가득했다. 그중 하나가 프라이스러너PriceRunner라는 가격 비교 사이트로 나중에 큰 성공을 거두었다. 다른 회사는 음악을 공급하는 디지털 시스템을 개발하는 DX3였다. 또 다른 회사는 트라데라였다. 바로 에크가 몇 년 뒤에 기술 담당 이사로 합류할 곳이었다.

트레이드더블러의 성공

II Start Me Up

1999년 여름에 로렌손과 항외의 새로운 회사는 심각한 상황에 처했다. 그들은 외스테르말름에 있는 항외의 아파트에 모여 자신들끼리

'클릭캡'ClickCab이라고 부르던 광고 시스템의 사업 계획을 논의하곤 했다. 항외가 기술을 연구하는 동안, 로렌손은 투자자를 찾기 위해 양복을 차려 입고 스투레플란 광장으로 향했다. 시장 반응은 뜨거웠지만 정작 투자자를 찾는 것은 쉽지 않았다. 로렌손은 이해가 되지 않았다. 클릭캡은 구매자와 판매자를 인터넷으로 연결한 광고 시스템이었고, 사업 계획은 단순명료했다.

그러던 8월의 어느 금요일 늦은 저녁에 그들은 망누스 에밀손 Magnus Emilson에게 사업 아이디어를 소개했다. 에밀손은 스웨덴의 명문 예테보리 대학교 경영 대학원 출신으로 항외의 친구였는데, 그 만남은 새로운 지평을 열어 주었다. 인터넷 컨설팅사인 마인드Mind를 창립한 뒤 주식 시장에 상장시켜 돈을 모은 에밀손은 500만 크로나(약 6억 3천만 원)를 내놓고 클릭캡의 지분 30퍼센트를 가져갔다. 이 투자금으로 로렌손과 항외는 동료를 고용했고 외스테르말름의 그레브 튀레가탄Grev Turegatan 21번지의 사무실로 이사했다.

1999년 11월 중순, 회사에 '트레이드더블러'라는 이름을 새롭게 붙였는데 그때부터 트레이드더블러는 급성장하기 시작했다. 시간이 흐른 뒤에 트레이드더블러의 성공으로 로렌손과 항외 그리고 에밀손은 모두 상당한 부자가 되었다.

로렌손은 밤늦게까지 일하고 오전에 제일 먼저 잠에서 깼다. 그런 다음 사무실 근처의 중국 식당으로 가서 간단한 음식과 우유 한 잔 그리고 바닐라 아이스크림을 주문했다. 30세밖에 안 된 젊은이였던 그는 회사 내에서 어떤 공식적인 역할이나 직함을 맡는 것을 피했다.

한편 패르손은 트레이드더블러에 투자할 기회를 놓쳤다. 시장은 냉각되는 중이었고 셀 벤처스는 매각 직전에 놓였다. 7년 뒤 다시 로렌손의 다음 프로젝트에 대한 이야기를 듣게 된 시점에는 이미 패르손이 곤란한 처지에 놓인 뒤였다.

닷컴 버블의 붕괴에도 살아남다

⠿ 99 Luftballons

인터넷에 대한 스톡홀름의 열광은 2000년 초에 최고조에 달했다. 2월에 세르겔스 토리Sergels Torg 광장에 세워진 거대한 유리 기념비는 "쿨한 클럽이 즐비한 유럽의 IT 수도는 지금 뜨겁다."는 제목으로《뉴스위크》의 표지를 장식했다. 그러나 바로 한 달 뒤 기술주들이 뉴욕의 나스닥에서 하향세로 돌아섰다. 닷컴의 위기가 시작된 것이다. 스웨덴에서도 수십억 크로나 규모의 투자들이 망했고 IT 스타들이 소리 소문 없이 사라졌다.

로렌손과 항외는 운이 좋았다. 2000년 4월에 트레이드더블러의 금고에 1천만 크로나(약 13억 원)를 채우는 데 성공했다. 그것은 미국 자본가인 조지 소로스와 스웨덴의 아틱 벤처스Arctic Ventures의 투자금이었다. 불황으로 경쟁사들이 하나둘 무너져 내리면서 프로그래머의 몸값은 낮아졌다. 반대로 트레이드더블러의 가치는 10억 크로나(약 1,300억 원)로 치솟았다.

다니엘 에크와의 인연의 시작

(‖ Livin' on a Prayer)

에크가 고등학교를 졸업하던 2002년 6월 무렵에는 닷컴 버블이 완전히 꺼져 버렸다. 그는 구글과 어깨를 견주는 무언가를 개발하고 싶었으나, 일단 야이야Jajja라는 인터넷 기업에 일자리를 구한 것에 만족해야 했다. 야이야의 고객은 인터넷 검색 결과에서 자신의 기업이 가장 상위에 보이기를 원했다. 에크는 업무에 그다지 매력을 못 느꼈지만 일 처리는 잘했으며, 덕분에 기술 담당 이사로 금세 승진했다.

직장 일과는 별개로 그는 자신의 아이디어를 실현하기 위해 록스베드에 있는 어머니의 옛 아파트에서 프로젝트에 착수했다. 나중에 에크는 당시 엄청난 양의 텔레비전 라이브 방송을 녹음하고 분류했으며, 그 자료로 무얼 할 수 있을지 고민했다고 털어놓았다. 얼마 뒤에 그는 파일 공유로 얼마나 빨리 자료들이 인터넷으로 퍼져 나가는지를 알고 거기에 매료되었다.

한편 후일에 에크는 이 시기에 왕립 공과 대학교에서 공부를 시작했다가 2개월도 안 되어 자퇴했다고 밝혔다. 그런데 이 사실은 확실치 않다. 왕립 공과 대학교에는 에크가 입학했거나 강의에 등록했던 정보가 존재하지 않는다.

에크가 22세가 되었을 때 런던의 어느 투자자에게 전화가 걸려왔다. 그 투자자는 자신의 투자로 개발된 한 검색 엔진을 통하여 에크를 알게 되었다. 그는 에크가 새로운 일을 추가로 맡을 수 있는지 궁금해했다. 가상의 아바타에 옷을 입히는 사이트가 있는데 기술 담당 이사가 필요하다는 것이다. 그렇게 에크는 스타돌의 회장을 만나게 된다.

애플, 5대 음반사를 설득하다

⏸ Candy Shop

냅스터의 출시 이후 7년이 흐른 2006년 스포티파이가 세워졌다. 그 사이에 음악 산업은 근본적으로 변화했다. CD의 판매가 추락했고, 음반사는 수세에 몰려 파일 공유 사이트를 샅샅이 뒤지고 있었다. 디지털 음악의 주도권을 쥔 사람은 애플 회장이자 창업자인 잡스였다.

2001년 애플은 아이튠즈를 출시했다. 아이튠즈는 곡을 분류해 주고 컴퓨터로 음악을 틀어 주었다. 사람들은 CD에서 음원을 추출하여 새로운 플레이리스트를 만들고, 또 새로운 CD를 굽기 위해서 애플 컴퓨터를 사용했다. 이에 음반사는 불만을 터트렸다. 해적 사이트에서 너무 쉽게 음악이 불법적으로 유포되었던 것이다. 더구나 애플의 광고는 불법 복제를 정당화하는 것처럼 보였다.

같은 해에 잡스가 휴대용 MP3 플레이어인 아이팟을 내놓았다. 이제 CD 플레이어는 무용지물이 되었다. 사람들은 아이튠즈에 만들어 놓은 자신만의 플레이리스트를 아이팟으로 옮겨서 음악을 듣거나 스테레오에 연결하여 음악을 들었다. 아이팟은 대성공을 거두었다. 하지만 음반사가 소유한 음반 매장들은 문을 닫는 상황이 벌어졌다.

당시 EMI, BMG 그리고 AOL 타임 워너는 뮤직넷을, 유니버설 뮤직과 소니 뮤직은 프레스플레이를 운영했다. 뮤직넷과 프레스플레이는 인터넷 무료 음악 사이트인 냅스터의 성공을 목격한 음반사들이 직접 만든 회원제 온라인 음악 서비스 기업이었다. 음반사들은 이제 애플과 충돌이 불가피한 상황이 되었다.

2002년과 2003년 초에 잡스는 음악 산업의 파트너들과 비밀스러운 합의를 진행했다. 그는 애플 본사가 있는 실리콘밸리의 쿠퍼티노 지역으로 전 세계 5대 음반 기업의 대표들을 하나둘 불러 모았다.

워너 뮤직이 제일 먼저 합의에 동참했다. 시장의 선두 주자인 유니버설 뮤직 순서가 되자, 더그 모리스 회장은 동맹 관계에 있는 지미 아이오빈에게 만남을 청했다. 아이오빈은 인터스코프 레코드를 창립한 거물이었다. 아이오빈은 잡스의 비전에 매료되어 전격적으로 애플을 지원하자고 모리스를 설득했다.

BMG에서 애플을 상대한 사람은 전략 부문 이사인 토마스 헤세 Thomas Hesse였다. 곧 소니 뮤직과 독일 회사 BMG의 합병을 맡을 예정이었던 헤세는 잡스와 아이튠즈의 수석 부사장 에디 큐를 만나려고 뉴욕에서 비행기에 올랐다.

"아이팟이 해적판 음악으로 가득 차 있다는 걸 압니다. 하지만 나한테 좋은 아이디어가 있어요."

회의 중 잡스가 말했다. 그는 모든 음악이 개별적으로 한 곡당 99센트에 팔리는 플랫폼을 만들고 싶어 했다. 음반사는 고객이 앨범에서 좋아하는 몇몇 곡만 선택하는 것을 꺼렸다. 그러나 애플의 방식에는 여러 장점이 있었다. 무엇보다 애플과 협력하게 된다면 음악 산업의 수익 중 약 70퍼센트가 애플을 통해서 창출될 것으로 예상되었다.

음반사 입장에서는 CD로 된 음반을 파는 것보다 애플과 손을 잡으면 더 많은 돈을 벌 수 있는 기회였다. 결국 음반사들은 하나둘 합의서에 서명했고 워너 뮤직, 유니버설 뮤직, 소니 뮤직, BMG 그리고 EMI는 이후 몇 년 동안 애플의 가장 중요한 협력자가 되었다.

잡스가 보낸 아이튠즈라는 메시지

⏸ The Message

2003년 4월 8일 잡스가 무대에 섰다. 이 공상가는 청바지, 검은색 폴로 스웨터와 뉴발란스 조깅화를 신고 있었다. 그는 이미 2천만 명이 사용 중인 아이튠즈의 업그레이드 버전을 소개하며 세계에서 가장 인기 있는 MP3 플레이어가 된 아이팟에 대한 이야기를 해 나갔다.

"우린 CD에 담긴 음악을 사고 있지요, 그렇죠?"

잡스는 이 말을 하며 웃지 않으려고 애썼다. 불법 복제는 실리콘밸리에서 흔하게 벌어졌고, 청중 가운데도 많은 사람이 분명히 불법 복제 파일을 공유하고 있을 터였다. 그는 의도적으로 잠시 침묵했다가 곧이어 입을 열었다.

"1999년에 돌풍을 일으켰던 냅스터를 우리 모두가 기억하고 있을 겁니다. 2001년에 문을 닫기는 했지만, 냅스터는 몇 가지 사실을 알려

주었습니다. 인터넷이 음악 공유를 위해 만들어졌다는 것 말입니다. 그 증거가 바로 냅스터의 후손인 카자입니다. 살아서 지금까지 번영하고 있지요."

잡스는 계속 설명했다.

"니클라스 센스트룀의 카자는 현재 세계에서 가장 큰 파일 공유 사이트입니다. 그 기술은 우리를 즉시 만족시켜 주죠. 하지만 불법 복제는 절도입니다. 대체 왜 사람들은 훔치는 걸까요?"

이어서 그는 법적인 선택의 여지가 부족한 데서 기인했다고 설명을 이어 갔다. 청중석의 많은 사람이 고개를 끄덕였다. 그때 '법적인 선택의 부재'라는 말이 잡스 뒤의 스크린에 나타났다.

사실 잡스의 주장이 완전히 옳지는 않았다. 미국에서는 음악 스트리밍을 합법적으로 제공하는 여러 서비스가 이미 등장한 상황이었다. 그중 2001년 말부터 서비스를 시작한 한 달에 10달러를 지불하면 무제한 듣기를 제공하는 랩소디Rhapsody가 가장 유명했다.

"그러면 랩소디와 프레스플레이는 어떤가요? 이것들을 뭐라고 말할 수 있을까요? 글쎄요, 둘 다 정기 구독 서비스입니다. 소정의 구독료만 내면 되지만 한 곡만 다운로드를 할 수는 없지요."

음악을 구독이라는 형태로 파는 것에 대한 잡스의 첫 번째 공식적인 공격이 이어졌다.

"구독을 끊으면 하룻밤에 자신의 음원 라이브러리 전체를 잃어버리게 됩니다. 그러니 구독은 잘못된 길로 가는 셈이라고 생각합니다."

이 이야기를 하고 나서 그는 잠시 조용해졌다.

"우리가 기억하는 바로는 지금껏 사람들은 음악을 구매해 왔습니다."

그런 다음 그는 빅뉴스를 내놓았다. 스크린에 5대 음반사의 로고가 등장했다. 잡스는 은밀하게 미소 지었다.

"우선 문학가 헌터 톰슨의 글을 하나 인용하겠습니다."

잡스는 직접 스크린에 나타난 글을 읽었다.

"음악 사업은 잔인하고 천박한 돈 구덩이, 도둑과 포주들이 마음대로 돌아다니는 긴 플라스틱 복도, 선한 사람들은 개처럼 죽어 간다. 또한 부정적인 면도 있다."

청중의 폭소와 박수 소리가 울려 퍼졌다. 이어서 잡스는 음악 산업과 테크 기업들 사이에 일어난 전쟁에 대하여 가볍게 농담했다. 그는 새롭고 엄청난 무언가를 만들어 낸 애플이 대기업이 된 이야기도 풀어놓았다. 그러더니 핵심을 발표했다.

"회원 구독료를 내지 않고도 한 곡을 99센트에 살 수 있습니다."

그날 뉴스를 장식한 것은 '아이튠즈 뮤직 스토어'가 탄생했다는 소식이었다. 이 스토어에서는 음악을 앨범 전체가 아닌 한 곡씩도 구매할 수 있었다. 그리고 그 곡은 아이팟과 맥 컴퓨터 세 대에서 무한정 다운로드할 수 있었다. 심지어 CD까지 구울 수 있었는데 여기에는 저작권 보호 차원에서 복사가 제한되는 기술이 적용되었다.

새로 선보인 아이튠즈 뮤직 스토어는 곧바로 성공을 거두었다. 그해 말에 PC를 위한 새로운 아이튠즈가 나왔을 때 잡스는 다시 무대에 섰다. 그때 그는 믹 재거, 닥터 드레와 U2의 리드 보컬인 보노 같은 아티스트들과 비디오 채팅을 했다. 보노는 로그아웃을 하기 전에 옛날에

U2의《래틀 앤드 험》Rattle and Hum 앨범을 프로듀싱했던 음반사 사장에게 소리를 쳤다.

"지미 아이오빈! 유니버설!"

어떻게 스포티파이는 애플을 도발하게 되었을까? 보노가 외친 이 세 단어가 그 근거가 되어줄 것이다.

불법 공유를 막을 수 있는
탁월한 플레이어를 위하여

▶

　에크와 로렌손은 2006년 4월에 스포티파이로 사업을 시작했다. 애플이 아이튠즈라는 음원 판매 서비스를 출범한 지 3년 뒤였다. 경기가 회복되는 중이었고 신생 테크 기업에 대한 투자도 다시 늘어났다. 샤키라가 〈힙스 돈 라이〉Hips Don't Lie라는 곡을 히트시켰다. 패션 블로거들은 보헤미안 시크 스타일에 관해서 썼고 크리스테르 푸글레상Christer Fuglesang이 스웨덴인 최초로 우주에 발을 디뎠다. 첫 2년 동안 스포티파이의 창업자들은 플레이어 개발에 매진했다. 로렌손은 재정을 책임졌다. 에크는 음악 저작권을 확보하려고 런던, 뉴욕, 로스앤젤레스로 날아갔다.

　음반사는 어느 때보다도 더 심각한 위기를 맞았다. 음반 업계를 구하고자 하는 젊은 사업가들과 함께 매주 회의를 했으나, 어느 누구도 성공하지 못했다. 2003년 이래로 아이튠즈 스토어(아이튠즈 뮤직 스토어는 음악을 비롯하여 영화, 드라마, 게임 등을 판매하면서 2006년 9월에 아이튠 즈 스토어로 명칭이 변경되었다.―옮긴이)에서는 노래가 20억 회나 다운로 드되었다. 디지털 판매는 이렇듯 성장했지만, 추락하는 CD 판매 수입 을 보충하기에는 턱없이 부족했다. 또한 파일 공유자들을 쫓는 사냥도 진행되고 있었다. 음반사의 법무 팀은 라임와이어Limewire와 아이메시 iMesh 같은 불법 복제 서비스들뿐만 아니라 수만 명의 사용자를 고소 했다. 그들의 목표는 누구든 불법 복제를 함부로 하지 못하도록 하는 것이었다. 스웨덴 검찰은 파이러트 베이의 창업자를 상대로 기소를 준 비했다.

한편 스포티파이는 파이러트 베이를 적이 아닌 경쟁사로 보았다. 에 크는 사용하기 더 수월한 압도적으로 좋은 제품을 만들고 싶었다. 사 용자가 모든 곡을 무료로 듣고, 음반사와 음악 제작사는 광고 수익을 얻게 하려고 했다. 로스앤젤레스 출장에서 스포티파이 창업자들은 버 뱅크에 위치한 워너 브라더스 레코드의 톰 웰리Tom Whalley 사장과 회 의를 하게 되었다. 소문에 따르면 무료로 제공되는 음악은 음반 업계 를 절대로 구하지 못할 거라고 심한 비난을 받으며 회의가 끝났다고 한다. 이 같은 실패에도 불구하고 에크의 비전은 결코 흔들리지 않았 다. 마침내 음반사 대표들은 에크의 아이디어를 신중하게 고려하기 시 작했다.

"다니엘 에크의 목표는 불법 복제보다 훨씬 더 나은 걸 개발하는 겁 니다."

스포티파이의 잠재력을 일찍이 간파했던 음반사의 변호사가 말했다. 그의 이름은 프레드 데이비스Fred Davis로 이후 에크를 위해 여러 통로를 열어 주는 역할을 하게 된다.

런던에서 날아온 지원군

Ⅱ London Calling

스포티파이가 설립된 지 6개월이 지났을 때 데이비스가 에크에게 전화를 걸어서 업무를 돕겠다는 의사를 밝혔다. 그는 음악 저작권 전문가였고 유럽과 미국에 수십 명의 고객이 있었다. 게다가 그는 에크가 스타돌에서 기술 담당 이사로 근무했을 당시 스타돌의 이사회에 앉아 있었다. 앞머리가 많이 벗겨진 변호사 데이비스는 뉴욕 억양을 썼는데 업계 사정을 아주 잘 아는 듯했다. 사실 프레드 데이비스의 아버지는 1960년대 말 컬럼비아 레코드사의 사장을 역임했으며, 브루스 스프링스턴과 휘트니 휴스턴 같은 아티스트들을 성공시킨 음반 제작자 클라이브 데이비스였다.

데이비스는 런던에서 에크한테 중요한 사람을 소개시켜 주었다. 유니버설 뮤직의 글로벌 디지털 분야 책임자인 롭 웰스Rob Wells였다. 짙은 금발 곱슬머리의 웰스는 런던 억양을 쓰는 쾌활한 사람이었다. 그는 유니버설 뮤직에서 디지털 음악과 관련한 다양한 저작권 합의를 책임졌다. 에크와 데이비스는 웰스와 그의 동료 몇 명과 함께 회의실에서 만났다. 에크는 세계에서 제일 좋은 음원 서비스를 어떻게 만들지에 대하여 개괄적으로 프레젠테이션했다. 그때까지 수많은 제안을 받아 왔던 웰스였지만 '이건 정말 수십억 달러짜리 아이디어구나' 하는 생각이 들었다.

"우리가 저작권을 얻을 수 있을까요?"

에크가 물었다.

"그럼요. 그런데 일단 시제품을 꼭 보고 싶군요."

웰스가 대답했다. 그는 몇 달 뒤에 스포티파이의 베타테스터가 되었다. 동시에 음악 업계에서 에크의 가장 열렬한 추종자 중에 한 사람이 되었다.

굳은 신념으로 음반사를 설득하다

에크는 전 세계 음악에 대한 저작권을 확보하는 데 6개월 정도가 걸릴 거라고 예상했다. 구글 검색을 해 본 그는 스포티파이의 연 수익 가운데 5퍼센트 정도 지불하면 될 것으로 생각했다. 그렇지만 이내 단단히 잘못 짚었음을 깨달았다. 그는 라스트FM이나 판도라처럼 라디오 서비스에 기반을 둔 기업에 필요한 무선 통신 저작권과 자신이 필요로 하는 유선 통신 저작권이 다르다는 사실을 그제야 알았다.

데이비스는 에크를 돕는 데 최선을 다했다. 그들은 지속적으로 변화하는 분야에 뛰어들었다. 광고에 바탕을 둔 해결책은 이제 막 기반이

닦이기 시작했다. 2006년 9월에 워너 뮤직은 유튜브와 계약을 맺었다. 유튜브는 이용자들에게 뮤직비디오를 보여 주고 광고 수익의 일부를 가져가는 사업을 시작한 참이었다. 몇 주 뒤 구글은 17억 달러라는 기록적인 액수로 이 비디오 플랫폼을 사들였다.

에크는 빨리 습득하고 거침이 없었다. 음반사와의 회의에서 그는 스포티파이가 1990년대 말에 음반사가 누렸던 전성시대를 재현할 수 있다고 주장했다. 그는 스포티파이가 죽어 가는 음반 사업 분야와 수천만 소비자 사이의 연결고리로서 역할을 할 것이라고 했다. 음반사 사장들은 때때로 에크를 건방지게 여겼지만 이 말에는 귀를 기울였다.

"인터넷에 대해 눈감아서는 절대 안 됩니다. 파일 공유자들을 끝까지 고소한다고 이길 수 있는 싸움도 아닙니다."

에크는 회의 때마다 재차 언급했다. 당시 에크를 만났던 한 음반사 대표는 나중에 당시를 다음과 같이 회상했다.

"다니엘 에크의 주변에는 자기장 같은 게 있었어요. 그는 확신에 차 있었죠."

음반사를 끌어들여야 스포티파이는 재정 지원을 받을 수 있었다. 그래서 에크는 어느 정도는 타협하려고도 했다.

저작권 합의를 위한 많은 회의가 런던의 EMI 본사에서 열렸다. 그 가운데 EMI의 미국 사업 개발자 켄 팍스Ken Parks가 있었다. 유능하고 말수가 적은 변호사인 팍스는 에크의 아이디어를 매우 신뢰했는데 2007년 말 스포티파이의 콘텐츠 담당 이사로 발탁되어 에크와 일하게 되었다.

IT 업계의 전설, 샤킬 칸의 투자

II Partner in Crime

2007년 2월 어느 오후 런던에서 에크는 장차 스포티파이에 중요한 인물이 될 뿐만 아니라 에크의 절친한 친구가 될 샤킬 칸Shakil Khan을 만났다.

칸은 영국 IT 업계에서 전설적인 인물이었다. 칸은 칠흑같이 검은 머리와 상대를 무장 해제시키는 환한 웃음을 짓곤 했다. 이 업계의 많은 사람에게 그는 런던의 스타트업 행사장 입구에서 자주 담배를 피는 말 많은 남자로 통했다. 1년 뒤에 칸은 스포티파이에 투자했고 에크는 결국 성공을 거두게 된다.

에크와 마찬가지로 칸은 네트워크 광고계에서 일한 적이 있었다. 이 시기에 구글 검색 시스템의 허점을 발견한 것은 곧 부자가 될 기회를 찾은 셈이었다. 칸의 회사인 라이트스테이트Lightstate는 구글로 잘 찾을 수 없는 개인 정보를 인터넷으로 수집하여 금융 기업에 팔았다.

칸은 에크에게 최근 자신이 머물렀던 상하이에 대한 이야기를 해주었다. 중국에는 급속히 발전한 인터넷 사업들과 과감한 투자를 시도하는 벤처 투자자들이 있었다. 에크의 눈에 칸은 사업적으로 접촉해야 할 중요한 대상을 잘 파악했고, 어떤 주제든지 다른 사람과 이야기를 나눌 수 있는 사람처럼 보였다.

칸과 급속도로 친해진 에크는 지금은 무척 자신만만한 칸이 다채로운 과거를 지니고 있다는 사실을 알게 되었다. 그는 거리에서 살았던 적도 있고 범죄를 저질러 형을 받기도 했다. 1990년대에는 북동부 항구 도시인 뉴캐슬에서 마약왕의 운전수 노릇을 하기도 했다. 그렇지만 모두 옛일이었다. Y2K 이후 칸은 인터넷에서 검색어, 도메인, 발기 촉진제 비아그라로 열심히 돈을 벌어 왔으며 서서히 더 위로 올라갔다. 오후 내내 칸의 이야기를 들은 에크는 궁금해졌다.

"지금 가장 하고 싶은 일이 뭐예요?"

칸은 말했다.

"내 회사를 처음으로 제대로 팔아 보려고 기다리는 중이야."

칸의 목표는 라이트스테이트를 제값에 파는 것이었다.

에크는 런던 출장 기간에 가능하면 아주 싼 호텔에서 잠을 청했다. 1천만 크로나(약 13억 원)를 받고 애드버티고를 트레이드더블러에 판 지 채 1년도 안 되었으나, 돈이 전부 스포티파이에 묶여 있기 때문이었다. 얼마 지나지 않아 런던 동부의 기차역 근처에 있는 칸의 아파트에서 신세를 지기 시작했다.

그러던 어느 밤 칸은 물 한잔을 마시려고 부엌으로 가다가, 어둠 속에서 에크가 빛나는 노트북 화면을 들여다보며 침대에 앉아 있는 모습을 보았다. 몇 시간 뒤 해가 떴을 때, 에크는 노트북을 안고 잠들어 있었다. 칸은 에크가 더 큰 세상으로 갈 수 있겠다고 생각하며 속으로 이렇게 생각했다.

'이 친구는 성공할 거야. 아니면 죽든지.'

'사운드클라우드'라는 동지가 생기다

‖ Boom Clap

그 당시에 스포티파이는 음악 사업 분야의 판도를 바꾸고자 하는 거의 유일한 스웨덴 스타트업 기업이었다. 그러던 2007년에 왕립 공과 대학교 출신의 두 사람이 독일 베를린에 거점을 둔 사운드클라우드를 만들었다. 그중 한 사람이 에릭 바이퍼Eric Wahlforss였다. 그는 전자 음악을 만드는 기술 회사에서 일하느라 벌써 여러 해를 베를린에서 지내 왔다. 또 다른 사람은 영국계 스웨덴인 알렉산데르 융Alexander Ljung으로 스톡홀름에서 학업을 병행하며 미디어 사무실을 운영하는 음향 디자이너였다.

이들은 뮤지션이 자신의 제작물을 공유할 플랫폼이 필요하다는 사실을 깨달았다. 그나마 2003년에 만들어진 미국의 마이스페이스가 세계에서 가장 큰 웹 공간이었다. 미국의 미디어 재벌인 루퍼트 머독이 소유한 마이스페이스는 음악, 인터넷 쇼핑, 소셜 네트워크, 그리고 만남 서비스, 이 모든 것을 한꺼번에 제공하려는 야망이 있었다. 이에 비해 사운드클라우드의 두 창업자들이 만들고자 했던 것은 오로지 음악을 위한 공간이었다. 두 사람은 사업 아이디어와 이름에 대한 제안을 주고받다가, 마침내 클라우드에 저장되는 음악을 위한 플랫폼을 만들기로 하고 그 이름을 '사운드클라우드'라고 정했다.

에크는 일찍이 그 프로젝트에 관심이 있었던 터라 스톡홀름의 한 카페에서 바이퍼를 만났다. 바이퍼는 음악 제작자를 위한 플랫폼에 대한 비전을 설명했다. 에크는 이렇게 반응했다.

"흠잡을 데가 없군요. 당신은 창작자를 위한 제품을 만들고 우린 사용자를 위한 제품을 만들고요."

두 기업은 달랐다. 사운드클라우드의 직원들은 음악을 좋아하는 괴짜들이었는데, 이에 비해 스포티파이 직원들은 전형적인 엔지니어였다. 2007년 여름에 사운드클라우드의 최종 테스트 버전이 나왔다. 베를린의 첫 번째 사무실은 아우구스트스트라세Auguststrasse 5번가에 위치한 나이트클럽 건물 꼭대기 층에 있었다. 그 건물은 유서 깊은 우체국이었던 터라 문화재로 관리되고 있었는데, 옥상 테라스에서 사운드클라우드의 직원들은 가장자리에 금박을 입힌 유대교 회당과 투창投槍처럼 생긴 텔레비전 타워를 바라보곤 했다.

융과 바이퍼는 무언가 좀 더 큰 것을 세우려는 꿈을 꾸었다. 2년 전 야후가 약 3,500만 달러에 샀던 온라인 사진 공유 서비스인 플리커처럼 말이다. 그 바람대로 시간이 흐를수록 사운드클라우드는 훨씬 더 많이 성장했다.

우리의 목표는 음악을 다시 재밌게 만드는 것

‖ One in a Million

4월 어느 토요일, 스포티파이의 기술 담당 이사인 엔이 음원 서비스에 대하여 처음으로 공식 프레젠테이션을 했다. 엔은 '안녕! 2007년'

콘퍼런스가 열리는 모교인 왕립 공과 대학교로 갔다. 진한 청바지와 흰색 와이셔츠를 입은 그는 성큼성큼 무대에 올랐다. 반짝거리는 신발이 허리띠와 잘 어울렸다.

"우리는 음악을 다시 재미있게 만들려고 노력 중입니다."

엔은 이렇게 운을 떼고 청중석으로 시선을 던졌다. 관중은 일제히 귀를 쫑긋 세웠다. 엔은 그 학교에서 평판이 좋았다. 사운드클라우드의 창업자인 바이퍼와 융, 그리고 스타돌의 토스텐손도 콘퍼런스의 발표자로서 참석 중이었다.

"광대역 네트워크가 음악 비즈니스에 새로운 가능성을 열어 주고 있습니다. 모든 음악을 한곳에 모으는 것은 그저 시간문제일 뿐이고, 사람들은 이를 기대하고 있습니다."

이어서 엔이 스포티파이의 클라이언트가 700킬로바이트밖에 안 된다고 이야기하자 사람들이 웅성거렸다. 관중 한 명이 사업 자금을 어디서 끌어오는지 묻자 엔은 설명했다.

"상당히 성공하신 분들이 우리를 재정적으로 지원합니다. 한마디로 아주 용감하신 분들이죠."

콘퍼런스 참석자들은 스포티파이의 첫 번째 베타 버전으로 초대를 받았다. 새로운 서비스에 대한 반응이 즉시 블로그와 다양한 테크 포럼을 통해 퍼져 나갔다. 콘퍼런스 참석을 놓친 사람 중에 벤처 투자사인 크리앤둠Creandum의 젊은 투자자 프레드릭 카셀Fredrik Cassel이 있었다. 나중에 그는 서둘러 엔이 소개한 스포티파이에 대한 글을 읽었다. 그러고선 벤처 투자 전문가의 감으로 이튿날 에크에게 전화를 걸었는데 정작 에크는 덤덤하게 응대했다.

"우리는 아직 정식으로 투자사를 찾고 있지는 않습니다만."

에크는 로렌숀이 잘나가는 투자사인 노스존의 패르숀에게 뮤직 플레이어를 보여 준 사실을 알고 있었다. 게다가 에크는 카셀이 누구인지 몰랐다.

"회사가 크리앤둠이라고 말씀하셨습니까? 어떤 회사죠?"

33세의 카셀은 벤처 투자계 초년생이었다. 이제까지 그의 유일한 투자는 나중에 파산해 버릴 핀란드 회사였다. 에크와 통화한 그때, 그는 스포티파이의 공동 소유주가 되기로 굳게 결심했다.

전환점이 점차 가까워지다

Ⅱ The Heat Is On

늦은 봄 스포티파이가 첫 번째 사무실에서 나와 성장하기 시작했다. 잡동사니 방의 서버에서 나오는 열기는 아파트 실내를 후덥지근하게 만들었다. 니에멜래는 제품 개발을 담당했다. 예를 들어 재생을 중지하지 않고 사용자가 곡을 재생 순서에 추가할 수 있는 기능 같은 것을 말이다.

사무실에서 저작권 이야기뿐만 아니라 철학적인 대화도 이어졌다. 스웨덴 북부 지방인 노를란드 촌놈인 니에멜래는 뼛속까지 좌파였다. 니에멜래는 아티스트에게는 자신의 음악에 대해 돈을 받을 최소한의 권리가 있다고 주장했다. 엔은 니에멜래보다 자유방임주의자였기에 인터넷에 자유롭게 열려 있는 플랫폼을 만들어 더 많은 사람들에게 음악을 공유하는 것이 중요하다고 주장했다. 엔의 비전은 스포티파이가 스카이프처럼 전 세계 수억 명의 사용자에게 무료로 빠르게 전해지는 것이었다. 약간의 행운이 따른다면 아티스트는 사용자가 지불하는 금액의 몇 퍼센트 정도를 받을 수 있을 터였다.

에크는 실용주의자에 가까웠다. 그는 무료 버전을 옹호했지만 음반사들과 합의점을 찾기 원했다. 스포티파이의 엔지니어들은 음악 산업이 가망 없이 후퇴 중이라고 보았다. 또한 현재 사회적으로 논란이 되고 있는 파이러트 베이의 창업자에게 일종의 동지애를 느꼈다. 그들 가운데 아무도 파일 공유가 심각한 범죄라고 여기지 않았으나 법적인 문제를 고려하여 신중하게 입장을 취할 필요가 있다고 여겼다. 에크는 음반사와의 대화에 시간 대부분을 쓰면서까지 '전환점이 가까이 왔다'는 메시지를 전하고자 했다. 하지만 에크는 철저한 낙관주의자인 로렌손과는 이 문제로 대화를 따로 나누지 않았다.

뮤직 플레이어는 여전히 시험 단계에 있었다. 때때로 엔지니어들이 다소 급진적인 아이디어를 내놓으면 만헤이메르 스바틀링Manheimer Swartling 로펌의 수석 변호사 출신의 법무 담당 이사 한손이 이를 중단시켰다. 예를 들어 사용자들의 컴퓨터에 다운로드한 곡을 불러오게 하는 아이디어에 제동을 걸었다. 한손은 스트리밍된 음악과 하드디스크에 있는 파일을 섞는 것을 음반사가 받아들일 준비가 되어 있지 않다고 생각했다.

2007년 6월에 스포티파이는 제대로 된 사무실로 이사를 했다. 스웨덴의 가장 큰 명절 중 하나인 하지절을 쉰 다음 주였다. 새 사무실은 원래의 사무실에서 몇 블록 떨어진 후믈레고스가탄Humlegårdsgatan에 있었다. 이사를 기념해 태국 식당에서 먹을 것을 사 와서 직원들이 다 같이 맥주를 마셨다.

이사를 하면서 이전보다 넓은 공간이 많이 생겼다. 로렌손은 테이블 풋볼 경기대와 당구대를 들여놓았다. 이제 회사를 찾아온 방문객들은 초록색으로 칠해진 벽을 향해 놓인 낮은 소파에 앉을 수 있었다. 사무실 위에는 3차원의 큰 스포티파이 로고를 걸었다. y 위에 조그만 크기로 비스듬히 달려 있던 대표적 상징이 떨어져서 로고를 다시 주문하는 해프닝이 있었다.

스포티파이의 고용인들은 자금을 아주 철저히 관리했다. 언젠가 뉴욕 출장길에 에크는 법학 교육은 안 받았지만 유능한 협상가였던 이바손을 데리고 갔다. 그들은 맨해튼에서 가장 싼 호텔방에서 묵었다. 에크는 명색이 스포티파이의 회장이었으나 감기에 호되게 걸린 이바손과 한 침대를 같이 썼을 정도였다.

스포티파이는 9월에 일곱 번째 테스트 버전을 출시했다. 20명의 동료들은 기뻐하면서 단체 사진을 위하여 포즈를 잡았다. 가장 앞에 엔이 앉았다. 스트리게우스는 두 번째 줄에서 미소를 지었고, 거기서 두 자리에 떨어진 곳에 잘 안 보이게 에크가 자리했다. 가장 뒤에는 벤츠와 한손 등이 서 있었다. 그들은 스포티파이의 출시가 몇 주 안 남았다는 믿음과 희망으로 버텼다.

스포티파이,
드디어 투자를 받다

2007년 6월에 에크는 투자사들에게 제품을 보여 주기 위해 에센셜 웹Essential Web 콘퍼런스가 열리는 런던으로 갔다. 그는 워털루 역 근처의 현대적인 유리 건물에 자리한 BFI 아이맥스 영화관에 도착했다. 유리 뒤에는 흰색 이어폰과 함께 애플 아이팟의 화려한 대형 광고판이 걸려 있었다.

인덱스 벤처스와 액셀Accel 같은 유명 투자사의 사장단이 새로운 투자처를 찾을 목적으로 이곳에 모였다. 보안 업체인 갤릭Garlik과 대부 업체인 웅가닷컴Wonga.com 같은 스타트업 기업도 투자사들의 관심을 끌기 위해서 줄을 서 있었다.

당시는 미국 투자 은행 리먼 브라더스의 파산이 1년 앞으로 다가오고 있던 시기였다. 새로운 IT 버블에 대해 일찌감치 경고를 보낸 이들도 있었으나, 그 콘퍼런스에서 제품을 소개하던 다수의 참여자들은 이

2007년 9월 어느 늦은 저녁의 스포티파이. 오른쪽부터 마르틴 로렌손과 소피아 벤츠.
©Rasmus Andersson

출시 8개월을 앞두고 후믈레고스가탄에서의 회의 시간. 왼쪽부터 루드비히 스트리게우스, 안드레아스 엔, 안드레아스 맛손, 마티아스 아렐리드, 에밀 프레드릭손. ©Rasmus Andersson

를 감지하지 못했다. 하지만 에크는 절대적인 확신이 있었다. 검정 터틀넥을 입고서 무대에 오른 그의 목에는 넓은 흰색 셔츠 깃이 삐져나와 있었다. 게다가 이름표까지 삐딱했다. 그는 수백 명의 관중 앞에서 말했다.

"우리는 세계의 음악을 여러분 모두에게 무료로 제공할 겁니다. 돈은 광고주로부터 받게 될 거고요."

이러한 말도 덧붙였다.

"광고를 건너뛰고 싶다면 한 달 정액제를 신청하면 됩니다."

하지만 그날 관중은 뮤직 플레이어의 데모 버전조차 구경하지 못했다. 화면에는 그저 연두색의 스포티파이 로고만 보였다. 프레젠테이션은 성공적이지 못했다. 그러나 확신에 찬 에크의 모습은 데이팅 사이트인 매치닷컴의 개발자 조 코헨Joe Cohen에게 강한 인상을 남겼다.

"그에게, 스포티파이와 스트리밍은 이미 시작되고 있었습니다. 그의 말들은 역사에서 기정사실이 될 것 같았어요."

코헨은 나중에 콘퍼런스를 이처럼 회상했다.

에크는 사람들이 대충 치는 박수 소리를 들으며 무대에서 내려왔다. 그는 여전히 단 하나의 대형 음반사와도 계약을 체결하지 못한 상태였다.

콘퍼런스가 종료된 이틀 뒤, 애플은 최초의 아이폰을 판매하기 시작했다. 그 휴대 전화는 애플에 세계 최고의 기업이라는 가치와 디지털 경제를 쥐락펴락하게 하는 권력을 부여했다. 이에 비해 스포티파이는 아직 베타 버전에 불과했고 오로지 데스크톱에서만 존재했다.

투자자를 백방으로 찾다

(‖ I Need A Dollar)

고향인 스톡홀름에서는 로렌손이 재원을 백방으로 구하고 있었다. 2007년 여름에 그는 패르손에게 다시 연락을 받았다. 스포티파이 회장인 에크는 이제 협상을 시작할 준비가 되어 있었다. 에크는 스포티파이의 20퍼센트 정도의 지분과 1억 5천만 크로나(약 200억 원)를 교환하고자 했다.

패르손은 협상에 무리가 있다고 생각했다. 스포티파이의 가치는 5억 크로나(약 650억 원)가 분명히 넘을 터였다. 하지만 돈이 될 만한 제품을 시장에 아직 내놓지 못한 상황이었다. 여전히 음반사가 저작권 계약을 거절할 여지도 남아 있었다. 패르손은 상당한 재산을 투자한 로렌손에게 위험에 처할 수 있으니 대비를 하라고 당부했다. 이미 로렌손은 수천 크로나를 쏟아부었다. 패르손은 최선을 다하여 노스존에 있는 자신의 동료에게 잘 이야기해 보겠다고 했다.

투자 시장에서는 많은 사람이 이 시기를 회의적으로 보았다. 로렌손은 트레이드더블러의 수석 투자가인 에밀손에게 전화를 걸었지만 투자를 거절당했다. 저작권 합의가 이루어지지 않았고 가격이 너무 높다는 이유에서였다.

런던의 스포티파이 초기 베타 테스터 중 한 사람이었던 아틀라스 벤처Atlas Ventures의 소날리 드 라이커Sonali De Rycker로부터도 '거절'이라는 답변을 받았다. 심지어 그는 스포티파이가 실제로 입증되지 않은 데다가 엉터리라는 혹독한 평가마저 내렸다.

"나는 그가 미쳤다고 생각했어요."

라이커는 나중에 로렌손의 당시 제안에 대해서 이렇게 말했다.

스톡홀름에서는 패르손이 오랜 기간 위험을 같이 부담할 투자자를 모으고자 애썼다. 그러나 유럽 전역에서 음악 사업에 대한 관심이 식어 버렸다. 또한 그조차 노스존의 인터넷 사업을 내부적으로 방어하기가 너무나 힘들었다.

대개 투자사에서는 두 명의 파트너가 함께 분석해서 투자를 진행한다. 패르손의 쌍두마차는 노르웨이인 아르베 안드레센Arve Andresen 이었다. 안드레센은 스포티파이를 의심스러워하며 음악 사업을 하다가 '길에서 살해당하는' 사람을 많이 봤다고 이야기했다. 패르손이 좀 더 구체적으로 날카롭게 질문을 던지자 안드레센은 투자에 찬성도 반대도 안 한다는 애매한 자세를 취했다. 이에 패르손은 배신감마저 들었다.

크리앤둠의 카셀까지 스트레스를 받았다. 최근 몇 달 동안 그는 에크와 스카이프로 소통을 이어 갔다. 그는 에크가 조언한 대로 비디오 플라자Videoplaza에 크리앤둠이 투자하게 했다. 비디오플라자는 맞춤형 텔레비전 및 비디오 플랫폼이었는데 그 투자는 몇 년 안에 20배 이상의 돈을 벌어들이게 해 주었다. 그러나 당시 카셀의 최고 목표는 크리앤둠이 노스존이라는 경쟁사와 함께 스포티파이에 투자하게 하는 것이었다.

계속되는 거절

2007년과 2008년 초에 패르손은 불운이 따르는 것을 느꼈다. 역사 깊은 투자사인 시네빅은 투자를 거절했다. 인덱스 벤처와 발더톤 캐피털Balderton Capital도 마찬가지였다. 그래서 패르손은 크리앤둠과 이노베이션스캐피털InnovationsKapital 등을 비롯하여 여러 투자사와 계속해서 접촉했다.

위험천만한 사업이지만 패르손은 스포티파이가 개발하는 제품이 계속해서 좋아질 거라는 기대로 마음을 진정시켰다. 게다가 음악 사업계에 있는 패르손의 지인들 일부는 스포티파이를 믿는 듯했다. 그는 여러 차례 소니 BMG의 순딘과 통화를 했다. 순딘도 스포티파이의 뮤직 플레이어를 테스트했는데 아주 좋았다면서 이렇게 말했다.

"스포티파이가 음반사와 계약하는 것은 시간문제일 뿐이야."

패르손은 자신에게 들려오는 이야기를 에누리해서 들었다. 그는 음반사 대표들이 음악 산업의 추락을 막을 수 있는 무언가를 필사적으로 찾고 있음을 알았다. 음악 업계에서는 한 방을 노리는 대형 음반사들이 공모하고 있다는 내용의 소문이 돌았다.

2008년 여름이 되자 드디어 노스존의 투자가 이루어질 것 같았다. 그런데 투자에 긍정적이었던 이노베이션스캐피털이 갑자기 스포티파이의 투자 취소를 통보했다.

결국 투자를 받아 내다

에크는 스포티파이의 자금이 점점 줄어드는 것을 보고 있었다. 임대료조차 지불할 수 없는 상황이 되자, 에크는 개인적으로 회사에 몇 백만 크로나를 빌려주었다. 그 돈은 직원들의 월급으로 사용되었다.

패르손은 점차 더 필사적으로 변했다. 그는 이 사업을 유지하려고 무진 애를 썼다. 자신을 구하는 길은 에크가 성공하는 거였다. 여름에 네 개의 대형 음반사 가운데 두 개가 북유럽 지역을 포함한 유럽 전역의 저작권을 주는 데 동의했다. 갑작스럽게 상황이 나아지기 시작했다.

노스존의 동료들은 자금 조달처를 찾아내서 투자를 포기한 이노베이션스캐피털의 자리를 메꾸겠다고 했다. 노스존의 동생 격인 크리앤둠이 나머지 자금을 책임지기로 했다. 로렌손은 투자자들에게 더 많이 투자를 하게 해야겠다고 결심하고 패르손에게 전화를 걸었다.

"가격을 유로화로 변경할 거예요."

패르손은 처음에 로렌손이 무슨 말을 하는지 이해하지 못하고 이렇게 대꾸했다.

"그래, 유로로 교환해 줄 수 있지."

그러나 로렌손은 다른 뜻이라고 했다. 숫자는 그대로 하고, 오로지 통화만 바꾸고 싶어 한 것이다. 최근에 달러가 떨어지고 있었다.

"로렌손, 농담이지?"

"아니요. 제안을 받아들이든지 말든지 하세요."

결국 고집 센 로렌손은 자신이 원하는 것을 얻었다. 덕분에 스포티파이의 몸값은 약 20퍼센트나 올라갔다.

2008년 8월 27일, 스포티파이는 룩셈부르크에서 이른바 A라운드로 등록되었다. 노스존은 8천만 크로나(약 105억 원)가 넘는 자금을 투자해서 에크와 로렌손 다음으로 세 번째로 큰 스포티파이의 소유주가 되었다. 크리앤둠은 네 번째, 바로 그다음은 항외였다. 스포티파이 전체는 5억 4,900만 크로나(약 720억 원)로 평가되었다.

카셀과 패르손은 스포티파이의 이사회에 앉게 되었다. 이후 패르손은 9년간 그 자리에 머물렀다. 이때까지만 해도 패르손은 깨닫지 못했다. 이제까지의 노스존 투자 가운데 가장 뛰어난 투자가 스포티파이인 것을 말이다.

스포티파이의 사무실에서는 40명에 가까운 직원들이 스파클링 와인으로 건배를 했다. 에크는 안도의 한숨을 쉬며 수개월 동안 마음에 담아 왔던 걱정을 풀어놓았다. 놀라워하는 동료들에게 에크가 말했다.

"뜻대로 안 됐다면 여러분은 월급도 못 받았을 겁니다."

투자금은 제때 들어왔다. 몇 주 뒤 리먼 브라더스 투자 은행이 파산을 맞았다. 리먼 브라더스의 직원들이 상자를 든 채 직장을 떠나는 장면이 포착된 사진이 신문에 대문짝만하게 담겼다. 이후 세계는 1930년의 경제 공황 이래로 최악의 금융 위기에 처했다.

다니엘 에크의 '눈과 귀'가 될 남자

2008년 초에 칸은 자산가가 되었다. AOL이 바이닷앳Buy.at을 매입하면서 바이닷앳의 대소유주 중 하나였던 칸의 앞날에 새로운 길이 열렸다. 그는 사업이란 정말 돈이라고 여겼다.

칸은 직접 "돈이라는 부의 유형."이라는 말도 남겼다. 에크는 새롭게 부자가 된 영국의 친구 칸에게 전화를 걸었다.

"아직도 기분이 안 좋아?"

칸이 대답했다.

"응, 약간."

"새 자동차는 샀고?"

"사실 오늘 한 대를 살펴봤어."

"아마도 일주일 뒤에 싫증 날 거야."

칸과 에크는 급속도로 가까운 친구가 되었다. 두 사람은 단순한 친분으로 관계를 시작했으나 점점 사업적으로 큰 도움을 주고받았다.

칸의 부모님은 파키스탄의 작은 마을에서 영국으로 이주한 사람들이었다. 10대 시절, 그는 등굣길에 어쩔 수 없이 싸움에 휘말리곤 했다. 1980년대에 칸의 가족이 살던 런던 동북부의 대거넘에는 스킨헤드가 넘쳐났다. 칸은 처음으로 침을 맞으며 "파키."라고 불렸던 날을 잊지 못한다.

1989년 3월 칸은 16세가 되던 날 집을 나왔다. 그가 마리화나를 피운 사실을 알게 된 부모님과 다툰 직후였다. 10대 후반에 칸은 차를 훔치러 다녔고 길에서 노숙도 했다. 그러다 마약을 팔기 시작했고, 2년 넘게 감옥에 다녀온 뒤로 범죄와 작별했다.

"그런 여정이 있었기에 오늘의 내가 있는 것 같습니다."

오랜 시간이 지난 뒤에 칸은 인터뷰에서 이렇게 이야기했다.

1990년대 중반, 칸은 아일랜드가 런던보다 휴대 전화가 훨씬 더 비싸다는 사실을 알게 되었다. 칸은 자동차로 런던 곳곳을 돌아다니면서 중고 휴대 전화를 사들였고 리퍼폰을 만들었다. 그다음에 더블린으로 날아가 중고 휴대 전화를 팔았다. 사업이 어찌나 잘되었는지 런던으로 돌아오는 길에는 공항 화장실에서 현금 뭉치를 세곤 했다.

칸은 22세였던 1995년에 처음 컴퓨터를 접하고 도메인을 팔기 시작했다. 세기말 전후에 그는 에스엠에스보이닷컴Smsboy.com이라는 회사를 설립했다. 네트워크를 통해 문자 메시지를 보내는 서비스를 제공하는 회사였다. 그리고 35세 즈음이었던 2008년에 액티브메드Activemed라는 인터넷 회사를 만들어 비아그라 유사품을 판매했다. 이 사업으로 비로소 칸은 부자가 되었다.

칸은 봄에 새로운 프로젝트를 찾았다. 런던에 있는 지인이 뛰어들지 말라고 충고했지만, 그는 자신의 직감을 따랐다. 그는 스포티파이에 자신이 새로이 벌어들인 재산의 절반을 투자하기로 결정했다.

"난 음악 산업을 후원하는 게 아닙니다. 에크라는 개발자를 후원하는 겁니다."

다가올 미래에 그는 에크의 특사가 되었다. 테크놀로지 세계의 기존 권력자 무리 사이에서 에크의 '눈과 귀'가 되어 주었다. 냅스터의 설립자 중 한 사람인 숀 파커가 뜨거운 인기를 누리던 스포티파이를 테스트하게 된 것도 바로 칸 덕분이었다.

PART 2

경쟁

애플과의
피 튀기는 전쟁이
시작되다

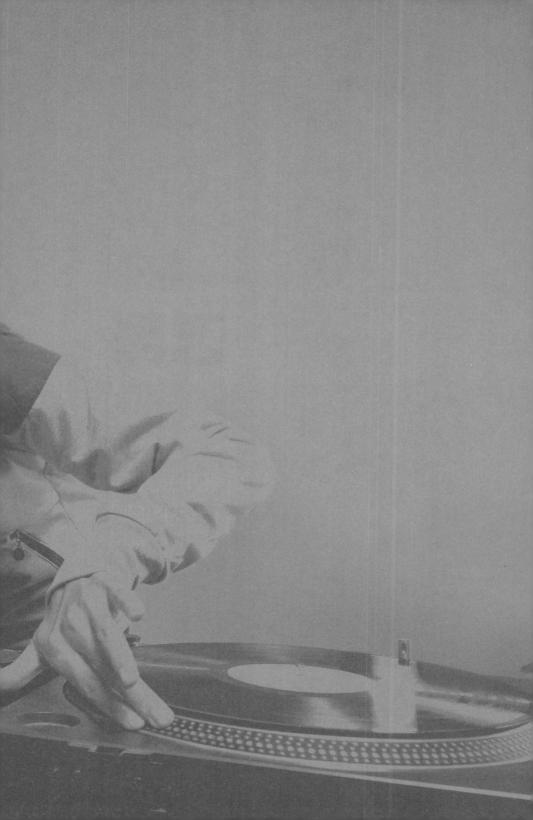

모든 음악이 무료인
스트리밍 서비스

2008년 9월 27일 스포티파이는 스톡홀름의 한 살롱에서 성대한 파티를 개최했다. 고풍스러운 파티장은 초록색 헬륨 풍선으로 장식되었다. 바 카운터들 가운데 한 곳의 안쪽에서는 손님들이 '기타 히어로' 게임을 했다. 전 세계가 금융 위기라고 난리였지만 스포티파이는 탄탄한 자금줄을 확실하게 챙겨 놓은 뒤였다. 이제 동료들은 정식 출범을 기원하면서 축배를 기울일 것이다. 문제가 하나 있다면 아직 서비스가 출시 전이라는 것뿐이었다. 그리고 저작권 합의까지는 조율할 세부 사항이 몇 가지 남아 있었다.

40명이 넘는 직원들은 파티복 차림이었다. 에크와 로렌손은 모두 검은색 양복을 입었다. 마케팅 담당 이사인 벤츠는 베이지색 드레스를 입고 도착했다. 개발자인 크라이츠만 평소 때처럼 왕립 공과 대학교 로고가 그려진 티셔츠를 입었다. 스포티파이 직원들은 친구들, 투자자들 그리고 음악 사업자들과 섞여 어울렸다. 벤츠가 한 맥주 브랜드와 코냑 브랜드 잔테Xanté 리큐어 쪽의 투자자를 잡은 덕분에 파티장 곳곳에 술이 넘쳐 났다. 칸은 파티장을 돌아다니면서 스포티파이의 직원들에게 인사를 건넸다.

수개월간 한손과 이바손은 스포티파이의 저작권 협상을 도맡았다. 음반사는 서비스 대상 국가와 지불 방식에 대하여 새로운 요구 사항을 끊임없이 제시했다. 협상 흐름상 스포티파이의 수입 가운데 약 55퍼센트가 그 곡을 소유한 음반사로 갈 것으로 예상되었다. 이외에 15퍼센트가 작곡가의 저작권을 관리하는 뮤직 퍼블리셔의 몫이었다. 그러면 최대로 어림잡았을 때 스포티파이의 활동에 30퍼센트의 자금을 공급할 수 있었다.

어쩌면 그보다 훨씬 더 많을지도 몰랐다. 아직 수입이 보이지 않으니 음반사가 여러 종류의 보증을, 예를 들어 스트리밍당 최소 요금 같은 것을 철회할 여지가 있었다. 이렇게 따지면 스포티파이는 광고나 구독을 판매하지 않아도 돈을 벌어들이는 것이 가능했다. 하지만 스포티파이는 예상되는 수입을 음반사에 선불로 지급하는 계약을 했다. 스트리밍 서비스가 목표치에 도달하지 못할지라도 음반사는 그 돈을 받을 수 있었다. 사용자가 기대보다 더 적게 접속하면 스포티파이로서는 과도한 금액이 지출되는 셈이었다. 실제로 스포티파이가 서비스를 시작한 첫해에는 음반사에 지불하는 금액이 너무 커서 스포티파이의 전체 수익을 훨씬 초과해 버렸다.

음반사와 합의된 모든 내용은 극비 사항이어서 단지 소수만이 세부 내용을 알고 있을 뿐이었다. 그날 저녁에 작은 소동이 벌어졌다. 동료 한 사람이 파티에서 술을 너무 많이 마신 탓에 그만 집 열쇠를 잃어버렸다. 그래서 한밤중에 건물에 무단 침입을 하다가 걸려서 경찰 조사를 받게 되었다.

스포티파이, 애플을 흔들다

❚ Rockin' in the Free World

몇 주 뒤 음반사들이 계약서에 차례로 서명을 완료했다. 10월 7일에 마케팅 담당 이사인 벤츠는 보도 자료를 만들어 기자들에게 전달하고 전화를 돌렸다. 스포티파이가 출시되었으며 매달 99크로나(약 1만 3,000원)를 지불하면 프리미엄 계정을 이용할 수 있다는 내용이었다. 처음에는 광대역 통신사의 고객에 한해서만 스포티파이 접근이 가능했다.

10월 말에 스웨덴 일간지 〈다겐스 뉘헤테르〉Dagens Nyheter가 취재를 요청하여 로렌손이 이에 응했다. 나중에 이 책의 저자 중 한 사람이 된, 당시 39세의 기자가 말했다.

"이건 정말 엄청난 일이 될 것 같네요."

은색 문양이 새겨진 흰색 티셔츠를 입고 있었던 로렌손은 어떻게 스포티파이가 작동하는지 설명했다.

"우린 시장에서 최고의 뮤직 플레이어가 되고 싶습니다. 2년이나 3년

2008년 10월 다니엘 에크와 마르틴 로렌손 뒤에 뮤직 플레이어의 초기 버전이 보인다. 웹브라우저에는 뮤토렌트 관련 사이트가 떠 있다. ©Niklas Larsson

2008년 10월 스포티파이가 처음 출시되었을 때 직원들이 한자리에 모였다.
©Rasmus Andersso

스포티파이 창업자들. ©Niklas Larsson

안에 2천만 명이 이용하게 될 겁니다."

사실 스포티파이가 이 목표에 도달하는 데에는 꼬박 4년이 걸렸다. 아무튼 로렌손은 인터뷰를 하면서 스포티파이가 무료 서비스라서 불같이 성장할 거라고 이야기했다.

"사용자 가운데 2퍼센트에서 15퍼센트가 유료 계정을 사용할 겁니다. 나머지는 무료 계정을 쓰겠지요."

로렌손에 따르면 스포티파이는 8개국에 진출할 계획이었다. 실제로는 독일과 이탈리아 진출이 뒤로 미루어지면서 스포티파이는 초기에 6개국에 진출했다. 2008년 10월에 스웨덴에서 서비스가 시작되었고 뒤이어 2009년에 영국, 핀란드, 노르웨이, 프랑스 그리고 스페인에 서비스가 제공되었다.

〈다겐스 뉘헤테르〉에는 10월 31일에 관련 기사가 나왔다. 기사 제목은 "스웨덴 사람들은 애플의 악몽."이었다.

최대 라이벌인 비츠의 출시

‖ California Love

에크의 비전은 소프트웨어를 개발하는 것이었다. 그런데 새로 개발한 하드웨어를 보유한 회사에 혁명을 원하는 스웨덴 사람들이 있었다. 2008년 여름, 그들 가운데 한 사람이 로스앤젤레스 공항에 내렸다. 그의 이름은 울라 사스Ola Sars로 휴대용 디제이 믹스 장치인 페이스메이커Pacemaker를 만들고 있었다. 이 장치는 믹싱 음원을 편집하고 저장할 수 있었고, 온라인 커뮤니티에 공유하는 것이 가능했다. 경영 컨설턴트 출신의 사스는 장차 스웨디시 하우스 마피아라는 이름으로 유명해질 디제이 친구들과 어울려 지냈다. 그들은 페이스메이커를 음악 전문가에게 팔 심산으로 로스앤젤레스에 왔다.

"지미 아이오빈을 만나려고 왔습니다."

산타 모니카에 있는 유니버설 뮤직 스튜디오의 접견실에서 잔뜩 긴장한 채 사스는 방문한 용건을 말했다. 사스의 갈색 턱수염은 짧고 말끔하게 정리되어 있었다.

아이오빈은 팝에 돌풍을 일으킨 그웬 스테파니와 닥터 드레의 앨범《더 크로닉》The Chronic과 《2001》을 후원한 인터스코프 레코드의 창업자였다. 또한 닥터 드레와 함께 비츠 일렉트로닉스를 설립한 그는 사업 아이디어에 대해서는 언제나 마음이 열린 사람이었다. 그래서 사스가 아이오빈의 사무실 밖에 앉아서 페이스메이커를 무릎에 놓고 기다릴 수 있었다.

에어컨이 최대한으로 가동되고 있는지 검정색 티셔츠를 입고 있던 사스는 약간 춥다고 느꼈다. 얼마 뒤 마침내 아이오빈의 사무실로 호출되었다.

"산업의 미래는 라이프 스타일 제품과 관련 있을 겁니다."

회의가 시작되자 55세의 사스는 설명했다. 이어서 페이스메이커로 시범을 보였는데, 굳이 힘들여 아이오빈을 납득시킬 필요가 거의 없었다. 아이오빈은 사스에게 말했다.

"난 디지털 음악의 유통을 오랫동안 고민해 왔습니다. 나와 드레는 당신 회사인 토니움Tonium의 공동 소유주가 되길 기꺼이 원합니다."

그때 사스는 그들이 대대적인 주식 할인 발행을 기대하고 있음을 간파했다. 그래도 일단은 기뻤다. 아이오빈은 U2와 피프티 센트 같은 아티스트들과 함께 잡스를 도와서 애플의 제품을 마케팅해 왔다. 그는 페이스메이커라는 제품의 진가를 바로 알아챘다.

고국으로 돌아온 사스는 토니움의 투자자들에게 출장의 성과를 보고했다. 하지만 그들은 주식 할인을 해서까지 이 일에 미국의 음반사 회장을 끌어들일 필요가 없다고 여겼다. 얼마 있다가 아이오빈과의 협상은 취소되었다.

몇 개월 뒤 아이오빈과 닥터 드레는 '비츠'라는 음향 기기 브랜드로 성공 가도를 달리게 될 첫 번째 제품을 출시했다. 곧 음악계와 스포츠계의 스타들이 콘서트와 경기에서 비츠의 제품을 사용했다.

특히 비츠의 헤드셋은 개당 300달러 정도로 고가였다. 2009년에 비츠는 헤드셋으로만 1억 8천만 달러의 수입을 올리며 화제가 되었다. 이는 미국 음향기기 시장의 총매출액 가운데 3분의 1에 해당하는 금액이었다.

이에 비해 사스의 페이스메이커는 폭넓은 인기를 끌지 못했다. 그러나 3년 뒤 사스와 아이오빈은 재결합하게 된다. 그때 아이오빈은 스포티파이를 도발할 스트리밍 서비스를 구축하는 과정에 함께할 예정이다.

2008년 파티에서. 왼쪽부터 그웬 스테파니, 스티브 잡스, 지미 아이오빈.
©Jeffrey Mayer / WireImage / 게티이미지코리아

2009년 뉴욕. 왼쪽부터 지미 아이오빈, 레이디 가가, 닥터 드레.
©Dimitrios Kambouris / WireImage / 게티이미지코리아

서비스 확대와 음반사의 저항

⏸ Hung Up

   광대역 통신사와 스포티파이의 협업은 작은 규모로 시작되었다. 그러나 12월 10일 에크는 투자 규모를 키웠고 크리스마스 캠페인의 일환으로 50만 개의 무료 계정을 뿌렸다. 900만 명밖에 안 되는 스웨덴 인구를 고려할 때 이는 굉장히 많은 숫자였다.

   그런데 그 캠페인은 되려 역풍을 일으켰다. 워너 뮤직의 사업 개발자인 제이콥 키Jacob Key는 스톡홀름 지하철에 붙어 있는 광고 문구를 보고 깜짝 놀랐다. 통신사의 광대역이 파일 유통을 가능하게 하며, 음악은 무료라는 내용이었다.

   "당신들이 이렇게 할 수는 없어요."

   키가 스포티파이의 이사들 가운데 한 사람에게 전화를 걸어 화를 냈다.

   "통신사에게 돈을 받고서, 음악이 마치 무료인 것처럼 마케팅을 할 수는 없단 말입니다."

   유니버설 뮤직과 소니 뮤직 측에서도 광고 문구에 대한 불만을 토로했다. 그 불만은 스포티파이와 음반사와의 협상을 주도하는 사업 개발자인 안드레아스 리프가덴Andreas Liffgarden의 귀에까지 들어갔다. 에크와 리프가덴은 의견 일치를 보았다. 통신사가 새로운 고객을 끌어들이기 위해서는 인기 있는 서비스와 제휴할 필요가 있었고 스포티파이에도 좋은 마케팅이 되었지만, 무엇보다도 '무료' 또는 '무상'과 같은 단어가 광고에서 사용되는 데 음반사는 민감했다.

키의 요구 사항은 이랬다. 스포티파이와 통신사가 합의할 때 무료 가입자를 유료 가입자로 전환해야 했다. 그러면 캠페인 기간 뒤에도 고객은 유료 가입자로 남아 있을 터였다. 그 뒤로 에크와 로렌손은 대형 통신사와 협상할 때 이 요구 사항을 기준으로 삼았다.

다니엘 에크, 유명세를 얻다

Ⅱ Everybody's Talking

2009년 2월 스포티파이는 영국에 진출해 런던에 사무실을 열었다. 2개월 남짓 지나자 이 서비스에 100만 명에 이르는 영국 사용자들이 가입했다. 스포티파이 사무실은 소호와 접한 옥스퍼드 거리 바로 초입에 있는 고층 건물인 센터 포인트의 15층에 위치했다. 이어서 에크는 일간지 〈인디펜던트〉의 취재에도 응하며 자신을 영국의 대중에게 소개했다.

"수백만 명의 사람들이 사용하는 스포티파이를 만들었습니다만 사람들이 날 거리에서 알아본 건 처음입니다."

에크는 26세가 되었다. 신문 기사는 스타돌에서의 초창기 경력을 소개했으며 '음악 사업의 미래'라는 관점에서 그를 다루었다. 에크는 스포티파이가 새로운 시장에 아티스트를 소개하는 '도구'가 될 수 있다고 설명했다. 예를 들어 스웨덴의 한 라디오 채널이 스포티파이에서 스코틀랜드의 인디 록밴드인 글래스베이거스의 음악을 찾아냈고, 이후 이 록밴드는 본격적으로 방송을 타며 유명해지기 시작했다고 했다. 또한 에크는 이러한 말을 덧붙였다.

"음반사들은 아티스트들이 국제적으로 활동할 수 있는 통로를 만들어야 합니다. 어째서 음악을 어디서든 마음대로 사용하면 안 되고 그것이 어디서 플레이되는지 알면 안 되는 걸까요?"

어느 날 저녁, 에크와 칸이 반쯤 비어 있는 센터 포인트의 사무실에서 일하던 중이었다. 창문 밖으로는 템스강, 타워 브리지 그리고 시티 금융 지구와 비즈니스 타운인 카나리 워프의 고층 건물들로 가득 찬 런던 풍경이 보였다. 에크는 무료 음악에 대한 자신의 생각들이 논란거리라는 사실을 알았다. 초기의 광고 영상에서 스포티파이는 '빠르고, 간단하고, 무료'라는 문안으로 영국 시장을 공략했다. 스웨덴에서 무료라는 단어에 불만이 터져 나왔던 것처럼 영국도 마찬가지였다. 음악 저작권들도 비싸서 스포티파이는 매달 음반사에 수천만 크로나를 지불했다. 결국 스포티파이는 투자사에 더 많은 돈을 요청해야 했다.

이날 에크와 칸은 스포티파이와 협력하고자 하는 한 스타트업의 창업자와 만났다. 승강기에서 나온 그 남자는 다름 아닌 조 코헨이었다. 2007년 에센셜 웹 콘퍼런스에서 당시 잘 알려지지 않은 에크를 눈여겨보았던 사람이었다. 그의 예상대로 에크는 유럽에서 가장 많이 회자되는 스타트업 기업들 가운데 하나를 세웠다.

코헨은 에크와 만나기 위해 칸과 이야기를 나누었다. 그는 콘서트표를 거래하는 마켓을 제공하는 자신의 회사 시트웨이브Seatwave를 협력 파트너가 될 수 있을 거라며 소개했다. 시트웨이브도 벤처 투자를 받아 수억 크로나를 끌어들여 세워졌다. 코헨은 내성적인 에크와 사교적인 '거래의 해결사' 칸 사이의 팀워크를 주목했다. 두 사람은 아주 가까워서 마치 거의 한 사람인 것 같았다.

에크는 코헨의 설명을 듣고 나서 대답했다.

"그러니까 이렇군요. 중고 시장을 통해서 표를 파시는군요. 시트웨이브와의 협업은 아티스트와 음반사를 미치게 만들 겁니다. 우린 그런 식으로 할 수 없습니다."

젊은 사업가는 더 이상 음반사를 자극하지 않으려고 조심했다. 스톡홀름에서는 최근에 스포티파이의 개발자가 내부적으로 '대청소'를 실시해 마지막 남은 불법 복제 파일을 깨끗하게 삭제해 버렸다.

불법 복제와의 법정 투쟁

‖ Taxi

2009년 봄에 영화와 음악 분야는 파일 공유에 대한 법적 공방에서 중요한 승리를 거두었다. 2월에 파이러트 베이의 창업자는 법의 심판을 받게 되었다. 일곱 번째 공판에서는 영화와 음악 등 여러 분야의 대표들이 법정에 나와 직접 증언을 했다.

그날 유니버설 뮤직의 스웨덴 대표인 순딘도 증언을 하기 위하여 택시를 타고 법원으로 향했다. 그런데 택시 앞좌석의 차양에 놓인 CD

케이스가 눈에 띄었다. 한눈에도 불법으로 복사한 CD였다. 택시 기사는 불법 복사한 음악을 자주 듣는다는 이야기를 대수롭지 않게 했다.

"지금까지 CD를 정말 많이 샀으니 이 정도쯤은 괜찮지 않겠어요."

이 말을 들은 순딘은 혈압이 오르는 것을 느꼈다. 잠시 뒤 택시가 법원 앞에 도착하자 순딘은 택시 문을 열면서 대꾸했다.

"이봐요, 나도 살면서 택시 요금을 많이 냈으니 이번에는 그냥 넘어갑시다."

당황한 택시 기사는 입을 다물었다. 하지만 법원 밖에는 시위대와 기자들로 북새통이었고, 이를 본 순딘은 주저하다가 요금을 택시 기사에게 건넸다.

순딘은 법정에서 음반사의 수익이 불법적인 파일 공유 탓에 반으로 감소했다고 증언했다. 이 재판을 계기로 온 사방에서 격렬한 토론이 이루어졌다. 스웨덴 가수인 팀북투 같은 아티스트들은 파이러트 베이를 지원한 기술 자체는 긍정적인 영향을 미쳤다고 주장했다. 각종 미디어들은 파일 공유와 음반사 수익의 감소가 직접적인 관련이 있다는 설명에 문제가 있다는 전문가의 의견을 인용했다.

어찌 됐건 이 문제는 파일 공유에 대한 적절한 기준이 만들어지는 과정에서 불거졌다. 순딘이 증언하던 날에 국회는 정부가 파일 공유에 대처하는 데 목적을 둔 이프레드 법Ipred-lagen을 통과시켰다. 파이러트 베이 소송에서 기소된 네 명은 지방 법원을 거쳐 고등 법원에서 판결을 받게 될 터였다.

2009년 6월에 진행된 유럽 의회의 선거에서는 많은 사람이 해적당에 투표하며 불만을 드러냈다. 이 당은 인터넷 불법 다운로드를 옹호하는 스웨덴 출신의 정당이었다. 그러나 곧 파일 공유에 대한 관심이 점차 줄어들어 2014년 해적당은 유럽 의회에서 의석을 얻지 못하고 사라졌다. 해적당이 사라지자 불법 파일의 공유 문제는 아무도 신경 쓰지 않았다.

모바일 앱으로 언제 어디서든

Ⅱ Whenever, Wherever

스포티파이가 정식으로 출시된 다음 에크는 이제 모바일 앱을 개발할 적기라고 생각했다. 그 프로젝트를 이끌 적임자는 구스타브 쇠데스트룀Gustav Söderström이었다. 눈동자가 청록색이고, 짧은 금발 머리를 한 그는 왕립 공과 대학교 졸업생이었다. 본인이 만든 모바일 인터넷 분야의 회사를 야후에 매각한 그는 아직 32세였으나 백만장자였다. 시간이 가면서 그는 에크의 가장 중요한 조력자 가운데 한 사람이 되었다.

스포티파이의 여러 경쟁사가 이미 모바일 스트리밍을 제공 중이었다. 핀란드 모바일 대기업인 노키아는 '음악을 갖춘 노키아' 서비스의 광고를 유럽 전역에 도배했다. 소니 에릭손도 '플레이 나우 아레나'Play Now Arena라는 서비스를 운영했다. 그러나 에크의 경쟁 상대는 그들이 아니었다. 그는 애플과 경쟁하고 싶었다. 아이팟이 기능하는 곳에서 스포티파이의 모바일 앱이 기능하게 하고 싶었다. 이 모바일 앱은 한

계 없이, 즉 공항이든 외국에서든 음악을 재생할 수 있어야 했다. 그러려면 '오프라인 모드'를 허용하는 음반사의 저작권이 필요했다. 이 프로젝트를 이끌 쇠데스트룀은 스포티파이 최고의 엔지니어들 가운데 몇 명을 요청했다.

새로운 모바일 담당 이사가 된 쇠데스트룀은 초반에 개발자를 임명하고 관리하는 데 어려움을 겪었다. 지시를 명확하게 하는 편이었음에도 말이다. 군대에 있을 때 그는 철저히 명령에 복종해서 스키 자국으로 상대를 쫓는 스웨덴 북부의 아르비스야우르Arvidsjaur 정찰대의 리더였다. 그런데 스포티파이에서 프로젝트를 이끄는 것은 그때보다 더 힘들었다.

엔지니어들은 자기주장이 강했다. 그들은 독단적으로 여러 모바일 앱을 만들었고 해킹에 능했다. 심지어 노키아의 운영 시스템 시리즈 60과 애플이 처음 만든 아이폰을 해킹했다. 쇠데스트룀은 여러 주 동안 진행된 토론에서 어려움을 겪었다. 하지만 차츰 엔지니어들의 설득에 성공했다. 그는 스포티파이의 제품 팀 전체에 스포티파이가 어디로 향해 가야 하는지를 적은 장문의 메일을 보내기도 했다. 스포티파이 개발자들은 하루 중 몇 시가 되었든지 어디든 주저앉아서 일했고, 몇 년 동안 그 일을 계속했다.

스포티파이의 앱은 프리미엄 계정 사용자에게만 몇 가지 서비스를 허용했다. 더불어 에크는 앱을 이용하는 사용자들이 편리하다고 느낄 수 있기를 바랐다. 그래서 컴퓨터에서 스포티파이에 있는 곡을 하나만 추가하면 자동으로 휴대폰에도 동기화가 이루어지도록 만들었다.

쇠데스트룀과 이바손은 런던에 있는 소니 뮤직, 그리고 유니버설 뮤직과 모바일 저작권에 대해 협상했다. 두 음반사는 이 계약서에도 기꺼이 서명했다. 스포티파이의 유료 프리미엄 계정에 가입하기 위하여 더 많은 사람이 돈을 지불한다면, 결과적으로 음반사도 더 많은 돈을 벌어들일 수 있기 때문이었다.

2009년 7월 에크는 디자인 가구들과 희미한 조명이 있는 런던의 멤버십 클럽인 소호 하우스에 있었다. 지인이 다가오자 에크의 얼굴에는 즐거운 표정이 떠올랐다.

"보여 드릴 게 있어요."

에크가 말을 건 남자는 BBC에서 테크 분야를 담당하는 기자인 로리 셸란 존스Rory Cellan-Jones였다. 존스는 테크 기업들이 보내온 수많은 소식을 항상 접하고 있었지만, 에크의 계획은 독특했다. 에크는 아이폰에 들어 있는 스포티파이의 앱을 보여 주었다. 그 앱은 베타 버전이라 이따금 충돌이 일어나긴 했으나 여러 가지 흥미로운 기능을 갖고 있었다. 심지어 전철에서도 플레이리스트를 다운로드하면서 오프라인으로 듣는 게 가능했다.

존스는 이것이 대단히 획기적임을 직감하고 며칠간 직접 앱을 테스트하고 나서 스포티파이가 모바일 앱을 개발했다는 뉴스를 처음으로 다루었다. 7월 말에 스포티파이는 애플 스토어에 정식으로 스포티파이 모바일 앱의 승인을 요청했다. 스포티파이 내부적으로는 애플이 승인을 거절할까 봐 두려워했다. 잡스가 정말로 경쟁사를 위하여 문을 열어 줄까?

페이스북으로 가는 티켓을 얻다

(‖ Ticket to Ride)

2009년 늦여름의 어느 날 에크는 그의 인생을 바꿀 장문의 메일을 받았다. 발신인은 페이스북의 주식으로 천만장자가 된 파커였다. 메일은 이렇게 시작했다.

"당신은 대단한 경험을 만들어 냈군요. 냅스터 다음으로 나도 스포티파이와 비슷한 걸 만들려고 했었지요."

파커는 냅스터와 지난 세월을 같이했다. 24세 때 그는 페이스북의 첫 번째 이사회 회장이 되었다. 이후 그의 이름으로 빌렸던 여름 별장에서 경찰이 코카인을 발견한 사건으로 어쩔 수 없이 그 자리를 그만두기는 했지만 말이다. 지금 파커의 머릿속을 가득 채우고 있는 것은 바로 다름 아닌 스포티파이였다.

최근 그는 뉴욕의 한 사적인 바비큐 파티 모임에서 칸을 만났다. 스피커에서 나오는 음악에 관심을 보이는 그에게 칸이 결제가 완료된 스포티파이 계정 하나를 건넸다. 파커는 곧 스포티파이가 아주 월등한 아이튠즈라고 여겼다. 파커는 에크에게 보낸 메일에 찬사를 적었다.

"정말 대단한 걸 만들어 냈군요."

그런 다음 파커는 페이스북 회장에게 향하는 문을 열어 주었다.

"주크와 나는 우리가 파트너십을 맺는 게 어떨지 이야기했어요."

에크는 메일을 읽으며 자신의 눈을 거의 믿지 못할 지경이었다.

성공적으로 추가 투자를 받다

(‖ Pick Up the Phone)

2009년 봄과 여름 동안에 세계 경제가 재정 위기로 흔들렸다. 미국의 새 대통령인 버락 오바마는 몇 달 전 엄청난 경기 부양 정책을 단행했다. 시장은 불안했고, 스포티파이는 또다시 새로운 재원이 필요했다.

이러한 상황에도 스포티파이에는 하루에 수만 명에 달하는 새로운 사용자가 생겨났다. 그러나 여전히 이 사업에는 위험 요소가 있었다. 저작권 비용으로 나가는 돈이 전체 수입보다 더 컸다. 스포티파이는 미국에서의 저작권을 확보하지 못했고 아직 애플 앱 스토어에도 없었다. 그럼에도 매달 대략 75명의 고용자들의 월급이 빠져나갔다.

로렌손은 스포티파이가 약 20억 크로나(약 2,700억 원) 정도로 평가받기를 원했고 이 때문에 많은 투자자가 적잖이 놀랐다. 그러나 마침내 로렌손은 런던의 투자사 웰링턴 파트너스Wellington Partners, 독일의 엔젤 투자자인 클라우스 홈멜스Klaus Hommels, 아시아에서 가장 유명한 거물 사업가인 리카싱과의 협상에 성공했다. 그들은 스포티파이를 19억 크로나(약 2,500억 원)로 평가하고 2억 크로나(약 300억 원) 이상을 투자했다.

늦여름 밤 에크의 전화벨이 울렸다. 그는 바사스탄의 집에 있었는데, 외국에서 전화가 온 것 같았다.

"회장님께서 통화를 하고 싶어 하십니다."

막 잠에서 깬 에크가 말했다.

"예, 좋아요."

전화를 건 사람은 81세의 리카싱이었다. 리카싱은 스포티파이에서 왜 자신이 가장 좋아하는 곡을 찾을 수 없는지 궁금해했다. 한밤중이 었으나 에크는 고객에게 서비스를 제공해야 했다.

밥 딜런, 스포티파이에 폭탄을 던지다

‖ The Times They Are A-Changin'

곧 스포티파이의 새로운 투자자와 200만 사용자에 대하여 신문들 이 앞다투어 기사를 내놓을 참이었다. 음반사들은 진척 상황을 예의주 시했다. 동시에 많은 아티스트가 스트리밍 서비스를 회의적으로 생각 하기 시작했다. 세계적 아티스트인 메탈리카나 핑크 플로이드, 비틀스 의 곡은 스포티파이에서는 들을 수가 없었다.

8월 초 제프 로젠Jeff Rosen은 런던의 소니 뮤직으로 성큼성큼 걸어 들어갔다. 밥 딜런의 이 전설적인 매니저는 스포티파이를 좀 더 알고 싶어 했고 자신의 아티스트가 스포티파이의 수입의 합법적인 몫을 받 는지 확인하고자 했다.

로젠은 밥 딜런의 앨범 《바이오그래프》Biograph 등을 만든 수완 있는 사업가였다. 이 앨범은 1980년대 중반에 대히트를 친 앨범 가운데 하 나였다. 나중에 그는 에릭 클랩튼, 스티비 원더, 시네이드 오코너 같은 아티스트들을 밥 딜런 헌정 콘서트에서 연주하게 했다. 그 콘서트는 생방송되었으며 더블 CD와 DVD로 제작되었다. 말하자면 신문을 들고 본사를 찾아온 그 남자는 지금 소니 뮤직이 소유한 컬럼비아 레코드에 엄청난 돈을 안겨 준 장본인이었다.

로젠은 유리벽에 두꺼운 휘장이 드리워진 회의실에 있었다. 소니 뮤직의 디지털 부문에서 일하는 30대로 보이는 이사 세 명도 함께 앉아 있었다.

"자, 스포티파이 이야기 좀 들어 봅시다."

로젠의 말에 이사이자 스웨덴인인 사무엘 아르비드손Samuel Arvidsson은 서비스가 순전히 기술적으로 어떻게 작동이 되는지 설명했다. 스포티파이의 무료 버전과 유료 버전 사이의 차이점, 음반사와 아티스트들에 대한 보상에 대해서 이야기하는데, 로젠이 중간에 말을 끊었다.

"밥 딜런은 스포티파이의 주식을 얼만큼 소유한 겁니까?"

회의실이 조용해졌다. 소니 뮤직의 세 명의 이사들은 긴장한 눈빛으로 서로를 쳐다보았다. 최근에 음반사들이 일찍이 10만 크로나(약 1,300억 원)가 채 안 되는 액수로 스포티파이의 17퍼센트 넘는 주식을 넘겨받았다고 언론들이 보도했었다. 로젠이 다시 질문했다.

"소니가 스포티파이에 출자하는 거지요, 그렇지요? 나는 밥 딜런의 몫이 거기서 얼마나 되는지가 궁금한 거요."

탁자에 앉아 있는 이사들은 소니 뮤직이 스포티파이의 주식을 소유하며, 밥 딜런은 아무것도 받지 못했다는 사실을 잘 알고 있었다. 이사들은 이의를 받아들여 문제를 해결하겠다고 약속했다. 회의를 마친 뒤에 이사들은 뉴욕의 소니 뮤직으로 메일을 보냈다. 수신인은 고위 관리자인 토마스 헤세였다.

며칠 뒤 밥 딜런은 스포티파이에서 자신의 곡을 전부 회수했다. 그 소식은 스포티파이에 폭탄과도 같았다. 전설적인 싱어송 라이터가 떠나 버린다는 것은 스포티파이에게는 악재였다. 에릭 클랩튼, 스티비 원더, 시네이드 오코너 그리고 다른 모든 스타 뮤지션은 어떻게 되는 것인가? 이름만 들어도 알 수 있는 유명한 이름의 가수들이 빠진다면 어쩌면 스포티파이는 빠른 속도로 사용자들을 잃을 수 있었다.

수익 분배에 대한 논쟁이 붙다

‖ Fula Gubbar

밥 딜런의 이탈은 2009년 중반의 대단한 뉴스거리였다. 스웨덴 석간신문 〈엑스프레센〉Expressen은 몇 명의 다른 유명 아티스트가 스포티파이를 이탈할 가능성이 있다고 보도했다. 스웨덴의 아티스트 망누스 우글라Magnus Uggla 또한 스포티파이로부터 말도 안 되는 저작권료를 받아 화가 났다. 지금껏 믿고 함께한 소니 뮤직이 말도 안 되는 가격으로 스포티파이의 주식을 6퍼센트나 챙긴 사실을 알고는 분노하며 블로그에 글을 올렸다.

"소니 뮤직은 어떻게 스포티파이 주식을 싸게 샀을까? 그 질문에 대한 대답은 소니가 소속 아티스트들을 할인해서 팔았다는 것이다."

그런 다음 우글라는 소니 뮤직, 그리고 소니 뮤직의 스웨덴 사장인 하세 브라이트홀츠Hasse Breitholtz를 공격했다.

"한 가지는 확실하다. 난 하세 브라이트홀츠와 소니 뮤직에게 항문 섹스를 당하느니 차라리 파이러트 베이한테 강간을 당할 것이다. 그래서 명예로운 온라인 서비스를 바라는 스포티파이에서 내 곡들을 전부 거두어들이겠다."

기자들은 스포티파이의 반응을 알고자 했으나 연락이 닿지 않았고 후믈레고스가탄에 있는 스포티파이 사무실까지 방문했지만 아무도 들어가지 못했다. 마침내 스포티파이의 홍보 부문 이사가 짧은 의견을 언론사에 보냈다. 거기에서 에크는 스포티파이를 음악 산업을 위한 "중요한 디지털 수입원."이라고 언급했다. 기자들은 브라이트홀츠를 찾아가서 이러한 대답을 들었다.

"스포티파이와 음반사 양측은 창작자에게 저작권료를 지불했습니다. 하지만 파이러트 베이는 아무것도 지불하지 않았지요."

기자들은 유니버설 뮤직의 순딘에게도 연락을 했다. 과연 사용자가 한 곡을 스트리밍할 때마다 아티스트는 얼마를 받는지가 궁금했다. 하지만 스포티파이와 음반사와의 비밀리에 맺어진 합의 조항은 너무나 복잡했고 당연히 답하기가 쉽지 않았다. 그래서 순딘은 그 문제에 대해서 아예 아무 말도 하지 않기로 했다.

이 같은 사건은 몇 년 동안 반복적으로 일어났다. 스포티파이가 충분히 보상하지 않는다고 아티스트가 주장하면 에크는 스포티파이의 입장을 설명했다. 그러나 여전히 스포티파이와 음반사가 합의한 세부 사항을 전부 공개하지 않았다.

아티스트들에게는 불만을 제기할 정당한 사유가 있었다. 스포티파이의 지급액은 상대적으로 작았다. 사용자 대부분이 무료 버전을 사용하는 한, 스포티파이는 아티스트를 희생시켜서 성장하는 셈이었다. 심지어 지급마저 빠르지 않았다. 아티스트 입장에서는 CD를 한 장 팔거나 음악 파일 하나를 판매할 경우에는 돈이 바로 들어왔다. 이에 비해 스트리밍 수입은 여러 해에 걸쳐서 천천히 들어왔다.

사실 수입의 지급은 아티스트와 음반사 간의 문제여서 스포티파이는 전혀 영향을 미칠 수 없었다. 하지만 일부 아티스트가 자기 음악이 스포티파이의 유료 사용자에만 제공되어야 한다고 주장하기 시작했다. 에크는 이를 단칼에 거부했다. 그는 모든 아티스트들은 똑같은 조건을 적용받아야 한다고 보았다. 전체 플레이리스트는 무료 사용자건 유료 구독자건 간에 똑같이 접근이 가능해야 했다. 밥 딜런 측과의 논쟁은 음반사와 아티스트 사이에서 스포티파이를 더욱더 고립시켰다.

그 뒤로 한동안 에크는 스포티파이의 사용자 데이터를 주의 깊게 살폈다. 밥 딜런의 이탈은 대체적으로 영향을 미치지 않았다. 새로운 사용자가 계속해서 쏟아져 들어왔다. 아티스트들의 연쇄 반응도 발견되지 않았다. 몇 년 동안 많은 스타가 스포티파이를 떠나기는 했다. 그러나 대다수의 음반사가 그들을 다시 데려오는 데 성공했다.

음반사는 자신의 아티스트들 앞에서 스포티파이의 장기적인 사업 모델을 옹호해 주었다. 아티스트들의 보이콧은 CD의 판매량을 늘린다거나 아이튠즈의 다운로드 수를 높이는 등의 반작용을 불러일으키지 않았다. 밥 딜런도 예외는 아니었다. 2012년 초 그는 스포티파이로 돌아왔다. 하지만 그때까지도 스포티파이 주식에 대한 아티스트의 권리 문제는 해결되지 못한 채 그대로였다. 밥 딜런의 이의 제기 이후 9년이 지나고 나서 스포티파이 증권 시세에 새로이 생기를 불어넣는 일이 벌어졌다.

애플 앱 스토어의 승인이 통과된 밤

❚❚ I Gotta Feeling

8월의 어느 날 늦은 저녁, 뉘브로카이엔Nybrokajen 부둣가에서 수십 명의 스포티파이 직원들이 모였다. 바비큐 파티를 하러 스톡홀름 군도群島로 나갈 계획이었다. 로렌손은 군도의 풍경을 무척 좋아하는 터라 기분이 최고였다. 동료의 놀잇배 하나에 올라탄 그가 전화기를 손가락으로 누르며 미소를 지어 보였다.

"어떨 것 같아? 우리가 빌어먹을 애플의 허가를 받을까? 아니면 어떻게 되려나."

그 물음은 오랫동안 허공에 맴돌았다. 스포티파이가 애플 앱 스토어에 등록이 될까 하고 다들 걱정했다. 이때 로렌손이 물었다.

"1천 크로나 걸 사람?"

사람들은 배들을 스쿠루순뎃Skurusundet 해협에 있는 바위 부근에 정박시켰다. 맥주, 소시지 그리고 일회용 바비큐 장비를 꺼내서 석양을 바라보며 즐거운 시간을 보냈다. 땅거미가 내리기 시작하자 그들은 다시 육지로 향했다. 배들을 정박시키고 스투레플란 광장에 있는 야외 식당으로 갔다. 마실 것을 주문하는데 갑자기 로렌손이 모두에게 이야기를 좀 하겠다더니 외쳤다.

"성공했어!"

다들 건배하며 서로에게 축하의 인사를 건넸다. 몇몇은 감정이 복받쳐 오르는 듯했다. 누군가 얼음이 담긴 샴페인 버킷을 로렌손의 머리에 부어 버렸다. 그러자 로렌손은 화내며 큰 소리를 냈다. 그날 저녁 모임에 참석한 사람들은 남아 있던 샴페인을 모두 비웠다.

이 내용은 8월 27일 세상에 공식화되었다. 에크는 트위터로 그 소식을 인정했다.

"기쁩니다. 우린 애플과 처음부터 끝까지 훌륭한 대화를 나누었습니다. 그 사람들은 대단했어요!"

회사 분위기는 좋아졌지만 아직 많은 도전 과제가 남아 있었다. 스포티파이는 애플 앱 스토어에 새로운 버전의 앱을 등록시키느라 자주 어려움을 겪었다. 앱 경제에 대한 애플의 권력 행사가 시작된 것이다.

페이스북을 발판 삼아
드디어 미국으로 진출하다

스포티파이의 판은 더욱 커졌다. 성공하기 위해 에크는 경쟁사들을 따돌려야만 했고, 미국에서 성공해야 했고, 스트리밍 서비스에서 세계 최고가 되어야 했다. 만약 성공하지 못한다면 스포티파이는 즉시 나락으로 떨어지고 말 것이었다. 에크는 이 사실을 잘 알았다. 음반사와 투자자들도, 또한 잡스도 예외는 아니었다. 애플은 몇몇 유럽 국가의 애플 스토어에 스포티파이의 앱을 등록해 주었다. 그러나 에크가 미국에서 음악 저작권을 해결하러 다닌다는 이야기가 음악 업계에서 돌자 잡스는 방해 공작을 펼치기 시작했다.

"왜 여러분의 음악을 무료로 줘 버리려고 하죠?"

잡스는 음반 업계의 사람들에게 이렇게 말했다.

많은 사람들이 잡스가 스포티파이의 미국 입성을 막거나 적어도 지연시키고 싶어 한다고 여겼다. 잡스와 음반사 대표들은 여러 해 동안 아이튠즈의 마케팅에 힘써 왔다. 아이튠즈는 세계 최대의 합법적인 뮤직 스토어였고, 애플은 결과적으로 아이맥, 맥북, 아이팟의 판매량까지 늘릴 수 있었다. 스포티파이라고 하는 스웨덴의 작은 기업은 애플과 음반사 사이의 이 같은 상호 작용을 파괴할 위험이 충분히 있었다.

음반사 대표들도 애플을 아주 좋아하지는 않았지만 스포티파이의 무료 서비스에 대해서는 아직 회의적이었다. 따라서 미국의 저작권을 확보하기 위해서 에크는 어쩔 수 없이 음반사들이 거부할 수 없는 제안을 내놓아야만 했다.

미국 진출이라는 꿈을 꾸다

‖ California Dreaming

2009년 9월의 어느 화창한 날이었다. 미국에서 가장 유명한 테크 전문 기자 중 한 사람이 런던의 센터 포인트로 성큼성큼 들어왔다. 하이힐이 로비의 대리석 바닥에 닿는 소리가 울려 퍼졌다. 카라 스위셔 Kara Swisher는 10년간 IT 경제를 줄곧 살펴 왔으며 빌 게이츠와 스티브 잡스를 모두 인터뷰한 인물로 이제 에크를 인터뷰하러 가고 있었다. 엘리베이터를 타고 스포티파이의 사무실로 들어선 스위셔는 약간의 아부성 멘트로 인터뷰를 시작했다.

"실리콘밸리에 입성하셨군요."

에크는 조심스럽게 미소를 지었다. 턱수염은 깨끗이 깎았고 머리까지 깔끔하게 면도를 했다.

"스포티파이는 이곳 런던에서는 제법 크죠. 바라건대 조만간 미국으로 건너갔으면 합니다."

그런 다음 그는 자신의 말이 기자에게 제대로 전달되었는지 살펴보았다. 스포티파이는 불법 복제를 없애고 위기에 빠진 음악 산업을 구하고자 했다. 회사의 미래와 관련해서 그의 입장은 언제나 명확했다. 그리고 미국의 거대 자본을 가진 회사가 스포티파이를 사들이는 것도 원치 않았다.

"나는 독립적이면서 좋은 기업을 만드는 것을 희망합니다. 그래서 스포티파이가 미국 법인을 취득해서 시작했으면 하고요."

에크는 예절 바르게 인터뷰에 응했다. 며칠 전 그는 런던의 무대 위에 등장해서 군중과 사진을 찍기도 했다. 검은색 셔츠와 재킷을 입고서 말이다. 가까이에는 여자 친구인 샬롯과 어머니 엘리사벳, 동생 펠릭스가 서 있었다. 에크가 인터뷰를 하는 동안 사무실 저쪽에서는 칸이 새로운 곳의 진출을 위해 끊임없이 누군가와 접촉 중이었다.

피터 틸과 숀 파커와의 만남

‖ Up Where We Belong

2009년 가을에 에크와 로렌손은 미국 진출이 사정권 안에 들어온 것을 느꼈다. 그들은 9월에 스포티파이에게서 깊은 인상을 받았다던 파커를 만나러 뉴욕으로 향했다. 냅스터 창업자인 파커는 부촌인 웨스트 빌리지의 호화로운 주택에 살았다. 그 집은 로마 신화에 등장하는 술의 신 이름을 따서 '바커스 하우스'라고 불렸다. 지하실에 헬스장과 수영장이 있고 맨해튼의 스카이라인이 보이는 루프톱 테라스가 갖추어진 그 집은 매일 파티가 열리는 것으로 유명했다.

에크와 로렌손은 그곳에서 다른 여러 사람에게 인사를 건넸다. 잠시 뒤 자리가 정리되자 에크와 로렌손은 곱슬곱슬한 머리의 다루기 어려운 개발자 파커를 만나게 되었다. 곧 에크와 파커는 큰 공통점을 발견했다. 그들은 10대 시절 온라인의 같은 해커 무리에서 활동했던 이야기를 열심히 나누었다.

그 만남의 네 번째 참가자는 나중에 실리콘밸리에서 도날드 트럼프의 최고 추종자로 널리 알려지게 된 피터 틸이었다. 그러나 그때만 해도 틸은 페이팔의 창업자 가운데 한 사람이자 페이스북의 초기 투자자였을 뿐이다. 틸은 공동 설립한 벤처 캐피털 펀드인 파운더스 펀드에서 우두머리 역할을 하고 있었다. 파커와 틸은 스포티파이의 창업자들과 여러 시간 대화를 나누었다. 그들은 이것이 거대한 도약이라면서 투자하고 싶다고 했다. 파커는 세계적으로 3억 명 이상이 사용하는 페이스북과 이어지는 완벽한 통로였다.

2009년 말에 파운더스 펀드는 9천만 크로나(약 120억 원)를 스포티파이에 투자했다. 에크는 파커를 회사의 이사회에 참여하도록 설득했다. 현재까지 파커는 미국에서 스포티파이 대사 역할을 하고 있다. 이 역할은 칸도 이미 하고 있었지만 차이점이 있었다. 파커는 미디어에

10억 달러의 지분을 갖고 있으며 영화 〈소셜 네트워크〉에도 등장할 정도로 세계적인 유명 인사였다.

그렇지만 미국 진출을 위한 가도에는 언젠가 냅스터를 격파했던 음반사가 있었다. 에크는 6주 안에 미국에서 저작권을 받을 거라고 예상했으나, 파커는 그 목표가 비현실적이라는 것을 알았다.

"다니엘, 12주 정도는 걸릴 거예요. 열심히 추진하고 있으니 염려 말아요."

에크는 텍사스에서 열리는 '음악과 기술 축제'에 참석하기로 했다. IT 업계 소식을 다루는 언론에서는 스포티파이가 곧 미국에 자리 잡을 거라는 뉴스를 내보냈다.

텔리아와의 성공적인 파트너십

❚❚ I Want It All

스포티파이의 인지도를 빠른 시간 안에 높이기 위해 에크는 스웨덴에서 가장 큰 통신사인 텔리아와 협업을 하고 싶어 했다. 물론 텔리아에는 몇 가지 결함이 있긴 했지만 자체 음원 서비스가 있었다. 스포티파이의 사업 개발 담당 이사인 리프가덴이 텔리아의 이사들과 협상을 진행했다. 텔리아 측에서는 스포티파이가 만든 뮤직 플레이어의 다른 버전을 원했다. 텔리아만의 색깔이 담긴 버전 말이다. 그러나 에크는 플레이어만큼은 타협을 원하지 않았다.

"회사 로고를 함께 쓸 수는 있지만 그 이상은 안 됩니다. 그렇지 않으면 이 협상은 없던 일로 하겠습니다."

에크의 단호함에 텔리아는 마지못해 협상을 받아들였다. 2009년 10월 8일 스포티파이는 텔리아와 2년간의 상호 협력에 대한 계약을 맺었다. 그때부터 텔리아는 스포티파이의 프리미엄 계정이 포함된 전화 가입 상품을 팔았다. 매월 좀 더 높은 사용료를 지불하는 고객은 컴퓨터, 휴대 전화 그리고 텔리아 셋업 박스에 스포티파이의 광고 없는 버전을 공급받았다.

텔리아는 할인을 많이 받았지만 스포티파이에 무려 5천만 크로나(약 70억 원)를 지불했다. 스포티파이가 첫 번째로 올린 막대한 수입이었다. 이외에도 텔리아는 크리스마스 캠페인 등을 할 때 스포티파이를 통해 자사 상품을 마케팅하기로 약속했다. 텔리아가 자체 상품에 스포티파이 서비스를 포함하거나 세트로 판매했기 때문에 업계에서는 이 협력을 '번들 협약'이라고 불렀다.

이로써 에크에게 새로운 시대가 열렸다. 새로운 수입원과 무료 마케팅을 얻어서 서비스를 중소 도시와 시골까지 확장해 나갈 수 있었다. 할인 기간이 끝나면 서비스는 자동적으로 유료 가격으로 갱신되어 많은 무료 사용자가 유료 사용자로 전환되었다. 끊임없이 성장하는 나무처럼 가입자들은 스포티파이의 가장 중요한 자산 가운데 하나가 될 것이었다. 에크는 스웨덴의 성공 사례로 꼽히는 텔리아처럼 무료 사용자가 곧 유료 사용자로 전환될 거라며 음반사에 마케팅했다.

모두가 만족스러워했다. 텔리아는 새로운 고객을 끌어들이는 '히어로 제품'을 얻었고, 음반 회사는 유료 사용자가 늘어나자 박수를 보냈다. 에크에게는 텔리아와의 협력이 향후 통신 분야와의 협력을 위한 모델이 되었다. 그 뒤로 스포티파이는 영국의 버진 미디어, 스페인의 텔레포니카, 네덜란드의 KPN, 프랑스의 SFR 그리고 독일의 도이체 텔레콤과 세트 판매를 함께하는 전략을 추진했다. 파트너십은 신규 시장을 빠르게 정착시키는 방법이 되었다.

스포티파이의 경쟁사들은 같은 형태를 모방했다. 스웨덴-노르웨이 스트리밍 서비스인 윔프WiMP는 노르웨이 통신사인 텔레노르와 협력하기 시작했다. 프랑스 스트리밍 기업인 디저Deezer는 거대 통신사인 오렌지Orange와 계약을 맺었다. 오랜 시간이 지나고 나서 윔프는 힙합 아티스트인 제이 지가 사들였고 새로운 이름인 타이달로 유명해지게 된다.

옛 멤버와의 갈등과 퇴사

Ⅱ Everybody's Changing

스포티파이가 본격적인 서비스를 시작한 첫해에 초창기부터 일한 엔지니어들은 커다란 변화를 겪었다. 그들은 회사가 '기업 지배 구조'로 바뀌었다고 느꼈다. 이전에는 엔지니어가 지배자였다면 이제는 마케팅 분야 팀이 주도권을 넘겨받은 것 같았다. 기술 담당 이사인 엔은 회사에서 외부 비즈니스 시스템을 구매할 거라는 말을 듣고는 항의했다.

"우리 자체적으로도 훨씬 더 잘할 수 있어요."

그것은 시간 낭비라는 논리로는 엔을 어떻게 설득할 도리가 없었다. 엔의 눈에 스포티파이는 더 이상 예전 같지 않았다. 2009년 말에 그는 자진해서 퇴사했다. 바로 이어서 초기 개발자들 여러 명과 제품 담당 이사인 니에멜래도 퇴사했다. 니에멜래의 자리는 야후 출신의 베테랑인 쇠데스트룀이 채웠다.

급속하게 성장하는 회사에는 새로운 업무들이 끊임없이 나타났다. 직원들은 누가 무엇을 할지 서로 경쟁했다. 이럴 때 에크는 거의 중재하지 않고 직원들 스스로가 문제를 해결하도록 했다. 갈수록 내부 경쟁이 치열했기 때문에 분위기는 살벌했다. 에크는 남아 있는 동료들이 계속해서 기술을 어떻게 연마하는지 지켜보았다.

일찍이 스포티파이를 퇴사한 사람들은 보통 수백만 크로나의 가치가 있는 자신의 주식을 팔 기회를 얻었다. 그러나 엔은 자신의 주식을 그대로 보유했고 나중에 엄청난 부호가 되었다.

소셜 네트워크로 접근하다

❚❚ What You Waiting For?

2010년 3월 에크는 텍사스의 오스틴에서 음악과 기술 축제의 기조 연설자로 인터뷰 무대에 올랐다. 그의 정면에는 매월 최신 기술을 소개하는 미국 잡지 《와이어드》 기자인 엘리어트 밴 버스커크Eliot Van

Buskirk가 앉아 있었다.

관중은 스웨덴의 유명한 개발자이자 스포티파이의 회장인 에크에게 호기심을 보였다. 스포티파이 서비스가 미국에 상륙한다는 사실을 이제 본인의 입으로 밝히리라 다들 기대했으나 에크는 아무런 답을 주지 않았다. 음반사와의 협상 진행이 저조했기 때문이다. 몇 주 전 워너 뮤직의 회장이 스포티파이의 사업 모델을 공식적으로 공격하기도 했다. 지금은 에크가 그 내막을 밝히기보다 스포티파이의 우수한 점을 자랑하는 것이 옳았다.

"진정한 협력입니다. 모든 사람은 똑같은 권리를 가지고 있습니다. 그러나 분명히 저건 기대에서 꽤 어긋난 거예요."

에크가 말하자 관중은 웃음을 터트렸다.

"여러분들은 어떻게 대처하시겠습니까?"

에크는 이전 버전으로 뒤로 한발 물러날 수 있다고 설명했다. 그러나 스포티파이는 사용자의 상호 작용에 개입하기를 원하지 않는다고 지적했다.

"우리는 소셜 네트워크를 원하지 않습니다."

에크는 그쪽은 페이스북과 트위터가 더 잘한다고 덧붙였다.

그러나 사실 에크는 점점 더 소셜 네트워크에 다가섰다. 한 달 뒤 스포티파이는 사용자에게 친구의 플레이리스트를 살펴볼 수 있게 하는 기능을 페이스북과 선보일 예정이었다.

인터뷰 말미에 에크는 안드로이드 휴대 전화에서 스포티파이의 오프라인 모드를 보여 주었다. 그러면서 애플을 살짝 꼬집었다.

"어떤 지역에서는 아이튠즈에서 음악을 재생시키는 것보다 스포티파이가 더 빠르다고 많은 사람이 이야기하더군요."

그러나 아이튠즈는 변화할 준비를 하고 있었다. 잡스는 몇 달 전 스트리밍 서비스 랄라Lala를 인수했다. 인수 금액은 8천만 달러였으며 내부 정보에 따르면 애플이 아이튠즈를 클라우드에 배치한다고 했다. 전면적인 스트리밍을 향한 첫 단계라고 할 수 있었기에 애플의 행보는 일부 스포티파이의 팀원들을 긴장시켰다. 게다가 센스트룀의 알디오가 불과 몇 달 전 미국에 출시되었다. 에크에게는 미국에서 스포티파이를 출시하는 게 급선무였다. 그러나 텍사스의 관중은 그게 언제가 될지 알지 못했다.

2010년에 스포티파이는 미국의 권력자와 유명인들 사이에 널리 알려졌다. 칸은 서비스의 착륙을 위하여 최선을 다했다. 예컨대 트위터의 초기 투자자인 크리스 사카의 마음을 빼앗았고, 또한 재빠르게 스톡홀름의 본사에 R&B 아티스트인 프랭크 오션의 계정을 요청했다.

"빌어먹을 스포티파이!"

2010년 8월에 할리우드 스타인 데미 무어가 트위터에 썼다. 같은 해 말에 무어와 그녀의 남편 애쉬튼 커쳐는 로스앤젤레스에서 크리스마스 파티를 열었다. 파티에 초대된 손님들은 모두 스포티파이 계정을 받았다. 에크는 무어의 관심에 감사를 표했다. 유명인이 해 주는 광고의 위력을 알게 된 에크는 점점 더 그와 같은 기회를 최대한 활용하려 애썼다. 유럽에 진출한 지 2년 만에 에크는 미국의 기술 분야에 있는 수많은 권력자를 만날 수 있었다. 그러나 예외가 있었다.

"나는 모든 사람을 만났어. 스티브 잡스만 빼고."

에크의 가까운 측근 두 사람의 말에 따르면 그가 직접 이렇게 이야기했다고 한다.

유니콘이 되기 위하여

‖ Wind of Change

2010년 중반에 스포티파이는 많은 비용을 지출했다. 회사에는 거의 200명의 직원이 있었고, 약 500만 명의 사용자가 있었다. 6월에는 후플레고스가탄의 사무실을 비우고 비리에르 얄스가탄Birger Jarlsgatan 6번지로 이사했다. 물론 런던에도 사무실이 있었다. 뉴욕에는 콘텐츠 관리 담당 이사인 켄 파크스Ken Parks가 이끄는 팀이 있었다. 회사는 돈이 더 필요했다.

로렌손은 늘 그렇듯이 투자자가 더 많이 투자하기를 바랐다. 그가 2010년 여름 신임 재무 담당 이사 페테르 스테르퀴Peter Sterky에게 말했다.

"10억 달러의 가치 평가를 원합니다. 그 정도가 적정한 액수죠."

로렌손이 엄청난 야심가라는 걸 스테르퀴는 오래 전부터 알고 있었다. 그들은 이전에 트레이드더블러에서 함께 일했다. 스포티파이의 재무 담당 이사로서의 출발은 쉽지 않았다. 새로이 등장한 유니콘 가운데 적어도 10억 달러의 평가를 받는 회사는 소수였다. 페이스북, 트위터 그리고 스카이프 같은 성공 기업들만 포함되었다. 트레이드더블러도 거기에 속했었지만 잠시였고 금방 주식에서 하락해 버렸다. 그러나 스포티파이를 유니콘으로 만드는 데 흥미 있어 하는 투자자가 있었다. 러시아 재벌인 알리셰르 우스마노프와 중국의 기술 대기업 텐센트의 도움을 받는 사람이었다.

빌 게이츠의 비밀스러운 제안을 거절하다

‖ Man in Black

2010년 구름이 짙게 낀 어느 날 스웨덴 왕립 공과 대학교의 학생들이 한 강의실로 몰려들어 자리를 가득 메웠다. 기자 무리도 강의실에 서둘러 자리를 잡았다. 에크가 곧 무대에 오를 예정이었는데 카메라는 교탁 앞에 서 있는 196센티미터의 장신인 남자를 향해 있었다. 흰색 와이셔츠를 입고 팔소매를 걷어 올린 그 남자는 마이크로소프트의 활력 넘치는 이사인 스티브 발머로 12년 전에 빌 게이츠가 후계자로 지명했었다.

"먼저 클라우드가 진보를 견인했고, 그 진보는 클라우드를 발전시켰습니다."

발머는 자사의 클라우드 서비스에 대하여 노련하게 설명했다. 목소리가 스피커를 거쳐 크게 울려 퍼졌다. 잠시 뒤 그는 주제를 바꾸었다. 그가 구름같이 몰려든 관중 주변을 쳐다보더니 이름을 크게 외쳐 특별한 손님을 환영해 맞았다.

"다니엘 에크."

관중은 박수를 쳤다. 그들 앞에 왕립 공과 대학교 출신의 개발자들을 고용해서 스웨덴에서 가장 주목받는 스타트업 기업을 세운 바로 그 남자가 서 있었다. 발머가 에크의 등을 툭툭 쳤다. 박수는 계속 이어졌다. 완전히 검은색 옷으로 차려입은 에크는 강연장을 근심 어린 시선으로 훑어보았다. 발머를 향해 박수를 치려던 에크는 동작을 멈추었다. 마치 자신에게 박수를 치는 것 같아서였다. 마침내 강연장이 조용해졌다.

"이 자리에 참석하게 되어 정말 좋습니다. 스웨덴으로 돌아오는 건 항상 즐거워요. 그런데 이런 기회가 자주 없었습니다. 스티브가 소개했듯, 나는 다니엘 에크고 스포티파이의 회장이며 창업자입니다."

에크는 짧게 스포티파이와 마이크로소프트와의 협력에 대해 소개했다. 음원 서비스는 안드로이드 휴대 전화에 통합될 것이다. 그 뉴스는 곧 수많은 스웨덴 미디어의 헤드라인으로 실리게 될 것이다. 에크가 한쪽으로 비켜서자 키가 장대같이 큰 발머가 또다시 네 차례나 에크의 등을 두드리더니 말했다.

"수년간 다니엘 이야기를 들어 왔습니다. 사적으로 우리가 만난 건 이번이 처음입니다. 서로 할 말이 정말 많습니다."

마이크로소프트와 스포티파이 대표가 정확하게 무슨 이야기를 나누었는지는 비밀이었다. 그러나 여러 소식통에 따르면 스포티파이에 대한 투자 내지는 어쩌면 인수와 관련한 대화였다. 에크는 언젠가 10억 달러에 회사를 팔 의향이 있냐는 질문을 받은 적이 있었다. 10억 달러면 로렌손이 기업 평가 목표로 삼고 있는 액수이기는 했다.

에크는 발머를 다시 만나기 위해서 시애틀 근교 레드먼드에 위치한 마이크로소프트 본사를 찾았다. 어린 시절 에크가 우러러보았던 마이크로소프트 창업자인 빌 게이츠도 스포티파이에 흥미를 보였다. 간단하게 말해서 마이크로소프트는 아이팟과 비슷한 휴대용 미디어 플레이어인 준Zune에 스포티파이를 통합한다는 아이디어를 내놓았다.

테크 분야의 거대한 역사인 마이크로소프트는 재정이 튼실했다. 몇 년 전 발머는 페이스북에 투자자로 참여했다. 그러나 마이크로소프트는 현재 구글에게 고수익을 안겨 준 검색 트렌드를 놓쳤다. 2007년 애플이 아이폰을 출시할 때 발머는 그 잠재성을 완전히 잘못 판단했다. 나중에 마이크로소프트는 스웨덴의 다른 혁신 제품인 스카이프를 인수했으나 크게 발전시키지 못한 탓에 비난받았다. 에크는 스포티파이가 스카이프처럼 되는 것을 원하지 않았다.

이사회의 압박을 받다

II It's Not Right But It's Okay

스포티파이는 선택지 가운데 하나로 마이크로소프트와의 협업을 고려하는 한편, 무엇보다 벤처 캐피털을 끌어들이려 애썼다. 독립을 유지한 상태로 미국에 진출하는 것이 우선이었다. 그래서 러시아 억만장자인 유리 밀러Jurj Milner와의 협상도 진행했다.

밀러는 최근 런던의 주식 시장에 상장된 인터넷 기업 메일루의 창업자였다. 그의 법인인 디지털 스카이 테크놀로지DST는 100억 달러를 페이스북에 투자하는 등 금융 위기 이후 실리콘밸리에서 상당히 눈에 띄는 행보를 보였다. 정보에 따르면 당시 저커버그는 다른 곳에서 이 정도의 금액을 투자받기가 쉽지 않았다.

밀러는 IT 분야를 훤히 꿰뚫었다. 그는 소셜 네트워크, 인터넷 상거래 또는 주택 임대처럼 매번 수직으로 가장 크게 성장하는 기업이 승리할 거라고 예언했다. 이와 같은 정확한 분석력은 경쟁사들보다 DST가 더 많은 돈을 벌게 했다. 밀러는 높은 가치 평가를 두려워하지 않았고 투자할 때 이사회 자리를 거의 요구하지 않았다.

2010년 말 그가 스포티파이에 5천만 달러를 투자하기로 했다. 밀러의 돈은 환영받는 동시에 물의를 일으켰다. DST의 최대 공동 소유주 가운데 한 사람인 알리셰르 우스마노프는 블라디미르 푸틴 대통령 측 인사였다. 그리고 중국의 IT 재벌 텐센트도 최대 공동 소유주였다.

스포티파이의 최상위 책임자들은 러시아 돈을 끌어들이는 것이 위험할 수 있음을 인지했다. 정치적으로 타협하기를 싫어하는 로렌손은 푸틴 정권을 증오했다. 하지만 금고에 돈을 충분히 채워서 스포티파이가 미국으로 진입하는 것이 더 중요했다. 게다가 밀러는 널리 인정받는 우수한 투자자였다. 2010년 말경 스포티파이는 DST와의 예비 합의서에 서명했다. 이와 함께 미국 거대 벤처 투자사인 액셀과 클라이너 퍼킨스의 투자도 받았다.

새로운 소유주들은 일련의 요구 사항을 내놓았다. 이사회가 늦어도 2014년에는 주식 상장에 대한 논의를 시작하기 원했다. 그 외에도 세 가지 특별한 사항을 에크에게 요청했다. 유럽의 음악 저작권을 갱신하고, 페이스북과의 공동 협력으로 성장에 불을 붙이며, 미국에 스포티파이를 들여보낼 음반사를 구하는 것이었다. 맨 마지막에 언급한 미국 진출은 에크에게 제일 어려운 시험이 될 것이었다.

스티브 잡스의 계속되는 방해 공작

2010년에 에크는 미국 시장의 음원 저작권 협상 건으로 주기적으로 뉴욕을 찾았다. 그는 센트럴파크 남쪽 미드 타운에 위치한 3대 음반사의 본사들 사이를 바쁘게 오갔다.

그의 목표는 유니버설 뮤직과 소니 뮤직이 함께 서명하게 하는 것과 워너 뮤직도 어떻게든 그 길에 들어서게 하는 것이었다. EMI는 이미 합류한 상태였는데, 거대 음반사들에게 확신을 주는 것이 더 어려웠다.

그 이유에 대하여 한 가지 추측을 감히 한다면, 애플 회장인 잡스가 스포티파이의 진입을 방해하는 게 아닐까 하는 것이었다.

소니 뮤직의 고민

그해에 에크는 소니 뮤직의 디지털 담당 이사인 헤세와 수없이 회의를 거듭했다. 그는 듬성듬성 흰머리가 보이고 약하게 독일식 억양이 느껴지는 영어를 구사했다. 두 사람은 매디슨 애비뉴에 자리한 소니 뮤직 건물의 35층에 있는 회원제 클럽에서 자주 점심을 먹었다. 식사를 하면서 에크는 자신이 록스베드에서 젊은 개발자로 시간을 보낸 이야기를 들려주었다. 또한 그들은 소셜 네트워크에서의 음악의 역할과 미래에 관해서도 논의를 했다.

음반사에게 2010년은 위기였다. 디지털 유통이 수입의 거의 30퍼센트를 차지할 정도로 세계적으로 성장했지만 그것만으로는 충분하지 않았다. 헤세는 매달 CD 수입이 추락하고 있는 것을 목격했다. 1999년 최고의 해를 보낸 이래로 미국에서 음악 판매 수입은 빠르게 줄어들어 결국 반토막이 나 버렸다.

"우린 트렌드를 바꿀 수 있고 이 분야를 성장시킬 수 있습니다."

에크가 말했다. 헤세는 스포티파이의 모델이 유럽에서 잘 작동하고 있다고 판단했으며 에크가 파커의 지지를 받고 있다는 사실에도 주목했다. 냅스터의 창업자인 파커는 스포티파이가 애플의 독재에 맞설 수 있다고 주장했다. 차츰차츰 헤세는 스포티파이의 적절한 다음 행보가 미국 시장 진출이라고 여겼다.

헤세는 잡스와 사적으로 아는 사이였다. 헤세는 아이튠즈가 음악 사업을 시작하기 전인 2003년에 일찌감치 애플의 이사와 협상을 한 적이 있었다. 인터뷰에서 헤세는 잡스가 2010년에 스포티파이의 미국 진출에 대해서 회의적인 반응을 자주 보였다는 사실을 여러 차례 확인해 주었다.

"당신이 왜 음악을 무료로 제공하려고 하는지 이유를 모르겠어요."

잡스는 통화를 할 때 이렇게 말했다. 그 말은 헤세에게 무겁게 돌아왔다. 소니 뮤직의 디지털 부문은 애플에서 가장 많은 수익을 냈다. 헤세는 스포티파이에 미국 시장의 문을 열어 주고자 했지만 셈법이 복잡했다. 긴 안목에서 볼 때, 스포티파이의 무료 사용자는 소니 뮤직의 수익에 어떤 영향을 미칠 것인가? 소니 뮤직의 다른 판매에 지장을 초래할 위험이 있는가?

나이 지긋한 경영 컨설턴트인 헤세는 숫자가 말하게 해야 한다는 지론이 있었다. 그러나 계산이 쉽지 않았다. 소니 뮤직이 에크에게 요구하는 것까지 따져 보아야 했다.

애플을 정면으로 저격하다

‖ Fame

"아이팟의 독점은 어떻게 해야 할까요?" 하고 파커가 말했다.

때는 2010년 10월이었고 에크와 동맹 관계에 있는 파커는 뉴올리언스의 한 토론에 참여했다. 영화 〈소셜 네트워크〉가 개봉한 시기였다.

파커는 가능하면 디지털 음악 내에서 애플의 지배적인 위상에 대하여 이야기하고 싶었다. 그는 현재 애플의 아이팟이 시장의 85퍼센트를 점유하고 있다고 설명했다. 애플은 다른 스트리밍 기업을 가로막는 생태계를 만들어 냈다고도 했다.

"랩소디와 냅스터 그리고 다른 파일 공유 서비스들은 콘텐츠를 아이팟에 옮길 수 없어요."

온라인 뉴스 매체 '더 데일리 비스트'가 그 토론의 주최자였다. 며칠 뒤 스포티파이의 미국 진출 전에 벌어지고 있는 파커와 잡스 사이의 신경전을 '전쟁'이라고 묘사한 기사가 나왔다. 잡스가 음반사 대표들에게 전화를 걸어서 스포티파이가 음반사 수익에 어떤 손해를 입힐지 이야기했다는 내용이었다. 또한 애플이 두 번이나 스포티파이의 미국 시장 진출을 늦추었다고 주장했다.

너무나도 어렵고 힘든 저작권 합의

ll Devil Inside

2010년에 에크는 지속적인 불운을 겪었다. 그러나 그해 말 소니 뮤직과 유니버설 뮤직과의 미국 저작권 합의가 이루어져서 일이 계획대로 될 듯했다. 콘텐츠 관리 담당 이사인 파크스가 뉴욕에서 최종적으로 합의를 타결시켰다.

후방에서는 유럽 저작권을 갱신하는 데 성공했다. 스포티파이는 더 관대한 조건을 제시했으나 무료 사용자에게는 제한을 둘 수밖에 없었다. 어떤 시장에서는 무료 사용자가 각각의 곡을 5회만 듣는 것으로 제한되었다. 그리고 6개월간 매달 최대 20시간만 청취가 가능했고, 이후에는 10시간으로 제한되었다. 우선 스포티파이는 저작권 갱신을 승리로 보았다. 그러나 여러 제한 사항은 사용자가 등을 돌리게 할지도 몰랐다. 그래서 미국 시장에 하루빨리 진입할 필요성이 어느 때보다 더 커졌다.

2011년 1월에 스포티파이가 소니 뮤직과의 합의서에 서명했다. 이로써 첫 번째 돌파구가 마련되었다. 서류에 따르면 소니 뮤직은 4년 뒤 스포티파이의 주식 2.5퍼센트를 엄청나게 할인된 가격으로 구입하게 해 달라고 요구했다. 2015년 봄에 소니 뮤직은 스포티파이에 7,600만 크로나(약 100억 원)를 지불했다. 몇 달 뒤 그 주식의 가치는 거의 20억 크로나(약 2,700억 원)에 가깝게 올랐다. 이 비밀스러운 계약은 왜 소니 뮤직이 스포티파이의 지분을 엄청나게 갖게 되었는지에 대한 대답이다.

소니 뮤직과의 저작권 계약서는 42쪽이나 될 정도로 길었다. 수년 뒤 그 합의서가 유출되어 테크 정보 사이트 '더 버지'에 공개되었다. 계약서는 스포티파이가 음악에 대해 얼마나 지불했으며, 그 조건이 얼마나 복잡했는지를 잘 보여 준다. 세부 사항에 관심 있는 분들을 위해서 그중 가장 중요한 항목들 몇 가지를 소개하겠다.

미국에서 소니 뮤직의 음악을 스트리밍할 권리에 대해 스포티파이는 선불금 4,250만 달러를 3년 할부로 지불한다. 그 지불은 3개월 단위로 이루어지며, 스포티파이가 수익 목표를 충족시키든 아니든 간에 상관없이 음반사는 금액 전부를 취한다. 소니 뮤직이 선불금을 어떻게 나눌지에 대해서 계약서는 고지하지 않는다. 이 분야의 몇몇 업체에 따르면 스포티파이가 만약 목표를 이루지 못한다면 아티스트들은 그 선불금을 받지 못한다. 소위 '파손액'이라고 부르는 비용에 대한 논의가 뜨겁다.

다른 음반사가 소니 뮤직보다 더 나은 조건을 제시받는다면 계약서의 여러 부분이 변경될 수 있다. 그러한 행위는 가장 좋은 조건을 얻을 것으로 기대하는 음반사가 위반하는 것으로 간주된다. 외부 감사자가 스포티파이가 이를 준수하는지의 여부를 감독할 수 있다.

계약서의 다른 황당한 부분은 스포티파이의 '무료 사용자'가 보는 광고 수입과 관련된 항목이다. 예외 없이 스포티파이는 음반사와 뮤직 퍼블리셔들에게 총수입의 약 70퍼센트를 주어야 한다. 그러나 여기에서 소니 뮤직은 스포티파이가 먼저 국외의 판매사에 의한 모든 국외 원천 광고 수입의 15퍼센트를 셈해 넣을 것을 요청했다. 그런 다음에야 스포티파이의 총수입이 함께 계산된다.

계약서에 따르면 스포티파이도 3년 넘게 900만 달러에 상응하는 가치의 광고 시간을 소니 뮤직에게 주기로 동의했다. 소니 뮤직은 그 광고 시간을 사용하거나, 얼마가 되었든지 팔 수도 있다. 스포티파이는 할인된 가격으로 1,500만 달러의 광고 시간을 추가적으로 제공하기로 약속했다. 만약 스포티파이가 팔리지 않은 광고 시간을 가지고 있다면 소니 뮤직의 아티스트들을 마케팅하는 데 사용해야 한다.

계약서는 스트리밍당 스포티파이가 지불할 금액이 최소한 0.2퍼센트라고 명시하기도 했다. 그러나 스포티파이가 아티스트들의 음악에 대해 얼마를 지불할지 계산할 때는 그 기준을 사용할 수 없다. 즉 스포티파이의 전체 수입 가운데 음반사들의 할당액보다 더 큰 금액으로 계산된다면 최저 수준이 적용된다. 그러니까 일종의 보증금 개념이었다. 만약 스포티파이가 무료 사용자가 너무 많아서 수익이 적다고 해도 음반사는 최소 금액을 보장받을 수 있다.

이 복잡한 합의는 왜 스포티파이가 음반사에 총지불하는 금액에 대하여 말하려고 했는지를 보여 준다. 각각의 아티스트들이 스트리밍된 한 곡당 얼마나 돈을 버는지를 명확하게 설명할 수 있는 방법이 없었기 때문이다.

뉴욕에서 오지 않는 계약서

Ⅱ Fairytale of New York

유니버설 뮤직과의 협상도 끝난 것처럼 보였다. 2010년 말 콘텐츠 관리 담당 이사인 파크스와 그의 팀은 뉴욕에서 음반사 대표단과 함께 계약서를 준비했다. 유니버설 뮤직 회장인 모리스가 그 조건을 승인했다고 했고, 몇 개의 서명만 하면 마무리될 예정이었다. 그런데 그 다음으로 아무 일도 일어나지 않았다. 계약 과정을 잘 아는 한 소식통이 조언했다.

"일단 그냥 잠자코 있으면 됩니다."

스톡홀름의 스포티파이 사무실은 혼란으로 가득 찼다. 중간 간부들은 진작 일을 시작할 준비를 마친 상태였다. 계약이 왜 지체되고 있는지 도대체 이유를 알 수 없었다. 계약이 지체될수록 스포티파이의 생존은 위험해졌다.

곧 워너 뮤직과 유니버설 뮤직에 대한 소문이 돌았다. 그리고 2011년 봄에는 유럽에서 사용자의 수가 줄어들었다. 무료 계정에 대한 제한 때문이었는데 스포티파이로서는 처음 겪는 일이었다. 스포티파이의 제품 담당 이사인 쇠데스트룀이 말했다.

"소수의 회사들만이 위험을 통과해서 성장하고 성공하는 거야."

하지만 자금까지 바닥을 보였다. 스포티파이가 미국에서 필요한 저작권을 확보하지 못하는 한, 밀러 같은 투자자는 추가로 자금을 제공하고 싶어 하지 않았다. 로렌손은 어쩔 수 없이 대출을 받았다. 협상이 계속되는 동안 스포티파이는 대출금으로 버텼다.

잡스, 유니버설 뮤직을 압박하다

(‖ Things That Make You Go Hmmm···)

유니버설 뮤직의 갑작스런 침묵은 그 뒤에 있는 소위 레이블이라고 불리는 수없이 크고 작은 음반사 그룹들이 사분오열된 사정이 있었다. 그 그룹들은 한데 뭉치지 못했다. 이 시기에 잡스는 음반사 대표들에게 자주 연락을 했다. 우리는 책을 쓰면서 이와 관련한 명쾌한 정보를 세 곳의 출처로부터 확보했다. 대표들과의 대화에서 잡스는 스포티파이의 무료 계정이 음반사에 위협이 될 거라고 묘사했다.

애플과 유니버설 뮤직은 오랫동안 특별히 가까운 관계를 맺어 왔다. 소식통에 따르면 잡스는 여러 해 동안 애플이 유니버설 뮤직 전체를 살 수 있다는 의견을 넌지시 비쳤다. 다른 소식통은 잡스가 2010년에 음악 분야에 애플의 마케팅 비용을 엄청나게 사용했다고 했다.

그 비용은 유니버설 뮤직의 이사들과 아티스트들에게 도움이 되었다. 잡스는 래퍼 피프티 센트의 곡 〈피.아이.엠.피〉P.I.M.P.의 비디오를 아이팟에 넣기 위해서 아이오빈에게 15만 달러를 지불했다는 소식도 전해졌다. 아이오빈이 설립한 인터스코프 레코드는 유니버설 뮤직 그룹에 속하며, 피프티 센트는 이곳의 대표 아티스트였다. 잡스가 U2 멤버인 보노와 디 에지와 함께 아이팟의 스페셜 에디션을 시장에 내놓았을 때 이 프로젝트에 아이오빈도 관여했다. 보노와 디 에지의 음반사인 아일랜드 레코드도 유니버설 뮤직 그룹에 속하며, 아이오빈은 1980년대 U2의 음악을 손수 제작했었다.

U2의 보노가 아이팟의 U2 특별 에디션을 소개하고 있다. 왼쪽부터 지미 아이오빈, 보노, 스티브 잡스, 디 에지. ©Tim Mosenfelder / Getty Images / 게티이미지코리아

정확한 소식통에 따르면, 잡스는 만약 유니버설 뮤직이 본인이 원하는 대로 하지 않으면 자금 흐름을 조일 거라는 암시를 주었다. 상황상 애플이 아이튠즈의 새로운 클라우드 서비스를 세상에 소개할 때까지 잡스는 적어도 스포티파이의 미국 출시를 지연시키기를 원했다는 해석이 가능하다. 결국 스포티파이는 2011년 중반에야 미국에 진출할 수 있었다.

이것은 민감한 문제였다. 지배적인 유통 업체인 애플이 음악의 가장 거대한 공급 업체들에게 이와 같은 요청을 했다면 그 진의가 매우 의심스러운 것이었다. 디지털 도서 시장에서도 애플과 아마존 사이에서 유사한 일이 발생했었다. 애플은 2009년과 2010년에 전자책의 가격을 올리기 위해서 다섯 곳의 대형 출판사와 담합을 했고 이 때문에 미국 법무부로부터 제소를 당했다. 이 일로 애플은 벌금으로 4억 5천만 달러를 선고받았다.

그런데 당시 이 일을 드러내 놓고 말하려는 사람은 소수에 불과했다. 그 이유는 잡스의 나빠진 건강 때문이었다. 2011년 1월 그는 회사에 병가를 냈다.

스포티파이를 바라보는 잡스의 시각은 유니버설 뮤직의 많은 이사에게 영향을 미쳤다. 아이오빈은 에크의 무료 계정을 대놓고 반대했다. 음반사와 아티스트들이 무료 계정의 사용자를 떠받드는 셈이라고 아이오빈은 주장했다. 반대로 그 사업 모델을 지지하는 이들도 있었다. 그중 한 사람이 유니버설 뮤직의 글로벌 디지털 이사인 웰스였다. 그는 몇 년 전 런던에서 에크를 알게 되었고, 로스앤젤레스에 살고 있었다.

이러한 줄다리기가 한창이던 때 유니버설 뮤직은 그룹의 대표를 교체하게 되었다. 50대의 루시안 그레인지가 런던을 떠나 로스앤젤레스로 향했고 20년 넘게 회장직을 수행한 모리스로부터 회장직을 이어받았다.

유니버설 뮤직의 멍청이 보험

(‖ Thorn in My Side)

2011년 초 유니버설 뮤직과의 협상이 또 다른 장으로 접어들었다. 새로이 회장으로 부임한 그레인지는 자신이 미국 시장의 열쇠를 건네받기 전에 더 많은 것을 원했다. 사실 그레인지는 에크를 의심하고 있었다. 스포티파이를 미국에 출시시킨 다음에 비싼 가격으로 팔려고 하는 것은 아닌지 말이다. 만약 그렇게 된다면 유니버설 뮤직은 추가로 비용을 더 받아야 한다고 생각했다. 유니버설 뮤직 측에서는 이러한 말이 나왔다.

"스포티파이 사람들이 계약을 하자마자 방향 전환을 할 수도 있습니다."

그래서 유니버설 뮤직 회장은 비밀스럽게 별도의 합의를 요구했다. 일정 기간 내에 스포티파이를 팔거나 주식 시장에 상장하게 된다면 추가로 수백만 달러를 지불하라고 했다. 에크, 로렌손 그리고 여러 다른 대소유주가 이 합의에 동참했다. 믿을 만한 소식통에 따르면 그 합의는 약 2년간 유지되는 것으로 결정 났다. 그 합의는 유니버설 뮤직의 '멍청이 보험'Schmuck Insurance(기업 소유주가 기업의 매각할 때 실수를 방지하기 위하여 취하는 관행으로 실제로는 보험과 전혀 관련이 없다.—옮긴이)이라고 불렸다.

그 거래는 나중에 키프로스에 등록된 증거 서류가 공개되며 알려졌다. 2011년 1월 25일 서명된 서류에서 유니버설 뮤직은 스포티파이가 팔리면 판매가의 2퍼센트를 받게 되어 있었다. 당시 스포티파이의 가치는 10억 달러에 달했다. 그리고 2년 뒤 그 합의로 유니버설 뮤직은 약 800만 달러의 이익을 얻었다.

유니버설 뮤직에게 이로운 이 계약은 잡스에게도 나쁠 것이 없었다. 에크가 스포티파이를 쉽게 팔아넘기지 못할 테니 말이다. 잘못하면 마이크로소프트나 구글 등 애플의 경쟁사에 스포티파이가 팔릴 수도 있었다. 이 시기에 애플은 내부적으로 구글과 '성전'을 치렀는데 잡스는 음악을 무기처럼 여겼다. 아이튠즈가 구글의 안드로이드 휴대 전화에서 이용할 수 없는 이유도 아마도 그래서였을 것이다.

잡스의 마지막 프레젠테이션, 아이클라우드

‖ Cloud Nine

2011년 6월 6일 잡스가 애플의 콘퍼런스 WWDC에서 연단에 올랐다. 그는 여느 때처럼 청바지와 검정색 폴로셔츠를 입었다. 그러나 예전과 달리 옷이 그의 마른 몸에 헐렁하게 걸쳐 있었다.

"이제까지는 전부 좋았지요?"

잡스의 질문에 관중이 환호했다.

"좋아요. 그러면 그걸 망가뜨리지 않겠습니다."

당시 잡스의 건강은 악화되고 있었다. 그래도 마치 모든 게 평소와 같은 양 잡스는 직접 그날의 가장 중요한 프레젠테이션을 했다. 그리고 관중의 전폭적인 지지를 받았다.

"그러면, 이제부터 아이클라우드 이야기를 하려고 합니다."

애플의 창업자인 그가 예전에는 맥킨토시 컴퓨터가 애플의 생태계에서 중심부를 구성했다고 설명했다. 그러나 이제 그 컴퓨터가 아이클라우드에, 즉 애플의 제품을 모두 하나로 연결해 주는 클라우드에 종속된다고 말했다. 평소대로라면 그는 가장 중요한 사항을 마지막에 이야기했을 것이다

"마지막으로 말하지만, 결코 무시하지 못할, 클라우드에 아이튠즈입니다."

애플 회장은 아이튠즈에서 구매한 곡들을 애플 컴퓨터부터 아이폰과 아이패드에 이르기까지 모든 기기에서 어떻게 사용이 가능한지 설명했다.

"음악 산업에서 최초로 시도하는 것입니다."

잡스가 여러 기기에 다운로드되는 것으로 설명했지만 실제로는 스트리밍의 중간 정도라고 할 수 있었다. 스포티파이가 미국에 출시되기 전에 잡스는 이 같은 성과를 냈다. 잡스는 승리의 시선으로 관중의 바

다를 둘러보았다. 이것이 그의 생애에서 마지막 프레젠테이션이었다.

음반사와의 교섭, 최종 국면에 들어서다

‖ Roc-A-Fella

　잡스가 공식 석상에 선 지 나흘 뒤 IT 전문 인터넷 매체 '올씽즈디' 는 스포티파이가 유니버설 뮤직과 미국의 저작권 계약서에 서명했다 는 기사를 내보냈다. 그 대가로 미국 최대 음반사는 상당한 선불금과 주식을 받았다는 소식이 담겨 있었다. 하지만 비밀스러운 별도 합의는 전혀 언급되지 않았다.

　소니 뮤직, EMI 그리고 유니버설 뮤직은 이제 기차에 올라탔다. 에 크의 마지막 장애물은 워너 뮤직이었다. 워너 뮤직도 진작 서명할 준 비가 되어 있었으나, 무료 계정의 세부 사항과 관련하여 계속 저항했 다. 스포티파이의 이사들은 막판 대결을 준비했다. 개발자들은 워너 뮤직이 접근할 수 없는 숨겨진 기능을 뮤직 플레이어에 탑재했다. 워 너 뮤직이 저작권을 갖고 있어서 스포티파이에서는 들을 수 없는 곡 들의 목록도 사용자에게 보여 줄 생각이었다. 이렇듯 에크는 워너 뮤 직이 합류하지 않더라도 미국에 진출할 준비를 빠짐없이 해 놓았다.

　워너 뮤직과의 최종 협상까지 몇 시간이 남아 있어서 에크는 임원 진과 함께 화상 회의를 진행했다. 스톡홀름은 오후, 뉴욕은 아침이었 다. 그는 워너 뮤직과의 협상에서 강경 노선을 취할지 아닐지를 투표에 부쳤다. 한 사람만 빼고 모든 이사가 강경 노선에 표를 던졌다.

회의를 마친 뒤에 콘텐츠 담당 이사인 파크스와 재무 담당 이사인 스테르퀴는 워너 뮤직의 본사가 있는 51번가 맨해튼의 북쪽으로 향했다. 1930년대 불황기에도 위대함이 가능하다는 것을 상기시키기 위해서 건설된 마천루인 록펠러 센터에 워너 뮤직이 위치했다. 3년 전 여기서 에크는 로렌손에게 전화를 걸었었다. 협상에 실패하고는 괴로워하면서 말이다. 하지만 2011년 여름이 된 지금, 스포티파이는 자신 있었다.

파크스와 스테르퀴는 몇 명밖에 안 되는 워너 뮤직의 협상가들이 있는 회의실에 도착했다. 워너 뮤직은 유럽에서 무료 계정의 서비스를 더 제한해 주기를 원했다. 무료 사용자를 완전히 없애는 것까지 요청하지는 않았으나, 사용자들에게 무료 계정을 덜 매력적으로 보이게 하고 싶어 했다. 파크스는 회의실 분위기를 감지했다. 협상 상대들은 권한이 크지 않은 듯했고 아마도 워너 뮤직이 벌써 내년 예산에 스포티파이에서 얻는 수익을 집어넣은 것 같았다. 스트리밍에서 발생한 수익은 협상에 참여한 이들의 개인 보너스나 자기네 사장들의 보너스 정도에 불과할 수도 있었다. 파크스는 그들에게 최후통첩을 했다.

"우리는 여기까지만 동의하겠습니다. 그걸 받아들이시든지 아니면 그만두시지요."

스포티파이, 마침내 미국 상륙

(‖ Signed, Sealed, Delivered)

워너 뮤직은 그 조건에 동의했다. 파크스와 스테르퀴는 웃으며 여름 열기가 느껴지는 건물 밖으로 나왔다. 그들은 스톡홀름에 전화를 걸었다. 만족스러운 합의를 했다고 말했다. 스포티파이에 대한 투자자들의 요구는 이제 충족되었다. 유럽과 미국의 저작권이 모두 갖춰졌다. 페이스북과의 협력은 진행 중이었다. 6월 17일 DST, 액셀 그리고 클라이너 퍼킨스로부터 8천만 달러가 스포티파이의 계좌로 굴러 들어왔다. 스포티파이의 고위 경영진 가운데 한 사람이 말했다.

"펑, 10억 달러의 가치."

7월 6일에 스포티파이는 세세한 부분은 일단 빼고 미국에서 곧 서비스를 시작한다는 소식을 발표했다. 커뮤니케이션 담당 이사인 앙엘라 밧츠Angela Watts는 기자들의 전화를 받지 않았다. 워너 뮤직의 계약서는 아직 오지 않았다.

다음 화요일, 7월 12일에 에크는 8번가에 있는 스포티파이의 사무실 주변을 돌아다녔다. 금색 무늬가 찍힌 짙은 감색 티셔츠를 입은 에크의 휴대 전화 두 대가 계속해서 진동했다.

"사람들은 편리함에 대해 지불할 준비가 되었습니다."

에크는 전화를 건 〈뉴욕 타임스〉 기자에게 말했다.

"음악을 듣고 싶을 땐, 15개 정도 되는 다른 싱크 프로그램이라든지 어떤 것도 걱정할 필요가 없습니다. 재생을 누르기만 하면 될 만큼 간단하니까요."

　이튿날 오후 워너 뮤직이 서명했다. 미국 사용자들은 매달 5달러만 지불하면 광고 건너뛰기, 컴퓨터에서 무제한 듣기를 할 수 있었다. 그 두 배를 지불하면 그 곡들을 오프라인에 저장할 수 있었고 휴대 전화에서도 들을 수 있었다. 다만 아직까지는 무료 계정을 사용하려면 초대가 필요했다.

　"곡이 아니라, 플레이리스트로 음악을 전하다." 〈뉴욕 타임스〉의 기사 제목은 이랬다. 이 기사는 아이튠즈, 스포티파이 그리고 파일 공유에 어떤 차이점이 있는지 잘 구분해 주었다.

　"내일 미국에 '드디어' 스포티파이가 들어온다니 너무 기대돼!"

　브리트니 스피어스도 트위터에 썼다.

100개의 계정이 9분 만에 동나다

‖ Euphoria

　에크는 친구이자 동업자인 칸과 함께 미국 전역을 즐겁고 가벼운 마음으로 여행을 했다. 그들은 뉴욕에서 샌프란시스코를 거쳐서 로스 앤젤레스까지 갔다. 그들은 웨스트 할리우드에 있는 부티크 호텔에 머무르며 베벌리힐스의 스타 요리사인 노부유키 마츠히사의 레스토랑에서 식사했다. 그런 다음 그들은 산호세로 들렀다가 콜로라도의 애스펀 스키장으로 갔다. 분위기는 가벼웠다. 칸은 에크가 미국 공항에서 검은 피부의 친구와 관련되기를 원치 않는다고 농담했다. 장난스러운 트윗을 날리기도 했다.

"나: 다니엘, 우리 어디로 가는 거야? 그: 쉿, 나를 모르는 척해. 난 너처럼 발가벗겨져 조사받고 싶지 않다고."

뉴욕에서 스포티파이가 바쁘게 움직이고 있었다. 피프티 센트에서 샤키라까지 모두가 다른 사람들에게 스포티파이로 초대하는 링크를 보냈다. 테크 뉴스를 다루는 웹 사이트 '더 버지'는 100개의 계정을 상품으로 걸고 제비뽑기 이벤트를 벌였는데 9분 만에 끝났다. 스포티파이 입장에서는 서비스에 접근하는 사람들이 많아지는 것 자체가 중요했다. 배우 애쉬튼 커쳐도 지인들에게 스포티파이로 초대하는 링크를 보냈다.

"빽을 써 보려고 했는데, 이게 최선이야."

공급이 수요를 따라잡지 못할 지경이었다. 예를 들어 모토롤라와 스프라이트에 제공한 10만 개의 계정도 이벤트로 금방 소진되었다. 어떻든 간에 대중이 스포티파이에 열광하게 만들었다며 커뮤니케이션 담당 이사인 밧츠는 능력을 인정받았다.

스포티파이는 유료 가입자를 둔 랩소디, 모그MOG, 알디오와 같은 스트리밍 회사를 진작 제쳤다. 160만 명의 유료 사용자와 800만이 넘는 무료 사용자를 가진 에크는 스트리밍 시장을 선도하게 되었다.

어느 여름날 저녁, 샌프란시스코에서 에크는 샌프란시스코만灣의 경치가 한눈에 들어오는 으리으리한 집에서 스포티파이의 미국 진출을 축하하는 파티를 열었다. 1700년대 프랑스 스타일로 지어진 그 집은 대리석 기둥과 풀장 그리고 영화관까지 갖추었다. 그곳은 스포티파이의 새로운 대소유주인 밀러의 집이었으나, 정작 그는 파티에 참석하지 않았다. 검정색 차들이 큰 대문을 통과해서 줄지어 들어오는 가운데, 진입로를 따라서 손님 한 사람이 혼자서 걸어오고 있었다. 실수로 주차를 집 밖에 한 에크의 오래된 친구였다. 그에 따르면 집의 길이는 수백 미터나 되었다.

미국에서 제일 비싼 주택들 가운데 한 곳에서 에크는 위대한 승리를 축하했다. 그 집에서 15분 떨어진 팰로앨토에는 잡스의 점잖은 벽돌 주택이 있었다. 이렇게 스톡홀름 출신의 유망주는 미국에 왔다.

페이스북과는 협력을,
비츠와는 경쟁을

▶

음반사의 저작권은 미국 시장을 여는 열쇠였다. 그러나 대중에게 깊은 인상을 남기기 위해서는 IT 온라인 매체 '테크크런치', '올씽즈디'나 〈뉴욕 타임스〉에 소개되는 것만으로는 충분하지 않았다. 스포티파이가 성공하려면 미국의 대학 캠퍼스와 10대 청소년이 있는 모든 가정의 컴퓨터에 닿을 수 있어야 했다.

운 좋게도 에크에게는 친구가 있었다. 미국 인구의 절반에게 뮤직 플레이어를 눈 깜짝할 사이에 노출시킬 수 있는 능력자였다. 2011년에 초반에 팰로앨토에서 에크는 그 친구를 만나서 스트리밍된 음악이 네트워크에 퍼져야 한다는 자신의 생각을 이야기했다.

"친구들하고 음악을 공유하고 싶은 건 당연하겠죠."
페이스북 회장인 저커버그가 말했다. 그는 사내에 있는 자신의 사무실에서 회의를 열었다. 벽이 유리로 되어 있어서 모든 직원이 바깥에서 안을 자유롭게 볼 수 있었다. 그곳에서 5분 거리에 스탠퍼드 대학교가 있었다. 저커버그와 실리콘밸리의 많은 다른 사람이 재능 있는 직원들을 찾을 때는 그곳으로 갔다.

이날 저커버그는 가장 가까운 동료 몇 명을 회의에 참석시켰다. 그 중 제품 담당 이사인 크리스 콕스가 있었다. 짧은 머리와 두꺼운 눈썹이 인상적이었다. 그 자리에는 스포티파이의 제품 담당 이사인 쇠데스트룀, 제품 개발 담당 이사 미셸 카디르Michelle Kadir 그리고 다른 여러 동료도 함께했다.

"사람들은 친구들이 무슨 종류의 음악을 듣는지는 그리 신경을 쓰지 않는 것 같아요. 오히려 같은 취향의 사람들이 무엇을 듣는지를 알고 싶어 하고요."

쇠데스트룀이 말했다. 장신에다가 금발인 그 스웨덴인은 평소 스포티파이에 대해서 유리처럼 맑은 비전을 가지고 있었다. 에크처럼 그도 인터넷이 어디로 향할지를 예측하기 좋아했다. 쇠데스트룀은 자신의 관점을 거의 포기하는 법이 없었다. 그러나 지금 이야기를 나누는 상대가 페이스북 창업자라 여느 때와는 달리 좀 더 타협점을 찾으려 애썼다. 저커버그는 고집스럽게 자신의 노선을 추구했다. 스포티파이 사람들은 저커버그가 다른 이의 말을 자르거나 자신과 다른 의견을 무시하는 장면을 목격했다. 저커버그는 결단을 내린 듯했다.

"사람들은 자기 친구들과 음악을 공유하고 싶은 거예요."

그런 식으로 페이스북과 스포티파이와의 대통합을 위한 기틀이 마련되었다. 그 프로젝트는 에크에게 완전히 새롭고 거대한 근육을 선사할 것이다. 동료들은 프로젝트에 '헐크'라는 이름을 붙였다. 기대가 하늘을 찌를 듯 높았다. 이 시기에 스포티파이의 사용자는 1천만 명에 거의 가까워졌다. 페이스북의 도움을 받는다면 5억 명에 다다를 거라고 예측되었다.

페이스북의 경악스러운 요구

‖ Raw Like Sushi

저커버그의 사이트가 더페이스북 닷컴이라고 불리기 시작할 때부터 진작 그는 네트워크의 음악에 관심을 가졌다. 저커버그는 와이어호그Wirehog라는 프로그램을 운영했다. 와이어호그의 사용자들은 그림, 서류 그리고 MP3 파일을 서로에게 전송할 수 있었다. 파일 공유 서비스가 2006년에 완전히 막을 내린 뒤 당시 페이스북의 대표였던 파커는 음악 산업의 어려움을 예감했다. 그로부터 5년 뒤 저커버그는 예전의 아이디어와 새로운 아이디어를 통합할 기회를 보았다.

2011년 초 에크와 저커버그는 친구가 되었다. 그들은 페이스북의 캠퍼스를 산책하며 음악의 미래에 대하여 깊이 있는 대화를 나누었다. 이즈음에 저커버그는 오픈 그래프를 만들었다. 페이스북 타임라인에 다양한 앱을 접목할 수 있도록 개발된 개방형 플랫폼이었다. 외부 업체는 오픈 그래프를 이용하여 자사 앱을 페이스북에 올릴 수 있게 되었다. 그 앱들은 사용자에 대하여 더 많은 것들을 페이스북에 알려 주었다.

2011년 2월에 스포티파이 사람들은 팰로앨토에 있는 페이스북의 캠퍼스로 초대받았다. 특별하게 고안된 회의실에서 사람들이 일하고 있었는데 몇몇은 아예 바리케이드를 쌓고 있었다. 그들은 페이스북에 스포티파이를 노출하는 중이었다. 페이스북의 개발자는 아티스트와 곡을 위하여 태그를 만들었다. 청색과 백색이 조화를 이루는 페이스북 홈페이지의 오른쪽에는 네트워크에 있는 사람들이 어떤 종류의 음악을 듣고 있는지 나타나게 했다. 링크를 클릭하면 스포티파이의 계정에 빠르게 등록할 수 있었으며, 컴퓨터에 뮤직 플레이어를 설치해서 바로 음악을 듣는 것도 가능했다.

어느 날 저녁 팰로앨토의 후키 스시 식당에 공동 협력을 축하하는 자리가 마련되었다. 페이스북과 불과 몇 분 거리에 자리한 그 식당은 저커버그의 단골집이었다. 저커버그는 로렌손 바로 맞은편에 앉았다. 옆에는 스포티파이의 제품 개발 담당 이사인 카디르와 기술 개발자인 안드레아스 블릭스트Andreas Blixt가 앉았고, 페이스북의 제품 담당 이사인 콕스와 저커버그의 약혼녀인 프리실라 챈이 앉았다. 탁자의 한쪽 끝에는 초록색의 스포티파이 피케 스웨터를 입은 에크가 앉았다. 그 옆에는 정수리가 벗겨지고 귀 주변의 머리카락이 회갈색인 키 작은 남자가 있었다. 다름 아닌 밀러였다. 페이스북에 막대한 투자를 한 이 러시아 억만장자는 스포티파이에도 투자를 했다. 밀러는 이 무리에 끼는 것을 어색해하면서 에크와 가장 많이 대화를 나누었다. 그러나 그는 두 기업이 서로에게 도움되는 모습을 보고 만족스러워하는 듯했다. 이 모임이 주문한 수백 개의 스시는 미니어처 나무 보트에 담겨 제공되었다. 저커버그는 최근 새해를 맞아 자신이 죽인 동물의 고기만 먹겠다는 결심을 한 터라 이날은 채식으로 식사를 했다.

저녁 식사 동안 '아랍의 봄'(2010년 12월 북아프리카 튀니지에서 시작되어 아랍, 중동 국가, 북아프리카 일대로 확산된 반정부 시위—옮긴이)이 진행되고 있었다. 시위자들이 카이로의 타흐리르 광장을 가득 메웠으며 각종 사회적 매체를 통해 메시지를 퍼뜨렸다. 소위 '이집트의 페이스북 혁명'은 단 며칠 만에 독재자인 호스니 무바라크 대통령을 사퇴하게 했다. 페이스북과 트위터는 민주주의의 투사로 찬사를 받았다. 하지만 그해 말 페이스북은 새로운 프로파간다와 가짜 뉴스를 퍼뜨리는 데도 사용되었다. 다른 여러 국가에도 같은 일이 벌어지자 저커버그는 위기를 맞았다.

그러나 2011년 초였던 당시의 저녁 식사 자리에서는 낙관론이 끝없이 이어졌다. 저커버그는 세계 시민들을 연결해 준 26세의 기념비적인 인물이었다. 그는 한 살 더 많은 에크라는 마음 맞는 친구를 발견했다. 그들은 세상의 모든 음악을 사람들이 나누도록 할 것이었다.

식사를 마칠 무렵, 모임에서 너무 많은 음식을 시킨 게 확실해졌다. 스포티파이의 개발자인 블릭스트는 얼마나 과식을 했던지 앞으로 스시를 먹는 일은 없을 거라고 다짐할 정도였다.

봄에 페이스북의 특별한 요구가 담긴 메일이 처음으로 스톡홀름에 도착했다. 스포티파이의 제품 팀은 작은 글씨가 가득한 화면을 스크롤하다가 한 가지 요구 사항을 보고 걱정스러워했다. 저커버그는 사람들이 페이스북 계정을 통해서 스포티파이의 서비스를 이용하기를 원했다. 이는 스포티파이가 받아들이기 쉽지 않은 요구였다. 음악을 듣는 것과 어떤 음악을 듣는지를 지인에게 이야기하는 것은 별개였다. 더군다나 그렇게 하면 유럽의 여러 시장에 새로운 사용자가 유입되는 것을 가로막을 수 있었다. 페이스북이 아주 잘 알려진 스웨덴에서조차 전체 인터넷 사용자 가운데 절반 정도만 페이스북을 이용했다.

페이스북의 요구는 스포티파이 직원들의 감정을 자극했다. 음원 서비스는 모든 사람에게 접근 가능해야만 한다. 이것은 에크의 원칙 가운데 하나였다. 그러나 세계에서 제일 큰 소셜 네트워크의 지원을 받으려면 타협해야만 했다. 에크는 저커버그가 원하는 대로 해 주었다.

트러블 메이커, 숀 파커

⏸ My Way

파커에게 페이스북과의 협력은 특히 중요했다. 그는 저커버그의 멘토였으며 스포티파이의 이사회 임원이었다. 지금 그는 합법적인 방법으로 경계 없는 디지털 음악이라는 일을 실현시키기 직전이었다. 냅스터와 함께였다면 절대로 가능하지 않았을 것이다. 2011년 8월에 그는 페이스북과의 프로젝트를 가까이서 살피기 위해서 비행기를 타고 스톡홀름으로 향했다. 어느 오후 그는 스포티파이의 사무실에 있는 책상에 몸을 앞으로 숙이고서 다른 사람에게 모니터 화면을 가리켜 보였다.

파커의 피드백은 종종 디테일했다. 쇠데스트룀의 동료들은 한숨을 쉬었다. 파커는 분명히 에크의 귀였다. 냅스터 창업자의 주문 가운데 어떤 것은 스포티파이의 기본 아이디어에 반했다. 예컨대 제품 팀이 2011년 봄에 완성한 다운로드 스토어가 그랬다. 거기에서 사용자들은 아이튠즈에서처럼 음원 파일을 다운로드하거나 자신의 아이팟에 동기화할 수 있었다. 에크가 여러 해 동안 외면해 왔던 사업 모델이 갑자기 스포티파이의 일부가 되었다. 인터넷에서는 아이튠즈와의 이 짝짓기를 '미녀와 야수'라고 불렀다.

또한 파커는 아이튠즈에서처럼 제품 팀에게 탭을 하나 만들게 했다. 그러고선 사용자들이 CD에 MP3 파일을 구울 수 있도록 했다. 그 아이디어는 쇠데스트룀의 생각과는 너무 달랐다. 하지만 파커의 아이디어는 2011년 5월에 상용화되어 실제로 대중에게 선보였다. 그러나 몇 개월도 안 되어 사용자들은 이 기능을 외면했고 결국 그 프로젝트는 단명하고 말았다.

파커의 공상은 전부 감당이 안 되었다. 하지만 파커는 실리콘밸리에서 가장 중요한 중재자 중 하나였고, 스포티파이의 이사회에서 계속 적극적으로 활동했다. 저커버그는 곧 이를 문제로 여기게 되었다. 회사에 대한 파커의 충성심이 너무나 강하다는 것이 이유였다.

페이스북에 스포티파이를 입히다

  2011월 9월 22일 비리예르 얄스가탄 6번지의 스포티파이 본사에서는 긴장한 기색이 역력한 직원들이 라이브 스트림을 주시하고 있었다. 시간은 스톡홀름이 저녁 8시, 그리고 샌프란시스코는 점심 식사 직전이었다. 회색 티셔츠를 입고 무대에 오른 저커버그가 최근 5억 명의 사용자가 같은 날 페이스북에 들어왔다고 이야기했다. 더더욱 흥미진진한 것은 이 늘어난 계정을 가지고 페이스북이 이제 무엇을 실현시킬 수 있는가였다.

  "다음 시대는 앱과 참여의 깊이에 의해서 정의될 것이고, 그것은 이제 가능합니다."

  매년 페이스북이 개최하는 개발자 콘퍼런스인 F8 동안 저커버그는 넷플릭스, 훌루 그리고 스포티파이와 같은 기업과의 협력 현황을 소개했다. 한 시간여의 프레젠테이션이 진행되는 동안 그는 친구들과 함께 음악을 듣는 것이 이제 얼마나 간단해졌는지를 보여 주었다. 별도로 스포티파이를 열거나 설치할 필요가 없었다. 이 전부가 페이스북에서 한 번의 클릭으로 가능했다. 하지만 사실 그 기술은 복잡했기에 스포티파이의 동료들은 긴장하고 있었다.

  저커버그는 자신의 친구가 무슨 음악을 듣고 있는지를 보여 주는 페이스북 오른쪽의 목록을 대충 훑었다. 모니터는 그의 뒤에 걸린 거대한 스크린에 투사되었다. 친구들 가운데 한 명이 페이스북의 최고 기술 책임자인 마이크 슈뢰퍼였다. 그는 제이 지와 카니예 웨스트가 함께 부른 〈웰컴 투 더 정글〉Welcome to the Jungle을 듣는 중이었다.

"나는 제이 지를 좋아해요. 자, 이제 갑니다!"

저커버그가 그 곡을 클릭하자 조용해졌다. 제일 중요한 것은 그 음악이 바로 재생되는 것이었다. 그런데 하필 지금 뮤직 플레이어에 버퍼링이 일어나는 듯했다. 4초가 흐르고 나서야 마침내 그 곡의 드럼 소리가 스피커를 통해 흘러나왔다. 샌프란시스코에서는 관중이 박수를 쳤다. 스톡홀름에서는 동료들이 한숨을 돌렸다. 페이스북에는 음악이 입혀졌고, 스포티파이는 그 음악의 납품 업자였다.

얼마 뒤 저커버그가 인스타그램과 왓츠앱 같은 회사를 사들였다. 스냅챗처럼 인수에 실패한 앱은 곧 저커버그와 살인적인 경쟁을 해야 했다. 이에 비해 스포티파이는 그 어떤 경쟁사도 없는 것 같았다. 즉, 세계가 가장 탐내는 광고 지면을 차지한 셈이었다.

저커버그는 자신의 애창곡들 가운데 하나인 다프트 펑크의 〈하더 베터 패스터 스트롱거〉Harder Better Faster Stronger에 맞추어 에크에게 무대로 나와 춤을 추라고 했다.

"더 열심히 일해서 세상을 더 좋게 만들어, 더 빨리 해서 더 우리를 강하게 만들어." 자동 조율된 필터를 거쳐 노래가 흘러나왔다. 에크는 회색 재킷에 스포티파이 로고가 찍힌 검정색 티셔츠를 입고 있었다. 그는 무대 위에서 4분이라는 시간을 허락받았다. 프레젠테이션을 할 수 있는 몇 안 되는 손님이었다. 두 기업 간의 협업은 스포티파이가 8억 명의 전 세계 페이스북 사용자에 닿을 수 있는 기회를 제공했다.

"오늘은 페이스북에게 중요한 날이고 스포티파이에게도 중요한 날입니다. 그러나 가장 중요한 것은 음악을 사랑하는 모든 사람에게 중요한 날이라는 점입니다."

그는 이제 사용자들이 어떻게 페이스북 친구의 음악 취향을 발견할 수 있는지를 설명했다. 마치 누군가의 음반 컬렉션을 뒤적거려 보는 셈이었다. 에크는 저커버그가 테일러 스위프트를 좋아하며, 자신은 부끄럽게도 1980년대 히트곡을 좋아한다고 농담했다.

"고마워요, 다니엘."

페이스북 회장이 말하고는 다시 마이크를 넘겨받았다.

"이 사람들이 만든 앱을 저는 정말로 좋아합니다. 수백만 명의 더 많은 사람 또한 스포티파이를 즐겨 사용할 거라고 생각합니다."

사실 상황은 보이는 것처럼 순조롭지만은 않았다. 에크는 그 전날 스포티파이가 페이스북의 음악 부문에서 유일한 동업자가 아니라는 말을 들었다. 그는 15개의 다른 음악 앱과 잘 지내야 했다. 사운드클라우드, 프랑스 디저, 샌프란시스코에 기지를 둔 모그 그리고 미국의 스트리밍 개척자인 랩소디 등이었다. 그러나 완전한 플레이리스트를 갖추고서 무료 서비스를 제공하는 업체는 스포티파이가 유일했다.

역시 주목을 받은 것은 스포티파이였다. 파커는 샌프란시스코 중심에서 몇 분 떨어진 곳에서 엄청난 뒤풀이를 준비했다. 사재를 털어 가재, 테킬라, 프로슈토를 대접했다.

"스포티파이의 서비스는 믿어지지 않는군요."

에미넴의 매니저인 폴 로젠버그Paul Rosenberg가 파티 중에 말했다. 복잡한 파티장에서 초기에 스포티파이의 디자인을 책임졌다가 나중에 페이스북으로 옮긴 안데손의 모습도 보였다. 파커는 이 파티를 고대하고 있었다.

"사람들은 저 자가 음악 사업을 망가뜨렸다고 그래요. 저 사람은 음악 사업을 망가뜨리는 것을 원치 않았어요. 그는 음악 사업을 사랑합니다."

파커의 친구인 세바스찬 드 핼럭스Sebastien de Halleux가 파티가 시작될 때 지역 신문 기자에게 말했다. 그는 해양에서 활동하는 드론을 설계하는 세일드론Saildrone의 설립자였다. 그날 파티가 끝날 때까지 더 킬러스와 제인스 어딕션 등의 밴드들이 연주를 했다.

"LBC에서 벌어지는 수많은 일들, Snoop D-O-G-G이 되는 건 힘든 일이지."

래퍼 스눕 독은 회색 운동복을 입고서 랩을 했다. 나중에는 아예 무대 아래로 내려와서 환호하는 관중 사이를 휘저었다.

파커는 무대 뒤에서 입 가장자리에 얇은 바늘을 꽂은 듯 보이는 스눕 독과 사진을 찍었다. 저커버그와 에크도 함께 사진을 찍었다. 저커버그, 에크, 스눕 독 그리고 파커가 찍은 이 사진은 초대된 기자들에게 보내졌고, 곧 전 세계에 퍼졌다.

"지난밤 숀 파커가 페이스북의 기세를 꺾어 버렸다."

기술 뉴스를 다루는 인터넷 매체 '비즈니스 인사이더'는 이러한 제목을 달아 기사를 썼다.

몇 주 뒤 저커버그와 파커 사이의 긴장 관계가 처음으로 명백하게 드러났다. 웨스트 할리우드에 있는 나이트클럽을 방문한 뒤에 그들은 스포티파이와의 협업 조건을 두고 회의를 했다. 파커는 사용자가 페이스북 계정을 어쩔 수 없이 만들어야 하는 상황을 원하지 않았다. 그 소식은 미국의 타블로이드 신문에 전해졌고 스포티파이를 둘러싼 마찰을 다룬 기사가 나왔다. 나중에 스포티파이의 대변인은 두 사람이 그저 토론을 했을 뿐 어떤 갈등도 없다고 강조했다.

스포티파이는 미국에서 페이스북 덕분에 엄청난 광고 효과를 누렸다. 2011년 3월에서 11월 사이에 스포티파이의 유료 계정 사용자는 100만 명에서 250만 명으로 급증했다. 그리고 1년 안에 스포티파이의 가치는 세 배로 뛰었다.

비츠, 새로운 프로젝트를 시작하다

‖ The Next Episode

2011년 이른 가을, 스톡홀름의 브롬마 공항에 개인 전용기가 착륙했다. 비츠의 공동 창업자며 유니버설 뮤직의 우두머리인 아이오빈이 내렸다. 그는 비츠의 운영 총괄 사장인 루크 우드와 몇 명의 직원을 대동했다. 그들은 새롭고 비밀스러운 스트리밍 서비스의 전문가들과 회합하려고 스톡홀름에 왔다.

비츠의 대표단은 스톡홀름의 금융 지역으로 가서 노비스 호텔에 체

2011년 9월 샌프란시스코에서 페이스북과 함께한 스포티파이 출시. 왼쪽부터 마크 저커버그, 다니엘 에크, 스눕 독, 숀 파커. ©Kevin Mazur / WireImage / 게티이미지코리아

크인을 했다. 그들은 스포티파이 본사에서 단 몇 블록밖에 안 떨어진 노르말름 광장Norrmalmstorget이 내려다보이는 이 호텔의 제일 큰 스위트룸을 예약했다. 비츠는 미국 대중문화에 센세이션을 일으켰으며 엄청난 매출을 기록하고 있는 헤드폰을 팔고 있었다. 음악 업계에서 아이오빈의 지위는 계속 성장해 왔다. 아이오빈은 지금이 스포티파이를 도발할 때라고 생각했다.

"우린 이길 거야."

아이오빈이 이 방문 기간에 여러 차례 말했다. 그는 지난 10년 동안 유니버설 뮤직과 다른 음반사가 스트리밍 서비스의 개발에 실패하는 것을 목격했다. 그렇다고 스포티파이를 만든 스웨덴의 엔지니어들에게 승리를 안겨 주고 싶지 않았다. 게다가 그는 시장의 틈새를 보았다. 음악 업계에 뿌리를 둔 스트리밍 서비스 가운데 라이프 스타일을 소개하는 것은 없었다. 2010년대이기는 해도 MTV와 유사한 집결지를 건설하고 싶었다. 그리고 그러한 회사는 최근에 팀 쿡이 CEO 자리를 이어받은 애플에 파는 게 적당했다. 혹은 구글이나 마이크로소프트에.

며칠 동안 비츠의 대표단은 스톡홀름의 디지털 음악 세계에서 여러 중추적인 인물을 사귀었다. 그들의 가이드는 3년 전에 페이스메이커를 선보이려 아이오빈을 만났던 사스였다. 아이오빈은 거의 60대의 나이에 가까웠으나 여전히 가죽점퍼와 후드 티셔츠를 입고 야구 모자를 썼다. 우드는 아이오빈보다 20세나 어렸지만 재능 있는 동반자였다. 그는 너바나와 소닉 유스 같은 밴드와도 일했었다.

아이오빈과 우드는 엔도 만났다. 엔은 스포티파이의 첫 번째 최고 기술 책임자로, 당시에는 랩Wrapp이라는 스타트업 기업에 관여하던 중이었다. 그들은 프로젝트의 기술 담당 이사로 엔을 고용할 생각이 있었다. 하지만 엔은 그다지 흥미를 보이지 않았다. 그리고 스포티파이 경쟁사에 정규직 이사로 일하고 싶지 않았다. 사스도 페이스메이커의 뛰어난 옛 동료인 프레드릭 빈노Fredric Vinnå를 만났다. 사스의 짐작으로는 새로운 스트리밍 서비스를 기초부터 개발할 수 있을 사람이었다. 그러나 빈노는 프로펠러헤드Propllerhead에서 일하는 데 만족해했다. 더군다나 그 회사가 소프트웨어 신시사이저를 전문적으로 다루고 있는 데 비해 비츠의 새로운 프로젝트는 약간 흐리멍덩하게 여겨졌다. 빈노가 보기에 아이오빈이 개발하려는 것이 무엇인지 확실하지 않았다. 사스는 아이오빈에게 새로운 프로젝트에 자신이 참여할 수 있다고 주장했다. 개인 전용기는 다시 브롬마 공항을 날아올랐다. 사스는 컨설턴트로 그 프로젝트에 참여하게 되었다.

휴먼 큐레이션에 집중하다

Ⅱ Anarchy in the U

몇 주 뒤인 2011년 10월 4일 사스는 런던의 만다린 오리엔탈 호텔 밖에 서 있었다. 이날 그는 조만간 비츠의 높은 사람들에게 자신의 아이디어를 보여 주어야 했다. 로마식 기둥으로 장식된 호텔 입구로 사스가 들어가려는데 기자, 파파라치 사진사 그리고 호기심에 가득 찬 팬들의 거대한 무리가 방해했다. 누군가 미국 팝스타가 이 호텔에 묵고 있다고 타블로이드 신문에 귀띔해 주었음이 틀림없었다.

사스는 호텔 수위에게 들여보내 달라고 해서 아이오빈의 회의실로 갔다. 비트포트라는 디제이 포털에서 일했고 스트리밍 프로젝트의 회장으로 예정된 요나스 템펠Jonas Tempel과 우드도 그 자리에 있었다. 사스는 아이오빈 가까이에 서 있는 팝스타 그웬 스테파니에게 인사를 건넸다. 근처에 '닥터 드레'로 불리는 아이오빈의 사업 파트너인 안드레 영과 비츠의 주식을 소유한 스타 프로듀서인 윌.아이.엠도 있었다.

사스는 큰 스크린에 자신의 노트북을 연결해서 자신이 '비츠 오디오 네트워크'Beats Audio Network라고 이름 붙인 서비스를 프레젠테이션했다. 설명은 아이오빈의 취향에 맞추어 준비했다. 사스는 비츠를 미디어 기업으로 생각하고 개발해야 한다고 이야기했다. 채널, 프로그램, 프로필을 갖추고 '휴먼 큐레이션'human curation에 집중해야 한다고도 했다. 휴먼 큐레이션이란 사람이 직접 곡들을 선별하여 플레이리스트를 만드는 것을 뜻했다. 아이오빈은 고개를 끄덕였다. 마지막 말이 그의 머리에 제대로 박힌 듯했다. 사스가 음악 비평 사이트 '피치포크', 잡지 《와이어드》와 《롤링 스톤》 그리고 자동차 기업 크라이슬러 등과의 협업을 제안했을 때 아이오빈의 얼굴이 밝아졌다. 그와 같은 크로스 프로모션은 자신이 잘하는 분야였다. 아이오빈은 격려의 말들로 프레젠테이션을 마쳤다. 그러면서 목표는 스포티파이의 경쟁 상대를 최대한 빨리 시장에 내놓는 것이라고 말했다.

이튿날 저녁 아이오빈의 아들이 고급 나이트클럽에서 연주를 했다. 닥터 드레와 비츠 무리 가운데 다른 많은 사람이 모였다. 경호원들은 그들의 모임이 열린 장소의 입구를 지켰다. 마실 것들이 넘쳐흘렀고 사스는 그 모임을 즐겼다. 밤늦게 손님들 가운데 여럿이 휴대 전화를 질겁하며 쳐다보았다. 56세의 나이로 잡스가 죽었다. 사인은 그가 7년 전에 수술했던 췌장암의 재발이라고 나중에 전해졌다. 갑자기 다들 급해졌다. 아이오빈과 다른 사람들은 서둘러 집으로 돌아가서 조의를 표했다. 그 비보가 그들의 프로젝트에 어떤 영향을 미칠지 조사도 해야 했다. 사스의 런던 여행은 그렇게 갑작스럽게 종결되었다.

그때 에크는 다음과 같은 트위터를 날렸다.

"스티브 고맙습니다. 당신은 제 인생의 아주 많은 부분에 진정한 영감을 주었습니다. 직원과 전문가들한테도요. 제 모자를 벗어 우리 시대의 다빈치에게 경의를 표합니다."

PART 3

실험

사상 최대의 위기를 넘기 위한
스포티파이의 끊임없는
실험이 계속되다

언제 닥칠지 모르는 위기

페이스북과의 협력 덕분에 불과 몇 개월 사이 스포티파이의 사용자는 700만 명으로 늘어났다. 그러나 에크는 만족하지 않았다. 폭발적인 성장만이 회사의 생존을 보장할 수 있었다. 그즈음 스포티파이에서는 급속도로 유행어가 퍼져 나갔다.

"겨울이 오고 있다."

바로 드라마 〈왕좌의 게임〉에 등장하는 유명한 대사였다. 이 인기 있는 HBO 시리즈에서 스타크 가문은 긴 겨울이 곧 올 것임을 끊임없이 상기한다. 백귀들이 높은 얼음 장벽을 넘으면서 전쟁이 일어날 거라면서 말이다.

스포티파이에게 백귀는 세계 최대의 테크 기업들이었다. 여러 기업이 음악 스트리밍 쪽으로 지금 막 움직이고 있었다. 애플은 아이튠즈를 클라우드로 옮겼다. 제프 베조스는 아마존 클라우드 플레이어를 계속 개발 중이었다. 구글은 구글 플레이 뮤직을 이용하려고 계획을 세웠다. 스포티파이는 기술만큼은 자신 있었지만 경쟁사들의 규모에 긴장했다. 2011년 중반에 애플은 거의 8천만 달러 가까운 자산을 보유했는데 계속해서 그 숫자는 커졌다. 새로운 CEO로 취임한 쿡은 스포티파이를 40~50배의 가격을 지불하더라도 사들이려 했다.

스포티파이 창업자들은 정말 빨리 성장해서 이 같은 위협에서 벗어나기를 바랐다. 그러면 아티스트들은 스포티파이에 우호적이게 될 것이다. '규모에 따라 모든 것이 변한다'는 실리콘밸리의 명언처럼.

한계를 넘어 규모를 확장하다

‖ Push It

2011년 가을에 스포티파이와 페이스북의 협업은 폭풍 같은 비판을 야기했다. 많은 사용자가 페이스북에서 갑자기 자신이 선택한 음악이 공유되는 것에 분노했다. 그리고 음악을 공유하고 싶지 않을 때 그 기능을 끄는 것이 어렵다고 여겼다. 에크는 트위터로 고객 서비스에 응대했다.

"현재 다양한 것을 시도 중입니다. 우리는 피드백을 중시합니다. 여러분이 전달하는 피드백을 기반으로 변화해 가려 합니다."

에크는 스포티파이의 새로운 버전을 만들고 있음을 알렸다. 사용자가 어떤 음악을 재생하는지 아무도 알 수 없게 말이다. 에크는 불만을 토로하는 한 사용자에게 트윗을 남겼다.

"우리 의도는 여러분에게 불필요한 정보를 보내는 것이 아닙니다."

또한 스포티파이를 처음 사용할 때 페이스북 계정이 있어야 하는 것도 큰 논란거리였다. 에크가 사용자들에게 개선을 약속하는 데는 시간이 걸렸다. 스포티파이 입장에서는 새로운 사용자를 최대한 많이 끌어들이는 것이 가장 중요했기 때문이다. 에크는 페이스북과의 협업을 미국에서 입지를 확실히 다지는 큰 기회로 여겼지만 예상만큼 빠른 속도로 진행이 안 된다는 느낌을 받았다.

"왜 우리는 더 빠르게 성장하지 못하는 걸까요?"

에크는 페이스북과의 협업이 시작된 직후 어느 동료에게 보내는 메일에서 이러한 의문을 표했다. 당시 그의 바람은 '더 열심히, 더 잘, 더 빠르게, 더 강하게'라는 말에 집중되었다. 동료들에게 메일을 보낼 때마다 이 말을 자주 언급했다. 그는 회의 시간에 임원진에게 질문을 거듭하거나, 결정자가 누구인지 정확하게 하느라 여러 동료 앞에서 한 사람을 야단치기도 했다. 때로 에크는 회의가 끝나기 전에 그 동료에게 사과를 건넸다.

2011년 에크는 자신의 요구를 들어줄 이사를 채용했다. 33세의 알렉스 노스트룀Alex Norström은 의류 브랜드인 아크네의 인터넷 상거래를 성장시킨 경험이 있었다. 최근 노스트룀은 수천만 명이 즐기는 휴대 전화용 게임 개발사인 킹닷컴의 높은 자리에 올랐었다. 그는 다른 사람을 희생시키는 농담을 좋아했으며, 스포티파이에서 출세하고 싶어 했다.

에크는 노스트룀에게 명확한 임무를 주었다. 스포티파이에 1억 명의 사용자를 만들라는 것이었다. 2011년 말 스포티파이가 보유한 사용자보다 10배나 많은 숫자였다. 에크는 저커버그가 페이스북에서 그랬듯 똑같이 '성장Growth 팀'을 만들었다. 노스트룀은 이 팀의 팀장이자 이사가 되었고 개발자를 따로 두었다. 에크는 그 팀을 자유롭게 해주고 거의 개입하지 않았다. 성장 팀에게는 세 가지 목표가 부여되었다. 첫째, 새로운 고객을 만들어라. 둘째, 새로운 고객이 자신의 계정을 활성화하게 하라. 셋째, 부지런한 사용자가 되게 하라. 페이스북의 원칙처럼 각각이 '획득, 활성화, 기억'과 관련 있었다. 노스트룀의 팀원들은 그 목표를 달성하기 위하여 계속해서 여러 방법을 썼다. 예를 들어 스포티파이를 연결한 페이스북의 사용자에게 모든 친구들을 스포티파이로 초대하게끔 한다든지 했다.

노스트룀은 끊임없이 숫자를 살폈다. 특히 '둘째 날 재방문'은 특별히 중요한 수치였다. 다시 말해서 그 사용자는 스포티파이에 더 큰 신뢰를 보여 준다고 할 수 있었다. 뿐만 아니라 노스트룀은 매일 그리고 매달 얼마나 많은 사람이 스포티파이를 청취하는지도 살펴보았다. 숫자가 많으면 많을수록 더 많은 사용자가 스포티파이를 더 신뢰하게 되어 결국 유료 결제에 이르는 경향이 있었다. 여러 다른 앱처럼 스포티파이는 페이스북의 사용자 데이터에 접근이 가능했기에 이러한 분석이 가능했다.

2011년 가을에 매일 수만 명의 신규 사용자가 스포티파이에 유입되었다. 그러나 페이스북으로부터 유입되는 사용자는 수동적인 사용자라고 볼 수 있었다. 점진적으로 노스트룀과 성장 팀은 적극적인 사용자를 끌어들이는 다른 방법을 강구했다. 바로 마케팅에 좀 더 비용을 책정한 것이다. 마케팅 비용을 더 쓴다고 손해는 아니었다. 사용자가 스포티파이에 머무는 기간 동안 지니는 가치, 즉 '고객 생애 가치'보다 마케팅 비용이 높지 않은 이상은 스포티파이 입장에서는 수지가맞았다.

에크는 스포티파이를 최적화하는 동시에 새로운 국가에 진출했다. 2011년에는 오스트리아, 벨기에, 스위스에서 서비스를 시작했다. 2012년에는 독일에 진출했는데 이때 예외적인 조치를 취했다. 페이스북은 독일에서 스웨덴이나 영국처럼 인기가 높지 않아서 사용자가 페이스북을 통하지 않고도 스포티파이에 가입할 수 있게 해 주었다. 그리고 몇 개월 뒤인 2012년 9월에 페이스북 계정을 거쳐 스포티파이에 접근하도록 했던 페이스북의 조치가 없던 일이 되었다. 같은 해에 스포티파이는 오스트레일리아와 뉴질랜드에도 진출했다. 확장 담당 이사인 악셀 바드 브링예우스Axel Bard Bringéus의 노력 덕분이었다.

다니엘 에크의 새로운 목표

(‖ Rocket Man)

2012년 중반이 되자 스포티파이는 12개국에서 1,500만 명의 적극적인 사용자를 보유하게 되었다. 그 규모는 1년 전보다 두 배나 컸다.

에크는 스톡홀름과 아파트를 장만해 뉴욕에서 시간을 보냈다. 스웨덴에 있을 때면 그는 오전 10시 정도에 출근해서 적어도 저녁 7시까지 머물렀다.

스웨덴에서 에크는 일정표에 별도의 일정을 적어 두곤 했다. 그러한 일정이 있을 때는 퇴근 후에 다시 로그인을 했다. 스톡홀름의 사무실에서 약 20분 거리에 있는 우덴플란Odenplan 광장 가까이에 있는 아파트에서 말이다. 미국의 서부 해안 지역에 사는 사람들이 집으로 가는 시간에 맞추어 새벽 2시나 3시에 그는 주로 일했다.

연말부터는 스포티파이의 재무 담당 이사인 스테르퀴가 부회장을 맡아 왔다. 에크는 이제 본인이 가장 재미있다고 생각하는 것에 집중했다. 에크는 스포티파이의 비전을 고민하면서 동시에 스톡홀름에서는 제품 개발에 집중했고, 뉴욕에서는 음악 사업을 했다.

스포티파이는 평균 하루에 한 명을 고용했다. 첫 번째 주에 새로 고용된 사원이 그다음 주에 입사한 신입을 안내해 주었다. 사무실에 직원이 없는 유일한 시간은 오전 8시였다. 에크나 로렌손도 아침형 인간은 아니었다.

밀러와 다른 벤처 투자사의 투자금은 스포티파이에 새로운 가능성을 열어 주었다. 처음으로 에크는 테크 분야의 대기업에서 일했던 외국계 이사들을 고용할 수 있었다. 그렇게 고용된 판매 담당 이사 제프 레빅Jeff Levick은 인기도 많았고 스포티파이에 수년 동안 남았다. 그 외의 대기업 출신들은 단명했다. 구글에서 6년간 근무했던 마켓 담당 이사 테이머 파만 파메이안Teymour Farman-Farmaian은 엄격한 스타일이어서 아랫사람을 자주 야단치곤 했는데 1년 남짓 있다가 떠났다.

2012년 여름에 스포티파이의 동료들은 비리예르 얄스가탄에 있는 얄라휘셋 건물로 이사했다. 회사는 7층에서 9층 그리고 11층에 자리 잡았다. 사무실에는 밝은 색의 가구들을 배치했고, 텔레비전 게임용 오락실과 탁구실을 갖추었다. 11층의 사내 식당에서는 스톡홀름의 스카이라인을 감상할 수 있었다. 로렌손은 '담배를 피워 대서' 이웃을 쫓아내고 건물 전체를 점령해야겠다고 농담을 해댔다.

스포티파이의 내부 경쟁은 이따금 치열했다. 에크는 마찰을 중재하는 경우가 드물었다. 능력 있는 사람이라면 스스로 문제를 풀 수 있다고 여겼기 때문이다. 그래서 그는 여러 경험을 한 사람을 고용할 가치가 있다고 보았다.

"어서 와요. 재즈 밴드를 같이합시다."

스포티파이의 HR 팀은 종종 이 같은 공고를 냈다. 새로운 동료들에게는 스포티파이의 직장 환경이 즉흥적이라고 느껴질 수 있었다. 뚜렷한 위계질서 또한 없어서, 선임이지만 그 팀의 업무를 맡지 않았던 사람이 기존의 다른 팀을 넘겨받는 일마저 있었다. 때로는 신참들의 임무가 이사들의 업무와 부딪히기도 했다.

에크는 그저 전반적인 것에 주로 신경 썼다. 보다 중요한 그의 목표는 스포티파이가 정말로, 정말로 커져야 한다는 것이었다. 한번은 에크가 한 라디오 방송에서 출연해서 말했다.

"솔직하게 말하면 상당히 고지식한 편입니다. 어쩌면 스포티파이 창업이 가능했던 것도 그래서일 겁니다. 그리고 그다음으로는, 이건

2012년 4월 핑크 플로이드의 《다크 사이드 오브 더 문》의 앨범 재킷을 재해석한 그림 옆에 서 있
는 다니엘 에크. ©Joey Abrait

좀 스웨덴 사람 같지 않을 듯하네요. 그게 아무리 하찮은 방법이라도 정말로 세상을 바꿀 수 있는 것을 하고 싶습니다."

그러나 에크를 잘 아는 사람들은 고지식하다고 하지 않았다. 오히려 기존 체계에 끊임없이 문제를 제기하는 에크의 무한한 열정을 칭찬했다.

이맘때 에크는 핑크 플로이드의 《다크 사이드 오브 더 문》Dark Side of the Moon 앨범 재킷을 재해석한 그림을 선물받았다. 원래 그 재킷에는 광선이 프리즘을 통과해서 무지갯빛 스펙트럼을 만들어 내는 그림이 있는데, 에크가 선물받은 그림에는 특별히 프리즘 대신 에크의 머리가 그려져 있었다. 이 그림은 미국 주간지 《비즈니스 위크》에 에크의 인터뷰가 실렸을 때 사용되었다.

에크는 페이스북의 사용자가 엄청나게 늘어난 만큼 저커버그가 막강해진 것을 목격했다. 그래서 무엇보다 숫자를, 즉 스포티파이를 사용하는 사람들이 매달 얼마나 되는지를 중요하게 여겼다. 만약 스포티파이가 세계에서 가장 커진다면 아무것도 상관없을 듯했다.

스웨덴 언론의 주목을 받다

❚❚ I'm Coming Out

2012년 에크는 스웨덴의 유명 프로그램에 소개되었다. 3월에 그는 토크쇼 〈스카블란〉Skavlan에 출연했다. 스웨덴 공영 방송 SVT에서 황금 시간대에 방영되는 인기 프로그램이었다. 그는 록스베드의 아파트에서 보낸 어린 시절 이야기로 시청자의 마음을 사로잡았다. 윙윙 돌아가는 서버로 엄청난 양의 음악 파일을 어떻게 공유했는지를 말이다. 무대에서 도저히 따라잡을 수 없는 카리스마를 풍기는 잡스에 익숙한 미국인들 앞에서 공식 석상에 등장했던 것에 대하여 프로그램 진행자가 질문을 던졌다. 에크는 순박하게 말했다.

"저한테는 자연스럽지가 않았어요. 그러니까, 프로그래머로 시작했잖아요."

몇 개월 뒤 그는 스웨덴 국민의 사랑을 받는 라디오 프로그램 〈P1의 여름〉Sommar i P1에 출연했다. 90분간 음악을 틀면서 자신의 삶을 솔직히 공유했다.

"저도 다른 사람들처럼 기분이 우울할 때, 아무래도 충분하지 않은 것 같을 때, 슬럼프에 빠지곤 합니다."

그 방송을 하기 전에 에크는 방송사의 축음기 아카이브를 구경시켜 달라고 요청했다. 방송사 직원은 약 400만 개의 공연 실황을 모아 놓은 축음기 아카이브를 보여 주었다. 자신이 왜 그랬는지는 방송 중에 설명했다.

"스포티파이가 만들고 싶었던 것이 바로 축음기 아카이브였어요. 이 아카이브가 여러분 휴대 전화에 있다고 상상해 보세요."

그러고선 에크는 자신의 가족, 록스베드에서의 성장 과정 그리고 IT 사업가로서의 첫 번째 사업 등에 대한 이야기를 했다. 어렸을 적 혼란스러웠을 때 어떻게 정체성을 찾았고, 어떻게 스포츠카를 샀는지, 또한 짧은 기간 동안 우울함에 빠졌던 이야기와 현재의 이야기도 들려 주었다. 10대 시절 여러 해커 포럼에서 사람들과 어떤 장난을 쳤는지도 설명했다. 그들 가운데 한 사람이 파커였다. 청취자들은 비로소 어떻게 스웨덴 사람과 미국 사람이 뉴욕에서의 첫 만남에서 서로를 발견했는지 알게 되었다.

"과거에 우리 두 사람이 같은 채팅 네트워크에서 어울리며 대화를 했었다는 사실을 그때 알게 되었어요. 세상을 접수하겠다느니 뭐 그런 얘기요."

그는 음악 사업에 대하여 약간의 농담을 했고, 뉴욕에 있는 자신의 매니저 사무실을 망가뜨린 유명한 드러머 이야기를 꺼냈다. 어느덧 에크가 23세의 나이로 로렌손과 함께 스포티파이를 시작한 지 6년이나 되었다. 스포티파이는 600명의 직원을 두고 있었으며 여름이 끝날 즈음에는 스톡홀름에 있는 더 큰 사무실로 이사할 예정이었다. 이제 직원이 너무나 많은 나머지, 그가 잘 모르는 사람도 있었다.

"몇 달 전에는 너무 바빠서 회사에 거의 가지를 못했어요."

에크는 그 시기에 출장이 잦았다. 많은 아이돌과 U2의 보컬인 보노를 만났다. 또한 록 아이콘인 닐 영과의 특별한 일화를 간직하게 되었다. 런던, 싱가포르 그리고 뉴욕 여행으로 지쳐서 샌프란시스코에 도착했을 때 일어난 일이었다. 흰색 캐딜락 한 대가 에크가 머물던 호텔로 왔는데 그 안에 영이 타고 있었다.

"그가 나를 차에 태운 뒤에 두 시간 동안 음악 이야기를 나누었어요. 동화 속에 있는 건 아닌가 하고 생각했지요."

같은 해 영은 에크에게 삼각형 모양의 뮤직 플레이어인 포노플레이어PonoPlayer의 프로토타입을 보여 주었다. 그러고선 2015년에 스트리밍 서비스를 출시했다.

에크는 베벌리힐스에서 그래미상 시상식 전날인 2012년 2월 11일에 점심 식사를 한 이야기도 했다. 같은 식탁에는 영과 전설적인 음반사 사장인 클라이브 데이비스도 같이 있었다. 클라이브 데이비스는 초기에 스포티파이를 도와주었던 음악 전문 변호사인 프레드 데이비스의 아버지다. 클라이브 데이비스는 거의 30년 가까이 휘트니 휴스턴의 멘토였다. 그날 휴스턴은 그래미상 시상식 전에 열리는 파티에 귀빈으로 참여할 예정이었다. 그런데 점심을 먹던 클라이브 데이비스가 전화를 받더니 급하게 자리를 떠났다.

"나와 영은 무슨 일이 일어났는지 영문을 몰랐어요."

에크가 이야기했다. 응급 처치 요원이 뛰어가는 모습이 보였는데 잠시 뒤 휴스턴이 그 호텔에서 죽었다는 비보가 전해졌다. 에크는 그래미상 파티가 어떻게 슬픔을 토로하며 뜬눈으로 밤을 지새우는 자리가 되었는지 설명했다.

에크는 이제 폐쇄적인 음악 사업계에서 그 어떤 방해도 받지 않고 활동했다. 로스앤젤레스를 여행하면서 그는 유니버설 뮤직 회장인 그레인지와 시끌벅적한 파티에서 만나 사진을 찍었다. 바로 한 해 전 스포티파이의 혼란스런 미국 협상에서 주도권을 쥐고 흔들었던 인물 말이다. 그 파티에는 낯익은 지인 몇 명이 나타났다. 다름 아닌 유니버설 뮤직의 우두머리인 아이오빈과 래퍼인 루다크리스였다.

에크의 스케줄이 촘촘했던 것은 최근 이 같은 일들이 있었기 때문이었다. 2011년 겨울 그는 스포티파이를 창업한 이래 처음으로 긴 휴가를 보냈다. 그는 칸 등과 함께 브라질의 남부 해안으로 여행을 떠났는데, 그 여행은 인상 깊은 추억을 선사했다. 미국 언론에서는 저커버그와 파커도 그곳에 있었다고 보도했다. 그러나 미혼자로서 에크의 시간은 그리 오래가지 않았다.

"아주 특별한 사람을 만났습니다. 온갖 것들을 이겨 내려면 무언가 정말 특별한 것이 필요하다는 걸 알게 되었지요."

에크가 라디오 프로그램에서 말했다. 그가 지칭한 사람은 다름 아닌 아내가 될 소피아 레반데르Sofia Levander였다.

소피아 레반데르와의 러브 스토리

(‖ The Power of Love)

두 사람의 로맨스는 레반데르가 에크에게 인터뷰 요청을 하면서 시작되었다. 그녀는 답을 받지 못하자, 곧 연락을 다시 하겠다면서 에크에게 무례하다는 메시지를 남겼다. 그게 에크의 관심을 끌었다. 에크는 레반데르가 리얼리티 쇼에 참여했었다는 것을 알게 되었다. 인터넷에서 매력적인 그녀를 찾는 것은 그리 어렵지 않았다. 에크가 레반데르에게 연락한 뒤에 그들의 관계는 빠르게 깊어졌다.

레반데르는 에크보다 2년 연상으로 국제적인 삶을 살았다. 그녀는 큰 저택이 즐비한 부유한 동네인 유스홀름Djursholm에서 성장했다. 그곳에는 스웨덴의 부유층이 많이 산다. 레반데르는 교육자 집안에서 성장했으며, 아버지는 정신의학 교수, 어머니는 심리학자다. 레반데르가 4살 때 부모님은 이혼했다.

레반데르는 생각하는 바를 말하는 것을 두려워하지 않았다. 그리고 세상을 제대로 바라보려고 애를 썼다. 그녀는 단데뤼드Danderyds 고등학교를 졸업하자마자 바로 외국으로 건너가 공부했다. 2001년 9월 11일 에크가 여전히 고등학교를 다니던 때 20세의 그녀는 뉴욕에 있었다. 페이스 대학교에서 홍보와 마케팅을 배우던 중이었다. 그날 이른 아침부터 그녀는 이스트 빌리지의 아파트에서 나와 남쪽으로 가고 있었는데, 테러 공격이 발생했다.

"쌍둥이 빌딩에 불이 붙은 것을 봤어요. 그 건물들에서 뛰어내리는 사람들도요."

레반데르는 몇 시간 뒤 스웨덴 석간신문 〈아프톤블라뎃〉Aftonbladet의 인터뷰에 응했다.

뉴욕에서 시간을 보내고 난 뒤 레반데르는 스톡홀름 대학교에서 대중 매체학을 공부했다. 이때 공부와 함께 방송 일도 병행했다. TV3에서 방송된 일종의 리얼리티 쇼인 〈스웨덴 여성들〉Svenska Flickor에 출연한 것이다. 이후 에크가 스포티파이가 될 제품을 갈고닦는 동안에 레반데르는 리비아에 있었다. 〈월스트리트 저널〉의 부록인 〈스마트 머니〉Smart Money에 기사를 쓰기 위해서였다.

　에크와 레반데르가 만났을 때 레반데르는 코스타리카에서 2년을 보내고 막 스웨덴에 돌아온 차였다. 에크는 라디오 방송에 출연한 직후인 2012년 7월에 자신들의 관계를 주변에 알렸다. 몇 개월 뒤 레반데르는 임신했고, 2013년 6월에 딸 엘리사Elissa가 태어났다.

제멋대로인 공동 창업자, 마르틴 로렌손

(‖ Animal)

　에크에게 가족이 생기는 동안에 로렌손은 여러 해 동안 자유롭게 지냈다. 게다가 회사에서 그는 아무런 간섭을 받지 않았다. 사실 그는 스포티파이에 고용된 적이 없었다. 하루는 금융에 몰두했다가 그다음 날은 중요한 자리에 사람을 채용하거나 회사 파티를 계획했다. 대소유주인 로렌손은 다른 직원들처럼 일할 필요가 없었다. 그저 그가 생각하는 것이 중요했다.

　대표 이사로서 회의를 주최하기에 앞서 이사회의 파커와 다른 사람들에게 요점을 전달하는 사람이 바로 로렌손이었다. 투자자인 패르손, 재무 담당 이사인 스테르퀴 그리고 저작권 협상가인 이바손 등에게 말이다. 그는 스포티파이에 그만큼 중요한 인물이었음에도 때때로 사내에서 외발 자전거를 타고 다녔다.

　2012년 가을에 로렌손은 스투레플란 광장에 있는 리치Riche라는 바의 단골이 되었다. 금융권 사람들이 법조인, 패션 디자이너, 정치가 그리고 기자와 어울리는 곳이었다. 그는 정기적으로 보수당인 온건당의 전략가인 페르 슐링만Per Schlingmann을 만나서 스포티파이의 이슈를 논의했다. 또한 정기적으로 그는 래퍼인 페테르Petter나 온건당 정치가인 안나 신베리 바트라Anna Kinberg Batra 같은 손님들을 사무실로 초대했다. 그러고선 방문객에게 으레 질문을 던졌다.

"무슨 일을 하고 있는지 얘기 좀 해 주세요."

로렌손은 자주 운동을 했는데, 하루에 두 번도 했다. 스쿼시와 골프를 치고 산악 오토바이를 탔다. 사무실에서 어느 날 그는 서서히 제품 담당 이사인 쇠데스트룀의 동료에게 다가가 엄숙하게 제안했다.

"우리 골프나 한번 칠까요?"

로렌손과 함께 일했던 사람들은 그의 갑작스러운 공상, 도무지 쉬지 않고 움직이는 정열, 종종 적절치 않은 농담에 대하여 증언했다. 언젠가는 사업 미팅차 외국인들을 만났는데, 스포티파이 동료한테 "똥을 싸야겠다."며 스웨덴어로 크게 말한 적도 있었다.

"그는 가만히 앉아 있는 것을 좋아하지 않아요. 회의를 아무리 짧게 해도 회의실에 잡아 두는 건 불가능하다니까요."

어떤 옛 동료는 이렇게 말하면서 덧붙였다.

"하지만 소똥도 약에 쓸 때가 있는 법이죠."

로렌손은 이상한 구석이 있었으나 어찌 됐건 회사를 돌아다니며 일했다.

로렌손은 이상한 유머로도 유명했다. 어느 주말에 스포티파이의 중

회의 중에 춤을 추는 마르틴 로렌손. ©Rasmus Andersson

간 간부에게 전화를 걸었다. 마침 그 사람은 여자 친구와 산책 중이었는데, 로렌손이 전화를 걸었다는 것을 확인하고 전화를 받았다.

"여보세요, 마르틴."

"거시기! 거시기이이이이!"

"…."

그 동료는 잠시 망설였다. 로렌손이 자신이 원하는 것을 반복했다.

"거시기 하란 말이야!"

하는 수 없이 그 동료는 길 한가운데서 전화기에 동물 소리를 내야 했다. 그러자 로렌손은 만족해했다. 비록 옆에 있던 여자 친구는 무슨 일이 일어났는지 이해하지 못했지만.

로렌손이 직원에게 전화를 걸어서 거시기를 요청한 것은 그게 처음이 아니었다. 그는 사람들이 임무를 여러 가지 의미로 해석하는 것을 즐겼다. 어떤 사람은 열정적으로 수행했고, 또 어떤 사람은 냉랭하게 굴었다. 일부는 불편하고 뜻을 알 수 없는 그의 말이 글로벌 기업에 맞지 않는다고 여겼다. 거시기 유머는 사람들이 자신을 편하게 느끼게 하려는 로렌손만의 방법이었는지 모른다. 어쩌면 로렌손은 동료들이 내는 동물 소리가 본인들에 대한 무언가를 말해 준다고 생각했을 수 있다. 그래서 그 농담을 회사의 이사에서부터 얄라휘셋에 9층에 있는 그들의 비서에게까지 누구든 상관없이 다 건넸을런지도 모른다.

"이봐, 그러면 거시기 조금만."

로렌손은 스포티파이의 영국 자문가인 칸에게도 엉뚱한 트윗을 보냈다. 에크가 자신의 스타일을 리더에게 걸맞게 바꾸는 동안, 공동 창업자인 로렌손은 여전히 멋대로였다. 한편 로렌손은 다른 수십억 크로나짜리 회사를 준비하고 있었으며 나름대로는 잘될 거라고 생각했다.

조세 피난처 의혹을 정면 돌파하다

Ⅱ Taxma

로렌손은 스포티파이에서 '스웨덴의 유산'을 보존하는 것을 중요하게 생각했다. 그래서 매년 스톡홀름에서 열리는 신입 사원 환영회인 '인트로 데이즈'Intro Days에 항상 참여했고 직접 이벤트 플래너 역할을 하기도 했다. 2013년 6월에 스포티파이는 며칠 동안 진행되는 호화스러운 콘서트에 약 1천 명의 직원을 초대했다. 이때 로렌손은 비용 일부를 개인적으로 부담했다.

시간이 갈수록 로렌손은 스포티파이 이외의 일도 하게 되었다. 2013년 4월에 그는 텔리아의 이사회 임원이 되었다. 1990년대에 로렌손이 인턴으로 근무했던 스웨덴 최대 통신사였다. 그런데 임명 직전에 곤란한 사건이 발생했다. 스웨덴 공영 라디오 방송은 로렌손이 키프로스와 룩셈부르크에 재산을 옮겨서 세금 납부를 회피했다고 보도했다. 스포티파이의 홍보 팀은 침묵으로 뉴스에 대응했다. 로렌손의 변호사는 '영리 본위'의 이유를 들어 해명했다. 이어 6월에 로렌손이 경제 신문 〈다겐스 인두스트리〉에 직접 칼럼을 써서 자신의 페이퍼 컴퍼니를 변호했다.

"나는 스웨덴과 외국에 대규모의 일자리를 제공한 두 건실한 스웨덴 기업을 세웠다는 데 자부심을 가집니다."

칼럼에서 그는 1990년대 말 이후 '미친 아이디어'에 투자하고자 하는 스웨덴 투자자를 찾기가 어려웠고, 그래서 돈을 외국으로 옮겼다고 주장했다. 유명 투자사인 노스존과 크리앤둠 등처럼 그는 세금 천국에 자신의 돈을 배치하는 것을 선택했을 뿐이라면서 다음처럼 설명했다.

"키프로스에 있는 내 투자사 덕분에 나는 일찌감치 깨달았습니다. 미래의 회사들에 독자적으로 재정 지원을 해야 한다는 사실을 말입니다."

로렌손의 회사인 로셀로 컴퍼니 리미티드는 다양한 사업에 관여한 것으로 추측된다. 로렌손은 에크와 함께 칸의 회사인 스튜던트닷컴에 약간의 투자를 하기도 했는데, 아무래도 가장 크게 투자한 곳은 스포티파이였다.

로렌손은 확실히 독특한 투자자였다. 언젠가 자신의 투자 스타일에 대하여 이렇게 이야기했다.

"바구니에 알을 전부 넣고는 주의 깊게 살핍니다."

2012년에 로렌손은 이미 10억 크로나(약 1,300억 원)의 자산을 가진 부자였다. 그는 스웨덴 북쪽의 스키 도시 오레Åre에 집을 소유하고 있다고 한다. 그러나 그는 여전히 트레이드더블러에 있을 때 사들였던 바사스탄의 아파트에 살고 있다.

스포티파이, 음악을 넘어
영상 스트리밍을 넘보다

처음부터 스포티파이에는 침묵의 문화가 뿌리 깊게 자리 잡았다. 음반사와의 합의는 비밀이었다. 고용자들은 비공개에 합의하고 서명을 했다. 다행히 그들은 충성스러웠기에 비밀은 거의 잘 지켜졌다.

2011년 중반에 에크는 비밀스러운 프로젝트를 시작했다. 스포티파이 내에 또 다른 스타트업 기업을 만들었다. 그 프로젝트는 업무상 관련 없는 다른 직원들에게는 공유되지 않았으며, 세부 사항들은 이 책을 통해서 최초로 공개되는 것이다.

2011년 가을에 에크는 자신이 잘 알고 있는 동료 몇 명을 새로운 팀에 합류시켰다. '마그네토'라고 불리는 프로젝트를 위해서였다. 그 프로젝트는 자기장을 통제해서 미사일이나 트럭의 방향을 바꿀 수 있는 〈엑스맨〉의 캐릭터 마그네토에서 이름을 땄다. 스포티파이는 수백만 명의 사용자가 새로운 미디어 버전인 동영상으로 방향을 바꾸도록 할 생각이었다.

에크와 로렌손은 여러 형태의 콘텐츠를 다루는 플랫폼을 오랫동안 구상해 왔다. 이제 그들은 텔레비전 사업을 정복하고 싶었다. 같은 시기에 페이스북은 비디오를 향해 움직였고, 구글은 음악과 소셜 네트워크 모두를 사업에 포함시켰다. 이 시기에 사용자에게 텔레비전을 제공하면 스포티파이가 다른 음악 앱과 차별화되는 동시에, 음반사에 덜 종속될 것으로 예상되었다. 에크는 이 프로젝트의 팀원들이 빠르면서도 집중적으로, 그리고 안정적으로 일하기를 원했다. 이 프로젝트를 잘 알던 한 소식통은 "은밀한 조직이었다."라는 기록을 남겼다.

뉴욕과 스톡홀름의 마그네토 팀에는 약 75명이 소속되어 일을 진행해 나갔다. 곧 에크는 믿음직스러운 두 명의 개발자를 합류시켜 세계 최고의 제품을 개발하게 했다.

베일에 싸인 마그네토 프로젝트

⏸ Do It Again

젊은 시청자들은 유선 텔레비전의 시청을 포기했다. 대신 언제 어디서나 본인이 원할 때 드라마와 영화를 보고 싶어 했다. 이것이 마그네토 팀의 출발점이었다. 스포티파이는 다른 모든 경쟁사보다도 훨씬 빨리 영상을 스트리밍할 수 있는 탁월한 플랫폼을 갖추고 있었다.

스포티파이를 맨 처음 시작했던 것과 똑같이 에크는 기술에서 출발했다. 임무를 받은 개발자들은 내부 채팅에서 그들의 상사에 따라 '룻데'와 '안도마'Andoma라고 불렸다. 이 별명 뒤에는 두 사람이 있었다. 코딩의 천재인 스트리게우스와 영상 스트리밍의 실력자인 안드레아스 스마스Andreas Smas였다.

5년 전 스포티파이는 한 곡이 재생되기까지 걸리는 시간을 정했다. 0.5초. 그 원칙은 계속 적용되었다. 사용자가 재생을 누르면 적어도 0.5초 뒤에 음악이 흘러나와야 했고, 스트리밍은 절대로 중단되거나 해킹되지 않아야 했다. 스트리게우스와 스마스는 그 시간을 단축시키는 데 착수했다. 그들은 파일을 적당히 많은 조각으로 나누어 스트리밍이 빨리 시작되게 만들었다. 미국의 통신사 AT&T와 애플에서 실력을 쌓은 베테랑 에릭 호퍼트Erik Hoffert가 마그네토 팀의 리더가 되었다. 그러나 여전히 스포티파이의 대소유주 가운데 한 사람인 스트리게우스가 에크에게 직접 보고했다.

마그네토 팀의 컴퓨터 프로그래머들은 영상 스트리밍을 아예 새롭게 발명하고 싶었다. 그래서 2011년 12월에 완전히 독자적인 파일 형식을 내놓았다. 파일에는 '스포티파이 영상'을 의미하는 '.spv'가 확장자로 붙었다. 그 파일은 그때까지 통용되던 다른 영상 파일보다 용량이 더 작았다. 스트리게우스는 특히 공간을 절약할 수 있다는 점을 강조했는데 참고로 그의 좌우명은 이러했다.

"매번 당신이 바이트를 소모하면, 결국 모든 것이 힘들어진다."

하지만 그들은 곧 발명품을 포기했다. 아이폰에서 스트리밍이 가능한 형식인 HTTP 라이브 스트리밍이 빠르게 동영상의 표준 형식이 되었기 때문이다. 본래 스포티파이의 영상 스트리밍은 현존하는 P2P 플랫폼으로 운영할 생각이었다. 그러나 휴대 전화가 일반화된 추세를 고려하여 이 옛날 기술은 포기했다. 서버를 통해서 데이터를 저장하는 클라우드 서비스가 점점 더 좋아지고 가격까지 낮아진 데다가 새로운 P2P 솔루션은 특허를 내기가 어려웠기 때문이다.

한편 엔지니어들이 프로그램을 만드는 동안 에크는 그 프로젝트를 이끌 사람을 수소문했다. 제품 담당 이사인 쇠데스트룀이 미국의 미디어 그룹 컴캐스트Comcast의 디지털 제품 담당 이사인 마이크 버클리 Mike Berkley가 적임자라고 추천했다. 컴캐스트는 지상파 방송사 NBC와 유니버설 픽처스를 소유했다. 2012년 봄에 버클리는 가족을 데리고 실리콘밸리에서 뉴욕으로 이사 왔다. 그곳에서 버클리는 에크와 함께 몇 개월간 마그네토 프로젝트의 비전을 설계하는 데 매진했다.

"우린 지금 영상의 황금시대로 들어섰어요."

스포티파이에서 일하기 바로 직전인 2012년 2월에 버클리가 제품 설명에 썼던 표현이다. 버클리와 에크는 디지털 텔레비전 시장에서 틈새를 발견했다. 그들은 라이브 방송과 시청자가 프로그램을 스스로 선택하는 주문형 방송을 모두 제공하려고 했다. 당시 넷플릭스가 옛날 영화와 지난 시즌의 텔레비전 드라마를 지배하고 있었는데, 두 사람은 딱히 넷플릭스와 경쟁할 생각은 아니었다. 오히려 미국의 비디오 스트리밍 서비스 기업인 훌루를 염두에 두었다. 스포티파이는 사용자에게 라이브 전송으로 뉴스와 스포츠 경기를 보여 주고, 드라마 시리즈와 영화를 추천하고자 했다. 그래서 마그네토 프로젝트에는 다음과 같은 설명을 붙였다.

"이 영상 서비스는 개인의 기호에 완전히 맞추어 제공됩니다. 취향과 흥미, 소비 패턴을 통해서요. 어떤 콘텐츠를 원하고, 언제 원하는지도 예상해 드립니다."

사용자는 휴대 전화에서 빠르게 새로운 시리즈와 프로그램을 추천받고 자신의 화면에 저장할 수 있었다. 일반적인 텔레비전 기기, 게임기 그리고 태블릿 PC에서도 서비스 이용이 가능했다. 채널 사이를 이동하는 것도 스포티파이 음악 앱에서 곡을 바꾸듯 간단했다.

에크는 그 텔레비전 서비스의 일부를 무료로 제공한다는 그림을 그렸다. 스웨덴에서는 공영 방송인 SVT와 다른 몇몇 채널을 광고를 포함하여 확보할 수 있었다. 1개월에 300크로나(약 4만 원)를 지불하면 사용자는 광고 없이 온라인과 오프라인 양쪽에서 케이블 텔레비전 방송까지 볼 수 있었다. 처음에는 북유럽 시장을 공략할 계획이었다. 그렇게 된다면 2012년에 스웨덴, 노르웨이, 핀란드 그리고 덴마크에서 스트리밍 서비스를 시작한 HBO 노르딕과의 경쟁이 불가피할 것으로 예상되었다.

에크는 마그네토 팀에 스포티파이 음악 부문의 사람들과 많이 접촉하지 말라고 당부했다. 버클리는 쇠데스트룀에게 업무 현황을 보고하면서 한 달에 한 번은 에크에게 직접 보고했다. 그리고 2012년 말에 버클리는 에크에게 보여 줄 무언가를 해냈다.

음악처럼 영상을 플레이하라

1년에 두 차례 에크는 '전략일'Strategy Days이라고 부르는 행사를 열었다. 50명에서 100명 사이의 이사들과 동료 직원들이 모여 스포티파이의 방향에 대해서 토론하는 것이었다. 전략일에 초대받는 소수의 직원들은 스스로를 자랑스러워했다. 그 회합은 봄과 가을에 진행되었는데, 장소는 주로 미국과 스웨덴에서 교대로 열렸다. 2012년 11월 말에 전략일 행사가 스톡홀름 중심에 있는 한 회의실에서 개최되었다. 밖은 영하의 기온이었고, 행사는 8시에 개최되는 것으로 예정되어 있었으나 아침잠 많은 대부분의 사람들이 제시간에 나타나지 못했다.

"아무것도 불가능하지 않다. 8시에 그곳에 있는 사람들을 제외하고는."

정시에 도착한 스포티파이 직원들은 트위터에 농담을 남겼다.

버클리는 뉴욕에서 비행기를 타고 왔다. 전략일에 비밀스러운 프로젝트를 소개하기 위해서였다. 대략 15명으로 구성된 마그네토 팀의 리더인 버클리는 그날 60여 명의 고위 임원들 앞에서 말했다.

"영상은 스포티파이의 다른 축이 될 겁니다."

그러면서 최근 몇 년간 그의 팀이 완전히 새로운 사용자 경험을 창조하는 데 집중해 왔다고 덧붙였다. 버클리는 3G 네트워크로 연결된 아이패드를 꺼내서 에크조차 아직 보지 못한 앱을 열었다. 갑자기 태블릿 PC는 스웨덴 케이블 텔레비전을 라이브로 전송하기 시작했다. 버클리가 간단히 조작하자 화면은 전혀 지체되는 현상 없이 SVT, TV4, C More 그리고 비아샛 사이를 오갔으며, 화면을 한 번 누르자 방송이 다시 시작되었다. 스트리밍은 라이브 전송에서 재생 모드로 바뀌었다. 모든 것이 스포티파이 뮤직 플레이처럼 빠르게 이루어졌다.

마그네토 팀은 디지털 텔레비전에서의 지체 시간을 프로그램화하여 없애 버렸다. 채널은 다른 채널로 전광석화처럼 건너뛰었다. 스포티파이 역사상 두 번째로 기존 시장의 제품보다 훨씬 더 뛰어난 제품을 만들어 냈다. 그것은 '스포티파이 TV'라는 이름을 얻었다.

마그네토 팀은 스포티파이 본사 사무실에 작은 안테나 다섯 개를 설치했다. 안테나는 스톡홀름 동쪽 자치시인 나카Nacka에 있는 대형 텔레비전 타워와 가장 가까운 남동쪽 모서리에 고정시켰다. 그렇게 해서 스포티파이 사무실에서는 스웨덴의 30여 개 채널을 스트리밍했다. 소스 코드가 개방된 텔레비전 재전송 소프트웨어인 TV 헤드엔드가 채널들을 변환시켜서 버클리의 아이패드로 나오게 했다. 그 획기적인 제품은 스포티파이의 뮤직 플레이어처럼 일단 저작권에 대한 합의를 건너뛰고 세상에 나왔다.

"기술이나 제품은 걱정하지 않습니다. 그 사업이 가능한지의 여부가 걱정스럽죠."

에크가 동료들에게 말했다. 얼마 뒤 버클리와 마그네토 팀은 스웨덴과 미국의 텔레비전 방송사와 협상을 시작했다.

애플 TV를 향한 도전장

마그네토 프로젝트는 영상을 스트리밍하는 앱에 머물지 않았다. 이 때 에크는 하드웨어를 처음으로 만들었다. 그것은 애플 TV의 엔진인 검정색 기기와 비슷했다. 2013년 가을에 스포티파이의 여러 직원이 홍콩과 바로 접한 중국의 선전 경제 특구에 자주 출장을 갔다. 그 지역에서 애플은 아이폰을, 델은 노트북을 그리고 소니는 이어폰을 생산했다. 스포티파이의 직원들은 자신들의 요구에 맞추어 하드웨어를 제작할 수 있는 업체를 수소문했는데 쉽지가 않았다.

스톡홀름에서 에크는 하드웨어의 외부 디자인을 생각하고 있었다. 에크는 한 지인을 떠올렸다. 털이 많고 듬성듬성 흰머리가 보이는 곱슬머리의 42세 사업가, 콘라드 베리스트룀Konrad Bergström이었다.

옛날 티셔츠를 즐겨 입는 그는 스웨덴의 하드웨어 기업인 사운드 인더스트리즈의 창업자 가운데 하나였다. 그 기업은 어반이어스라는 헤드폰 브랜드로 크게 성공을 거두었으며, 마샬이라는 브랜드로 복고풍 스피커도 만들었다. 사운드의 밝고 맑은 색상의 헤드폰은 스포티파이의 광고에도 나왔다. 에크는 베리스트룀과 가정의 여러 방에서 연결하여 사용하는 스피커 시스템인 '멀티룸 스피커'에 대하여 이야기를 나누었다. 스포티파이의 사무실에서 에크는 베리스트룀과 협력 방안을 논의했다.

"우리만의 하드웨어를 만들고 싶어요."

베리스트룀은 열린 자세로 이것이 엄청난 가능성이 있다고 받아들였다. 그는 두 기업이 대대적으로 협력한다면 좋은 사운드 제품을 세상에 내놓을 수 있을 거라 여겼다. 스포티파이의 소프트웨어와 사운드의 하드웨어를 결합하면 말이다. 그래서 베리스트룀은 말했다.

"괜찮은 가격으로 해 줄게요."

곧 비밀스럽게 사운드의 제품 팀은 견본을 제작했다. 베리스트룀의 여러 동료가 "아무리 지인이라도 너무 저렴하다."며 말렸으나, 결국 스포티파이에 청구하는 계산서에는 80만 크로나(약 1억 원)만 올렸다. 베리스트룀은 그 프로젝트로 스포티파이의 성공에 사운드가 승차할 수 있을 거라고 생각했다. 그렇다면 언젠가 두 기업의 협력이 미국의 헤드폰 대기업인 비츠에 사운드가 도전하는 데 도움을 줄 터였다.

베리스트룀은 제품군의 확장을 그려 보았다. 사운드와 스포티파이는 스피커, 헤드폰 그리고 전화기를 함께 만들 수 있을 것 같았다. 나아가 소프트웨어와 하드웨어를 모두 갖춘 세계 일류의 '스웨덴' 애플이 될지도 몰랐다.

이후 몇 달 동안 사운드는 수신기와 무광 검정색 리모컨으로 구성된 텔레비전 시스템을 디자인했다. 플러그 형태의 수신기는 전기 콘센트에 꽂으면 HDMI 케이블을 통하여 텔레비전과 연결되었다. 사용자는 스포티파이 로고가 그려진 리모컨만 있으면 서비스를 쉽게 이용할 수 있었다.

우선 십자 모양으로 네 개의 단추가 있었는데, 위아래로는 스포츠,

드라마 그리고 뉴스 같은 카테고리를, 오른쪽과 왼쪽으로는 각각의 카테고리에 속한 여러 프로그램을 찾을 수 있었다. 이 십자 모양 단추 아래로는 일렬로 단추가 세 개 더 있었다. 하나는 잠시 멈춤과 재생, 그리고 두 개는 뒤로 혹은 앞으로 이동하는 데 사용되었다. 소프트웨어 또한 제작이 완료되었다.

"제품을 즉시 경험할 수 있는 단계까지 왔습니다."

마그네토 프로젝트를 꿰뚫고 있는 한 소식통이 밝혔다. 베리스트룀은 2013년과 2014년에 수없이 스포티파이와 접촉했다. 사운드는 에크의 요청에 따라 시제품 제작비를 몇 백만 크로나로 깎아 주었다.

기업의 운명을 결정하는 갈림길에서 내린 선택

⏸ Torn

2013년 중반에 북유럽 텔레비전 방송사 사장들은 압박을 받았다. 젊은 시청자들은 더 이상 좋아하는 드라마를 텔레비전으로 보지 않았다. 게다가 한 해 전 가을에 넷플릭스가 북유럽에 진출했다. 9월이 되자, 스웨덴에서 넷플릭스는 벌써 가장 인기 있는 서비스로 등극했다.

스웨덴 축구 최고 리그와 스페인의 1부 리그인 라리가를 모두 보여주는 스웨덴의 비아플레이Viaplay는 2위로 밀려났다. 이러한 상황이라 스웨덴의 가장 뜨거운 스트리밍 사업자인 스포티파이는 텔레비전 방송사 사장들과 쉽게 만나서 회의를 할 수 있었다. 서비스를 출시한 지

5년, 스포티파이는 북유럽에서 크게 성공을 거두었다. 스포티파이의 브랜드 파워는 강력했고, 스웨덴에서 전체 성인 가운데 거의 절반이 유료 계정을 사용 중이었다. 텔레비전 방송사 사장들은 에크가 영상 분야에서도 성공을 거두리라 확신했다.

에크는 음악에 투자했던 금액보다 몇 배나 더 많은 수억 크로나를 투자할 준비가 되어 있었고 미국 쪽 방송의 충분한 공급을 원했다. CNN, 카툰 네트워크, 디즈니 그리고 ESPN 스포츠 채널을 기본으로, 여기에 타임 워너부터 Fox, CBS까지 기대했다. 이에 마그네토 팀은 미국의 대형 방송사들과 협상을 진행했다. 많은 사람이 즐겨 보고, 에크도 응원하는 두 팀인 스웨덴의 아이코AIK와 영국의 아스널의 경기를 시청자에게 보여 주는 것도 중요했다. 그래서 스웨덴의 축구 최고 리그의 저작권을 갖고 있는 C More뿐만 아니라 프리미어 리그의 저작권을 갖고 있는 방송사인 비아샛과도 접촉했다.

2013년 어느 날 에크는 요나스 훼그렌Jonas Sjögren을 자신의 사무실에서 접견했다. 디스커버리 네트워크의 스웨덴 사장인 그는 카날5와 카날9 채널을 소유하고 있었다. 또한 스포티파이의 신임 HR 사장인 카타리나 베리Katarina Berg와는 이전에 같이 일했던 동료였다. 그 만남도 베리의 주선으로 이루어졌다. 에크가 텔레비전 사업에 대하여 묻자 훼그렌은 단도직입적으로 이야기를 꺼냈다. 앞서 접촉했던 스타트업 기업인 마긴 TV는 콘텐츠에 너무 낮은 가격을 매기려 들었다면서 설명을 이어갔다.

"우리는 두 개의 수입 축을 가지고 있습니다."

훼그렌은 텔레비전 방송사가 광고, 그리고 배급사에게 받는 수입으로 돈을 번다고 했다. 텔리아, 콤헴, 복세르Boxer 그리고 카날 디지털이 그랬다. 모든 배급사가 낮은 가격으로 방송사와 협상하려고 하지만 쉽지 않다고 했다.

2013년에 에크는 TV4와 수차례 만났다. 그가 직접 방송사에 가기도 했고 반대로 스포티파이에서 사장단을 접견하기도 했다.

북유럽 텔레비전 방송사들은 호기심과 불신감을 둘 다 보였다. 그중에서 비아샷이 가장 심하게 거부감을 드러냈다. 에크의 새로운 제품이 자사와 직접적인 경쟁자가 될 거라고 여겼기 때문이다. 스포티파이는 오래전부터 자리 잡은 방송사와 배급사와의 관계를 손상시킬지 몰랐다. 게다가 방송사 사장들은 브랜드가 약해지는 것을 두려워했다. 과연 시청자가 스포티파이에서 방송사 콘텐츠를 소비하기 시작하면 방송사는 어떻게 될까. 에크는 북유럽 밖에서 이에 대한 더욱 심각한 회의적인 견해를 마주했다.

몇몇 스포티파이 직원들조차 그 아이디어에 문제 제기를 했다. 내부적으로 세부 사항이 공유될수록 더 많은 사람이 의구심을 품었다. 시청자가 선택할 수 있는 텔레비전 콘텐츠가 얼마 안 된다면 음악 부문의 완전한 플레이리스트와 비교될 것이다. 하지만 스포츠 경기, 드라마 시리즈와 CNN 뉴스 등을 두루 갖춘다면 엄청난 투자가 필요했고 사용자에게도 많은 비용을 청구해야 했다.

마그네토 프로젝트의 값비싼 교훈

(‖ Money for Nothing)

에크는 고위 임원진과 함께 스포티파이 TV에 대하여 지속적으로 논의했다. 2013년 5월에 전략일 행사가 스웨덴 북부의 웁살라Uppsala에서 개최되었다. 그때 에크는 비전을 확장시키자고 이야기했다.

다음 수뇌 회담은 가을에 뉴욕에서 개최되었다. 그곳에서 버클리는 텔레비전 사업을 재정비하여 이어 가고 싶다는 의견을 내놓았다. 하지만 스포티파이의 임원진은 분열되었다. 텔레비전 시장에 탁월한 선두 주자가 없다고 판단한 사람들은 에크의 편에 섰다. 사실 넷플릭스나 HBO도 그리 대단하지 않다면서 말이다.

다른 편 사람들은 에크가 도가 지나쳤다면서 음악 사업을 확장하는 데 더 집중하는 편이 낫다고 여겼다. 어쩌면 텔레비전 앱은 스포티파이의 강한 브랜드 파워를 약화시킬 것이다. 또한 사용자의 행동을 변화시키는 것은 무척 어려웠다. 스포티파이에서 음악을 듣는다고 텔레비전까지 스포티파이에서 볼까? 원래 시청하던 케이블 텔레비전, HBO 노르딕, 비아플레이 또는 넷플릭스를 포기하고?

내부 비판에도 불구하고 에크는 마그네토 팀을 격려했다. 그러나 2014년 초에 제품이 완성 단계에 다다르자, 에크와 아주 가까운 동료들조차 성공을 확신하지 못했다. 에크의 야망은 비현실적으로 보였다. 이 시기에 마그네토 팀은 약 75명이 소속되어 일할 만큼 성장했다. 그중 일부는 시장을, 다른 팀원들은 텔리아 같은 통신사들과의 번들용 콘텐츠에 대한 합의 조건을 조사했다. 그 팀은 그동안 직원 월급만으로 1억 크로나(약 130억 원)가 넘는 비용을 썼다. 하지만 스포티파이 TV를 출시한다면 훨씬 많은 비용이 들어갈 예정이었다. 여러 제한이 걸린 북유럽 저작권 패키지를 가져오는 데도 20억 크로나(약 2,700억 원) 정도가 필요했다. 사용자가 무료로 제공받을 자체 하드웨어 비용까지 고려해야 했다. 그리고 스포츠 라이브 방송은 더욱더 비쌀 터였다.

"스포츠가 완전히 망쳐 버렸습니다."

이 프로젝트에 대하여 전후 사정을 이야기해 준 소식통은 이렇게 표현했다. 마침내 에크조차 동요하기 시작했다. 에크는 선택의 기로에 섰다. 이 제품을 만드는 데 거액이 들더라도 사용자가 매월 겨우 300크로나(약 4만 원)만 지불하게 할지, 아니면 현실에 맞게 요금을 올릴지.

8월에 에크는 그 프로젝트의 마지막 기어를 넣었다. 여러 해 동안 유튜브 제품 담당 사장으로 있던 시바 라자라맨Shiva Rajaraman을 채용한 것이다. 스포티파이 TV의 신임 사장이 된 라자라맨은 스톡홀름에 몇 명의 옛 동료를 데리고 왔다. 대신 전임자인 버클리는 2014년 8월 말에 스포티파이를 떠났다.

라자라맨은 우선 하드웨어의 제작을 중단시키고 더 저렴한 조달 업체를 찾았다. 이 과정에서 스포티파이는 값비싼 대가를 치렀다. 더군다나 시간마저 부족했다. 애플 TV는 날로 성장했고 넷플릭스는 이전보다 훨씬 더 커졌다. 미국에서는 훌루와 로쿠 같은 사업자가 텔레비전 스트리밍까지 하고 있었다. 그러나 스포티파이가 어쩌면 아마존 파이어 TV만큼 호환성 좋은 탁월한 하드웨어와 앱을 만들어 낼 수도 있었다.

라자라맨은 유튜브 시절의 지인들에게 메일을 보내고 전화를 걸었다. 그는 북유럽과 미국에서의 출시를 최대한 서둘렀다. 그러나 얼마 못 가서 불가능에 가까운 일이라는 것이 드러났다. 2014년 가을부터 마그네토 팀의 직원은 서서히 줄어들었다. 연말이 되자 거의 아무도 남아 있지 않게 되었다.

완전히 박살난 스포티파이 TV의 꿈

‖ Heartbreaker

베리스트룀은 스포티파이의 임원 한 사람과 점심을 먹고 있었다. 스포티파이의 사무실 건너편에 있던 파랑Farang이라는 식당이었는데, 베리스트룀은 그곳을 박차고 나왔다. 스포티파이에 저렴한 비용으로 해주던 사운드의 비밀스러운 개발 프로젝트는 실패작이 되어 버렸다. 이제 하드웨어는 사라졌다. 멀티룸 스피커와 관련해서도 스포티파이는 사운드의 경쟁사인 미국의 소노스와 협력하기로 했다.

2015년 초에 비리예르 얄스가탄의 스포티파이 본사로 화물이 하나가 도착했다. 화물은 중국에서 배로 수송되었다. 화물 안에는 스포티파이 로고가 들어간 텔레비전 수신기와 리모컨 1천 개가 들어 있었다. 중국 선전의 공장에서 제작이 중단된 제품들이었다.

애플과 비츠,
라이벌끼리 손잡다

에크는 투자자들에게 미국에서 엄청난 성공을 거두겠다고 약속했다. 그러려면 음악 라이브러리와 검색창을 뛰어넘는 탁월한 무언가를 개발해야 했다. 많은 미국인이 음악을 들을 때는 습관적으로 카스테레오를 켜거나 웹 라디오인 판도라를 사용했다. 말하자면 스포티파이에는 '린백'lean-back(수동적으로 콘텐츠를 받아들인다는 뜻으로 반대 개념으로는 '린포워드'lean-forward가 있다.—옮긴이)이 필요했다. 스포티파이의 최초 비전은 사용자가 열심히 음악을 찾고 플레이리스트를 만들어 다른 사람과 공유하게 한다는 것이었다.

"우리는 사용자에게 어떤 음악을 들어야 한다고 절대 강요하면 안 됩니다."

몇 년 전인 2010년 말에 에크는 동료에게 이렇게 당부했었으나 이제부터는 이와 다른 방향으로 나아가야만 했다.

2011년에 스포티파이는 사용자들을 끌어들이고자 라디오 기능을 만들었다. 이 변화는 비츠의 아이오빈 같은 미국의 경쟁사들 때문에 더 빠르게 일어났다.

스포티파이 라디오, 판도라를 압도하다

(‖ FM)

2011년 9월에 제품 담당 이사인 쇠데스트룀이 27세의 개발자인 에릭 벤하손Erik Bernhardsson을 전화로 급하게 호출했다.

"정말 품질 좋은 라디오 기능이 필요해요. 할 수 있겠죠?"

벤하손은 미국 테네시주에서 휴가를 즐기던 참이었다. 새로운 미국 노동 허가 비자를 기다리면서 말이다. 하지만 쇠데스트룀은 되도록 빨리 일에 합류하기를 바랐다. 사용자가 좋아하는 곡을 고르면 유사한 음악들을 제공하는 판도라를 제쳐야 했다. 스포티파이는 사용자가 고른 곡의 장르에 기초하여 유사한 라디오 방송을 제공할 계획이었다.

벤하손은 쇠데스트룀의 제안에 응했고 멤피스에서 뉴욕으로 가는 가장 빠른 비행기에 올랐다. 이튿날 그는 로어 맨해튼의 스포티파이 건물 밖에 서 있었다. 최근 스포티파이는 첼시의 8번가 111번지에 위치한 크고 묵직한 벽돌 건물로 이사했다. 한 블록 전체를 차지하는 그 건물은 예전에 시의 항만 관리 위원회가 입주해 있었다. 승강기를 타고 11층으로 올라간 벤하손은 거의 빈 사무실에서 몇 명 안 되는 동료들을 만났다. 바닥에는 가구와 상자들이 수북했다. 사무실 한쪽 벽면은 거대한 창문이 꽉 채우고 있었다. 북동쪽 방향으로는 중부 맨해튼의 랜드마크인 엠파이어스테이트 빌딩, 메트라이프 빌딩, 크라이슬러 빌딩, 록펠러 센터가 보였다.

이 시기에 매달 3,600만 명이 판도라를 이용했다. 스포티파이의 사용자보다 대략 다섯 배가 넘는 수치였다. 뉴욕 증권가에서는 판도라의 가치를 100억 크로나(약 1조 3,000억 원)로 평가했고, 이는 스포티파이의 거의 두 배에 달했다.

벤하손은 빈 책상을 하나 골라서 약간의 쓰레기를 치운 다음에 일을 시작했다. 스포티파이의 사용자들은 수억 개의 플레이리스트를 만들었다. 그 플레이리스트의 이름들을 보면 장르와의 관련성을 알 수 있었다. '칠웨이브'에는 2000년대 말의 일렉트로닉 팝이 담겨 있었고, '업템포 하우스'에는 빠른 댄스 뮤직이 들어 있었다. 벤하손은 이 같은 플레이리스트들을 분석했으며, 이 작업은 스포티파이의 라디오 기능을 만드는 데 바탕이 되었고 나중에 미국에서 특허까지 얻었다.

3개월 뒤인 2011년 12월에 에크는 스포티파이의 라디오를 세상에 소개했다. 이제 사용자가 곡을 선택하기만 하면 자동으로 유사한 곡들이 연이어 재생되었다.

에크는 라디오 기능이 판도라와 비슷하다는 점을 인정하기는 했지만, 오히려 같은 날 판도라의 주식은 주식 시장에서 5퍼센트나 떨어졌다. 5억 크로나(약 650억 원)가 증발한 셈이었다. 그런데 스포티파이의 라디오는 완벽하지 않았다. 얼마 뒤 꽤 까다로운 사용자들로부터 비판을 받았다. 앱이 대개 예측이 가능한 곡들을 추천하며, 곡 선정 또한 너무 단순하다는 지적이었다. 그러나 스포티파이의 라디오 출시는 미국의 웹 라디오 세계를 지배하던 판도라에게는 종말의 서곡과도 같았다.

비츠, 스트리밍 사업을 시작하다

(‖ Viva Las Vegas)

미국에서 스포티파이가 새로운 실험을 하는 동안에 아이오빈은 음악 업계의 동료들과 함께 전혀 다른 종류의 스트리밍 기업을 세웠다. 바로 '비츠 뮤직'이었다. 2012년 1월 7일 스포티파이의 라디오 출시 이후 몇 주가 지난 뒤 아이오빈은 라스베이거스로 갔다. 태양이 카지노 도시를 내리쬐는 가운데 대규모 소비자 전자 제품 박람회인 CES가 한창이었다.

라스베이거스에 모인 비츠의 이사들은 스트리밍 프로젝트 '데이지'Daisy에 대하여 논의했다. 데이지는 비츠의 사장인 우드가 키우는 개 이름이었다. 이사들은 호화스러운 더 윈 호텔의 회의실에 모였다. 록밴드 나인 인치 네일스의 보컬인 트렌트 레즈너도 그 자리에 함께했다. 레즈너는 그 프로젝트의 크리에이티브 디렉터로 일할 예정이라 운영 총괄 사장인 사스와 함께 제품 개발 계획을 세웠다.

2인조는 프레젠테이션에서 닥터 드레, 윌.아이.엠 그리고 그웬 스테파니 등이 플레이리스트를 만드는 휴먼 큐레이션 기능을 보다 발전시키는 방안을 내놓았다. 정말 주목받은 것은 '더 센텐스'The Sentence라는 기능이었다. 더 센텐스 탭에 들어가면 '어디에서', '무엇을', '누구와', '어떤 장르'에 해당하는 빈칸들이 있는 문장이 있고, 사용자가 이 빈칸에 원하는 단어를 채우면 앱이 이에 알맞은 플레이리스트를 찾아 주었다. 사용자는 '집에서', '반항을', '친구와 함께', '힙합' 등을 앱에 입력하기만 하면 끝이었다. 이사회는 프레젠테이션을 듣더니 이 기능을 맘에 들어 했다. 그들의 생각에는 사람이 하는 것이 '스웨덴 로봇들'이 하는 것보다 훨씬 더 나았다. 곧 환호가 이어졌다. 닥터 드레도 진지하게 박수를 보냈다.

지미 아이오빈의 다음 포석

⠿ Runnin Down a Dream

라스베이거스에서의 흥분과 열기가 잦아들자, 아이오빈은 스트레스와 불만을 표출했다. 아이오빈 또한 에크처럼 일이 빠르게 진행되지 않으면 참지 못하는 성미였다. 아이오빈은 불과 몇 개월 안으로 스트리밍 서비스가 완성될 거라고 여겼다. 사스는 안 될 것도 없었으나 비츠가 비非인터렉티브 저작권에 서명해야 한다고 설명했다. 하지만 그렇게 되면 스포티파이가 아닌 판도라 스타일에 가까운 결과물이 나올 터였다.

그때 사스는 예전 동료인 빈노를 기술 담당 이사로 채용하는 데 성공했다. 좀처럼 응하지 않고 애를 태우던 빈노는 로스앤젤레스로 이사했다. 그런데 스웨덴인 빈노와 미국인 트렌트는 공통점이 많았다. 빈노는 트렌트처럼 머리가 길었고 검정색 옷을 즐겨 입었으며 제품 디자인에 대하여 평하는 것을 좋아했다. 그들은 비벌리힐스에 있는 트렌트의 모던한 빌라에서 어울리며 깊은 이야기를 나누었다. 그리고 두 사람은 아이오빈을 이해시키는 데 성공했다. 스트리밍 서비스를 제대로 만들려면 시간이 걸린다는 점을 말이다. 그들은 스포티파이에 도전하고 싶었으나 시간이 부족했다.

시간을 벌기 위해서는 스트리밍 회사를 사들일 필요가 있었다. 선택지 중 하나는 샌프란시스코에 본사를 둔 스트리밍 서비스 알디오였다. 아이오빈은 알디오의 창업자인 센스트룀을 만났다. 하지만 센스트룀은 엄청난 액수를 불렀다. 아이오빈 입장에서는 받아들이기가 힘들었다. 다른 선택지는 모그였다. 그 기업도 샌프란시스코에 본사가 있었으며 40명의 직원들이 일했다. 이 기업은 스포티파이보다 1년 먼저 세워졌으나 경쟁 대상이 못 되었다. 2012년 3월에 비츠는 모그를 1,400만 달러라는 시시한 액수로 사들였다. 그때까지 사스는 비츠의 새로운 프로젝트의 책임자로 있었다. 하지만 곧 프로젝트는 새로운 국면으로 접어들었고 사스는 비츠에서 퇴사했다.

동시에 빈노의 위상이 높아졌다. 그는 비츠의 주식을 받았으며 제품 담당 사장이 되었고 자신의 팀을 실리콘밸리의 핵심 인재들로 채웠다. 꿈만 같았으나 일은 몹시 힘들었다. 2013년에 빈노는 샌프란시스코만이 내려다보이는 멋진 경치의 아파트를 장만했다. 하지만 도저히 인

테리어를 할 시간이 없었다. 그는 자정까지 일할 만큼 수많은 저녁 시간을 회사에서 보냈고, 이튿날이면 새벽같이 출근했다.

제품이 완성되기 한참 전부터 진작 아이오빈은 비츠를 팔아넘기려고 마음먹었다. 그는 넷플릭스 사장인 테드 서랜도스, 구글의 대표들 그리고 시애틀에 있는 마이크로소프트의 엑스박스 팀을 만나서 협상을 진행했다. 모두가 음원 스트리밍에 진입하려고 숙고하던 기업들이었다. 그렇지만 아이오빈의 심중에는 애플이 있었다. 그는 비츠를 애플에 팔고 싶었다.

매 순간 가장 완벽한 음악을 추천해주다

> ❚ We're Not Living in America

비츠가 스포티파이의 경쟁사를 만드는 것은 더 이상 비밀이 아니었다. 2013년 3월 로렌손은 캘리포니아의 경쟁사 때문에 열받아 했다.

"트렌트, 이 미친놈."

로렌손이 스톡홀름에서 참석한 회의 도중에 말했다. 비츠에서 주도적인 역할을 맡은 사람이 레즈너임을 막 알게 된 참이었다. 몇 년 전 미국에서 스포티파이를 마케팅했던 레즈너는 이제 아이오빈을 위해서 일했다. 스포티파이의 가장 강력한 경쟁자인 애플과 가까운 그와 말이다.

비츠에 대한 대응을 논의하는 그 회의에는 에크와 사스가 참석했다. 사스가 퇴직금으로 1천만 크로나(약 13억 원) 정도를 받고 비츠를 떠난 지 거의 1년이 지난 시점이었다. 사스는 스포티파이와 함께 새로운 스트리밍 기업을 준비 중이었다. 사운드트랙 유어 브랜드Soundtrack Your Brand라는 이름의 사업으로, 상점과 식당 등 음악을 트는 업장을 겨냥했다. 사스가 아이오빈, 빈노, 레즈너 등과 관련한 이런저런 이야기를 하다 보니 회의 진행이 지체되었다.

로렌손은 사스의 이야기를 듣고 있다가 스포티파이에 빈노를 채용하는 게 좋았을지 궁금해했다. 에크의 관심은 주로 비츠가 앞으로 어떻게 할 생각인지에 있었다. 사스는 비츠의 휴먼 큐레이션에 대하여, 그리고 플레이리스트가 사용자에 따라 최적화된다는 정보를 제공했다. 에크는 그의 말을 들으며 고개를 끄덕였다.

스포티파이는 벌써 이와 유사한 작업을 하고 있었다. 스포티파이 라디오 외에도 알고리즘으로 음악을 추천하는 디스커버 기능을 만들었다. 그러나 미국에서 최고가 되려면 더 많은 것을 할 필요가 있었다. 최근 마케팅 팀은 스포티파이가 경쟁사들과 비교할 때 고유의 장점이 없다는 분석을 내놓았는데 에크는 이에 수긍했다. 미국에서 웹 라디오를 듣고 싶어 하는 사용자는 판도라로, 특별한 곡을 찾는 사용자는 유튜브로 움직였다. 스포티파이의 임원진은 이 문제에 큰 관심을 보였다. 스포티파이는 미국의 일반적인 음악 청취자로부터 너무 멀리 있었다. 아이돌이 최근 리메이크한 곡을 듣고 싶어 하는 미국의 30대에게 스포티파이는 어떻게 접근해야 할까? 스포티파이의 새로운 표어로 방향을 확실하게 정했다. '매 순간 음악'Music for every moment. 그러나 앞으로의 여정이 어떠할지는 확실하지 않았다.

에크는 다른 기업들과 다양한 형태로 협력했다. 약 18개월 동안《롤링 스톤》과 '피치포크' 같은 주요 음악 매체들의 리뷰와 차트에 스포티파이의 데이터를 제공했다. 대중에게 인기 있는 유니버설 뮤직 산하의 데프 잼 레코딩스의 음악만을 선별한 플레이리스트도 만들었다. 그리고 투니고라는 음악 추천 앱을 인수했다. 이 앱은 스톡홀름 캄마커르가탄Kammakargatan의 어느 건물 지하실에 사무실을 둔 스타트업 기업이 개발했다. 구글이 곧 사들일 미국의 송자Songza로부터 영감을 받은 투니고는 수많은 곡을 '로맨틱, 스포츠, 여행, 파티' 등의 카테고리로 구분했다.

2013년 5월에 스포티파이는 투니고에 6천만 크로나(약 78억 원)를 쏟아부었다. 투니고는 뮤토렌트 이후 에크가 인수한 첫 번째 기업이었다. 투니고는 스포티파이를 도와 2천만 개의 곡을 분류하는 작업을 했다. 투니고의 CEO였던 닉 홀름스텐Nick Holmstén은 스포티파이에서 사용자가 원하는 음악을 찾아주는 브라우즈Browse 팀의 이사가 되었는데 이 사업을 한마디로 이렇게 설명했다.

"투니고는 사용자가 매 순간 훌륭한 음악을 찾게 도와줍니다."

'순간'이라는 개념은 시간이 갈수록 스포티파이에 의미를 부여했다. 에크는 2014년에《더 뉴요커》와 인터뷰하면서 그 개념이 경쟁에서 자신의 무기를 찾게 해 주었다면서 다음처럼 언급했다.

"우리는 음악 공간에 있는 게 아닙니다. 찰나의 공간에 있지요."

구글의 인수 제안을 거절하다

❚❚ Thinkin' Bout You

이 기간에 아이오빈만 회사를 인수하고자 하는 구매자와 접촉한 것은 아니었다. 에크도 2013년에 구글의 대표들과 만났다. 10대 때 구글에 일자리를 타진했다가 거절당한 이래로 에크와 그 기업과의 관계는 복잡했다. 구글 소유의 유튜브는 당시 스포티파이에게 가장 힘든 경쟁자였다. 스포티파이의 많은 사람이 화를 냈다. 뮤직비디오로 돈을 벌어들이는 유튜브가 스포티파이보다 음반사에 훨씬 더 적은 비용을 지불한다는 데 말이다.

우리가 접촉한 세 명의 소식통에 따르면 이 시기에 스포티파이를 구글에 넘기는 것에 대한 이야기가 오갔다. 한 소식통은 에크가 구글의 회장이었던 래리 페이지를 만나러 샌프란시스코에 갔었다는 정보를 알려 주었다. 에크와 로렌손은 이 일을 비밀에 부쳤다. 그때 에크는 스포티파이와는 별개로 유튜브 전체를 담당하는 사장이 되는 제안에 흥미를 보였다고 한다. 만일 그렇게 되었다면 아마도 음악과 영상이 완벽한 조화를 이룰 수 있었을 것이다. 익명을 요청한 정보 제공자는 우리에게 이러한 말도 해 주었다.

"다니엘은 관심을 가졌어요. 그런데 스포티파이가 구글의 한 사업부가 되는 것은 원하지 않았지요."

에크는 어디로 보나 대우가 적절치 않다고 느꼈고 그 일은 불발될 수밖에 없었다. 구글이 제시한 금액도 그리 매력적이지 않았다. 구글은 스포티파이에 넌지시 약 30억 달러를 암시했다고 한다. 에크는 그보다 더 높은 80억에서 100억 달러 사이의 금액을 원했다고 전해진다. 하지만 제의 자체가 공식적이지 않았기 때문에 그 정보들은 확실하지 않다.

에크와 페이지가 어떤 대화를 나누었는지를 아는 한 정보 제공자는 이렇게 이야기해 주었다.

"구글은 유튜브에 광고가 있어서 스포티파이에 그다지 감명을 받지는 않았다고 합니다."

에크는 구글과의 협상을 그만두는 대신에 새로운 벤처 투자사를 찾았다. 실리콘밸리에 기반을 둔 테크놀로지 크로스오버 벤처스였다. 스포티파이는 2억 5천만 달러에 6퍼센트의 지분을 팔았다. 그 거래로 스포티파이는 대략 40억 달러로 가치를 평가받았다.

이 사업과 관련해서 스포티파이는 새로운 이사회 임원을 뽑았다. 60세의 미국인 배리 맥카시Barry McCarthy로 그는 2년 전에 넷플릭스의 재무 담당 이사직을 그만두었다. 앞으로 그는 스포티파이에서 주도적인 역할을 하게 된다.

비츠 뮤직이 발표되기 전날 밤

‖ Call Me Maybe

2013년의 어느 날 아이오빈은 애플의 수석 부사장 큐와 만났다. 큐는 10년 전 잡스와 함께 아이튠즈 뮤직 스토어를 함께 만든 인물이었다. 그 자리에 함께한 또 다른 사람은 빈노였다. 빈노의 눈에는 아이오빈이 가능하면 아주 빨리 비츠를 팔고 싶어 하는 것이 명확하게 읽혔다. 그 협상은 빈노에게 스트레스를 주었다. 자신이 그 프로젝트를 성공시킬 수 있을지 확실하지 않았다. 일단 서비스가 완성되어야 했고, 시장에 출시한 다음에는 꽤 까다로운 미국 대중 사이에 잘 정착해야 했다. 서비스가 출시될 1월이 점점 더 가까워졌다.

그해 에크는 빈노에게 연락을 했다. 에크는 빈노를 스포티파이에 데려오고 싶었다. 아주 특별한 역할은 아니더라도 잘 맞는 자리가 있을 거라고 여겼다. 그러나 빈노는 비츠에 남기를 원했다. 적어도 서비스 출시까지는 그랬다. 그래서 에크의 제안을 정중하게 거절하고서는 마지막 단계에 집중했다. 출시 직전의 마지막 3개월간은 회의, 영상 통화 그리고 기술적 위기들 탓에 무척이나 힘들었다.

비츠 뮤직, 세상에 공개되다

‖ That Don't Impress Me Much

샌프란시스코의 구름 낀 화요일 아침, 빈노와 비츠의 회장인 이안 로저스는 회의실 바닥에서 잠이 깼다. 회의실은 최근 회사에서 '군사령부 상황실'처럼 사용되었고, 지금 그들은 겨우 1시간 정도 눈을 붙이고 일어난 차였다. 서로를 바라보던 그들은 체념한 듯 웃음 지었다.

그날은 2014년 1월 21일이었다. 비츠 뮤직이 라이브로 세상에 공개될 예정일이었지만 그 시점까지 완성이 덜 된 상태였다.

빈노는 아직 끝마치지 못한 일들을 떠올리자 속이 좀 메스꺼웠다. 작은 재난들이 제품 출시에 앞서 끝없이 발생했으나 결국 아이오빈은 원했던 것을 얻었다. 개발 기간에 겪었던 어려움에도 불구하고 비츠 뮤직은 제대로 만들어졌으며 앱 또한 괜찮게 작동되었다.《롤링 스톤》 같은 음악 매체들은 비츠 뮤직은 스포티파이, 판도라 그리고 유튜브와 다르다고 보도했다.

비츠 뮤직의 중심에는 더 센텐스 기능이 있었다.

"나만의 공간에서 음악을 틀어 놓고 춤추고 싶어지네요."

미국 텔레비전 스타인 엘런 드제너러스가 슈퍼볼 결승전의 중간 휴식 시간에 광고에서 말했다.

비츠 뮤직은 1주일간의 무료 사용 기간을 제공하면서 사용자들을 유혹했다. 무료 사용 기간이 지나면 1개월에 10달러를 받았다. 스포티파이와 비교할 때 비츠 뮤직에는 완전한 무료 계정이 없다는 게 가장 큰 차이점이다.

뉴욕의 스포티파이 사무실에는 디자이너 빌손이 있었다. 빌손은 동료들이 재빠르게 비츠 뮤직 앱을 다운로드하는 모습을 보았다. 그러나 새로운 앱은 인상적이지 않았다. 특히 엔지니어들은 앱의 기능이 형편없다고 평가했다. 비츠가 왜 기술이 훨씬 더 좋은 알디오 대신에 모그를 인수했는지 의아해했다. 하지만 빌손은 플레이리스트에 깊은 인상을 받았다. 그가 보기에는 닥터 드레가 만든 플레이리스트가 투니고의 플레이리스트보다 훨씬 수준이 높았다.

며칠 뒤 비츠는 로스앤젤레스의 다운타운에 자리한 유서 깊은 벨라스코 극장에서 출시를 축하하는 파티를 열었다. 무대에서는 닥터 드레, 에미넴, 디디, 메이스, 버스타 라임즈 그리고 나스가 클래식한 힙합 곡들을 공연했다. 그 자리에는 드레이크, 셀레나 고메즈, 맥클모어 그리고 패리스 힐튼 등 유명 인사들이 많이 참석했다.

비츠에서 스포티파이로 도망치다

⏸ Beat it

2월 초에 빈노는 할 만큼 했다고 생각했다. 기술적인 문제들, 회의들, 직원 관리 그리고 장시간의 노동은 그를 도망가고 싶게 만들었다. 연인 관계도 끝나 갔고, 그의 형제들은 이미 세상을 떠났으며, 그저 스웨덴에 있는 가족의 품으로 가고 싶었다. 마침 그때 에크가 다시 연락했다. 적절한 노동 시간과 전문직에 걸맞은 노동 환경이 갖추어진 스포티파이에서의 최고 일자리를 제안했다. 로렌손도 같은 용건으로 전화를 걸어 왔다.

"이제 곧 여름이군요. 그러면 군도에 같이 나가서 절인 청어도 먹고 술도 한잔합시다."

갑자기 빈노 마음속에서 뭔가 꿈틀거렸다. 곧바로 '개인 사정' 때문에 일을 그만두겠다는 내용의 메일을 썼다. 그는 아이오빈, 우드 그리고 레즈너의 메일 주소를 클릭하고는 전송 단추를 눌렀다. 아직 아무런 합의가 스포티파이와 이루어지지 않은 시점이었다. 따라서 메일에는 새로운 직장에 대해 전혀 언급하지 않았다. 그럼에도 폭탄 같은 반응이 돌아왔다. 아이오빈은 전화로 고함쳤다.

"지금까지 어느 누구도 내게 이렇게 굴었던 사람은 없었어."

가장 화가 난 사람은 레즈너였다. 개인적인 배신이자 변절이라고 했다. 빈노는 비츠의 주식을 포기하겠다고 의사를 밝혔다. 그렇게 해서 양심을 지키려 했다. 나중에 그는 이에 대해서 당시에 '더할 나위 없는 깨끗한 경력'을 원했다고 설명했다. 하지만 그것은 빈노의 인생에서, 특히 경제적으로 가장 최악의 결정이었다.

비행기가 샌프란시스코에서 날아오르자 빈노는 숨을 내쉬었다. 휴대 전화는 끄고, 컴퓨터는 처박아 두었다. 오로지 비행기 모터의 소음만 들렸다. 지난 1년 이상 동안 느끼지 못했던 자유를 만끽했다.

스포티파이의 새로운 디자인, 캣

‖ Come As You Are

비츠 뮤직이 출시되고 몇 개월 뒤 스포티파이에는 많은 일이 일어났다. 2014년 4월 제품 팀은 뮤직 플레이어의 새로운 모습을 소개했다. 검정색 배경이어서 앨범 재킷과 곡명이 돋보였다. 이 디자인은 국내외의 음악 업계 매체들로부터 찬사를 받았다. 내부적으로는 그 뮤직 플레이어를 '캣'이라고 불렀다. 슈퍼 히어로인 캣 우먼에서 따온 별명이었다.

"캄캄한 세상에 빛나는 콘텐츠가 등장하는 겁니다."

제품 개발 담당 이사인 카디르가 《와이어드》에 설명했다. 금발로 머리를 염색하고 디자이너 스니커즈를 신고 다니는 그녀는 인터뷰를 수십 번이나 했다. 카디르와 디자인 담당 이사인 로첼 킹Rochelle King은 그 프로젝트의 책임자였다. 뮤직 플레이어의 새로운 외관은 스포티파이의 새로운 백엔드가 애쓴 결과였다. 여러 해 동안 스포티파이는 수천만 크로나를 기술 개선에 쏟아부었다. 이로써 스포티파이도 경쟁자인 윔프나 디저처럼 웹에 기반하게 되었기에 수시로 업데이트가 가능해졌다.

빈노는 에크의 사무실이 가까이 있는 제품 팀에 합류했다. 빈노를 제품 담당 이사로 채용할 때 에크는 쇠데스트룀을 건너뛰었다. 갑자기 스포티파이에서 일하게 된 빈노는 협조적이며 이해심 많은 조용한 사람이었다.

제품 담당 이사VP는 스포티파이에서 중요한 자리였다. 스포티파이는 제품으로 운영되는 회사였다. 따라서 모든 이사 가운데 빈노가 에크의 가장 최측근으로 여겨졌다. 쇠데스트룀은 무대에서 마치 사장처럼 행동했고 에크보다도 강력해 보였다. 금발이 회색빛으로 변하기 시작한 그는 몇 년 전부터 더 자주 운동을 했고 더 건강한 식사를 했다.

외국인 동료들은 그가 바이킹 같다며 농담을 건넸다. 그는 스톡홀름 도심에서 한적한 교외의 섬인 에케뢰Ekerö로 가족과 함께 이사했고, 자주 직장까지 이탈리아제 모터사이클을 타고 왔다. 스포티파이 외에 스타트업 기업에도 투자하기 시작한 그는 인터넷 쇼핑몰을 만들어 주는 플랫폼인 틱테일과 이미지 테크 기업인 서틴스랩13th Lab의 공동 소유주였다. 특히 서틴스랩은 페이스북이 소유한 오큘러스 브이알이 곧 인수할 예정이었다.

빈노와 쇠데스트룀은 친하게 지냈다. 두 사람은 모바일상의 차트, 아티스트 페이지 그리고 스포티파이 홈페이지를 발전시켰다. 빈노는 자신의 상사인 쇠데스트룀을 존경했으며 어떻게 그가 자신의 자리를 오랫동안 유지할 수 있었는지를 자연스레 알게 되었다. 그러나 쇠데스트룀에게서 영감을 받기는 어려웠다. 빈노는 '열정과 정신'이 담긴 음원 서비스에 대한 레즈너와의 대화가 그리웠다.

스포티파이는 조직 개편을 단행했다. 예전의 팀을 최대 12명까지로 구성하는 '스쿼드'squads로 바꾸었다. 각 팀은 마치 스타트업처럼 독립적으로 일했다. 그러나 빈노는 자신은 물론 자신의 아이디어를 공유하고 발전시킬 사람들을 모아야 할 시기였다. 그는 자신에게 더 긴 휴식이 필요하지 않았나 생각했다. 그렇게 샌프란시스코에서 갑작스럽게 퇴사하고 스톡홀름에서 새롭게 입사한 지 어느새 몇 주가 흘렀다.

스포티파이 사상 최악의 인수, 에코 네스트

스포티파이는 분명히 비츠 뮤직에 뒤쳐져 있었다. 단 하나가 예외였다. 파커의 '힙스터 인터내셔널'Hipster International이라는 인기 플레이리스트였다. 그러나 에크는 잘되리라 믿는 자신만의 계획이 있었다. 바로 추천 기능의 자동화였다. 그리고 이 일을 맡을 하청 업체 하나를 사들이고 싶어 했다.

그것이 에코 네스트Echo Nest였다. 미국 보스턴에 있는 매사추세츠 공과 대학교MIT에서 시작된 스타트업 기업이었다. 그 기업의 엔지니어들은 수십 년간 녹음된 곡들을 심층적으로 분석했다. '바스크 록'부터 '컨템포러리 컨트리'에 이르기까지 다양한 장르의 음악들을 세밀하게 분류했다. 2014년 3월에 스포티파이는 4억 크로나(약 520억 원)가 넘는 액수를 지불하고 그 기업을 샀다. 에코 네스트의 고용인들과 세 명의 창업자들은 스포티파이에 합류했다.

"여러분이 주목하는 것이 있다면 지금 당장 시작해도 좋습니다."

이와 같은 에크의 당부에도 스포티파이와 에코 네스트는 잘 융합되지 않았다. 에코 네스트의 데이터는 인터넷의 블로그, 차트 그리고 엄청난 양의 출처들을 광범위하게 긁어모아 만든 것이었다. 스포티파이에서는 이를 어떻게 사용할지 해답을 찾지 못했다. 게다가 스포티파이 라디오 등의 기능을 만든 개발자들은 그 데이터가 사용자에게 플레이리스트를 정확하게 추천하는 데 활용하기 어렵다고 판단했다.

몇 년이 지나자 에코 네스트에서 60명 정도가, 즉 직원 대부분이 스포티파이를 그만두었다. 에크가 가장 비싸게 인수했던 에코 네스트는 최악의 투자였다.

날아가 버린 1,600만 달러

❚ Tears Dry On Their Own

2014년 5월 초에 영국 경제 신문 〈파이낸셜 타임스〉는 애플이 비츠 일렉트로닉스와 비츠 뮤직을 32억 달러에 인수하는 협상을 하고 있다고 보도했다. 이 뉴스는 음악 업계를 뒤흔들었다.

빈노는 그 기사 제목을 보자마자 자신의 옛 동료인 사스에게 메시지를 보냈다. 빈노가 자신의 주식을 비츠에 반납한 것이 불과 3개월 전이었다. 비츠에 계속 있었다면 그가 얼마나 벌 수 있었을런지 계산하기조차 어려웠다. 한때 그는 비츠의 50퍼센트를 소유했다. 그 몫이면 아마도 1,600만 달러어치는 될 것이었다.

빈노는 레즈너를 떠올리고 연락을 시도했다. 그러나 레즈너는 전화를 받지 않았다. 오히려 페이스북에서 빈노를 차단해 버렸다. 〈파이낸셜 타임스〉에 기사가 나간 지 이틀 뒤 레즈너의 밴드인 나인 인치 네일스가 스톡홀름의 스웨덴 왕실에서 연주를 하게 되었다. 관중 가운데 빈노가 서 있었다. 마지막 노래로 발라드 〈허트〉Hurt가 연주되는 동안, 빈노의 눈에서는 눈물이 흘러내렸다.

애플 역사상 최고가로 인수된 비츠

레즈너가 스톡홀름의 무대에 오른 같은 날 저녁, 유튜브에는 애플과 비츠의 거래와 관련된 영상들이 폭발적으로 올라왔다. 힙합 아티스트이자 배우인 타이리스 깁슨은 비츠의 헤드폰을 보여 주는 영상을 직접 찍었다.

"아, 말도 안 돼. 믹스는 미친 짓이야."

깁슨은 소리치며 카메라를 앞뒤로 흔들었다. 깁슨 옆에는 비츠의 헤드폰을 개발한 닥터 드레가 있었다. 검은색 긴 티셔츠를 입은 그는 웃으며 서 있었다. 잠시 뒤 깁슨은 아이오빈에게 두통을 안겨 주는 말을 쏟아부었다.

"억만장자 클럽이 현실이 되다니, 친구. 당신의 얼굴을 고쳐. 당신의 얼굴을 고쳐. 《포브스》 순위가 방금 바뀌었어."

"뭔 소리인지 알잖아, 뭔 소리인지 알잖아."

닥터 드레가 말했다. 그런 다음 덧붙였다.

"힙합의 첫 번째 억만장자, 웨스트 코스트, 아주 지긋지긋한 바로 여기에서."

깁슨이 춤을 권하면서 영상은 끝났다. 영상에서 애플은 전혀 언급되지 않았으나 웨스트 코스트는 닥터 드레의 별명이었기에 이를 본 사람들은 〈파이낸셜 타임스〉의 기사 내용이 맞다고 확신했다. 나중에 아이오빈은 이 영상 때문에 거래가 거의 무산될 뻔했다며 털어놓았다.

2주 뒤인 5월 28일, 애플은 비츠를 30억 달러 넘는 가격으로 인수한다고 발표했다. 인수 소식을 전하는 자리에 아이오빈과 닥터 드레가 참여했다. 애플의 CEO인 쿡과 그의 오른팔인 부사장 큐와 함께 다 같이 카메라 앞에서 포즈를 취했다.

블룸버그 통신에 따르면, 아이오빈은 이 거래로 약 8억 달러를 쓸어 담았다. 아이오빈은 거의 억만장자에 가까웠고, 닥터 드레는 그 정도에는 미치지 못했다. 이듬해《포브스》는 닥터 드레가 대략 7억 달러는 족히 챙겼을 거라고 예상했다. 레즈너와 우드도 부자가 되었다. 몇 달 뒤 우드는 로스앤젤레스의 세련된 동네인 실버레이크에서 가장 비싼 주택을 구매했다.

빈노는 비츠의 옛 동료들 가운데 몇몇에게 메시지를 보내 축하 인사를 전했다. 많은 사람이 메시지를 씹어 버렸다. 스포티파이 본사에서는 다들 그 뉴스에 엄청난 관심을 보였다. 경제 매체들은 비츠 뮤직의 사용자를 10만 명 조금 넘는다고 예측했다. 그런데도 그 기업은 애플 역사상 가장 값비싼 인수 사례가 되었다. 과연 애플은 헤드폰과 스트리밍 서비스, 둘 중에 어디에 돈을 지불했을까?

몇 블록 떨어져 있는 새로운 사무실에서 사스는 생각을 정리했다. 우선 애플은 그 업계에서 아이오빈의 이례적인 지위 때문에 비츠를 구매한 것 같았다. 애플의 CEO인 쿡은 아이오빈과 노선이 유사했다. 한 인터뷰에서 쿡은 음악에 대해 이해가 깊은 여러 동료가 생겼다고 언급했다. (비츠가 애플 산하에 편입된 이후, 1년 뒤 비츠 뮤직은 애플 뮤직에 흡수되었고 지미 아이오빈은 애플 뮤직의 이사로 임명되었다. 비츠의 운영 총괄 사장이었던 루크 우드는 비츠 일렉트로닉스의 CEO로 2020년 4월까지 근무했다.―옮긴이) 또한 비츠 뮤직이야말로 정말로 제대로 된 스트리밍 서비스라고 했다.

"비츠 뮤직은 일찍이 통찰력이 있었습니다. 휴먼 큐레이션이 얼마나 중요한지를 이해했으니까요."

정확히 말하자면, 애플은 디지털 음악계의 전쟁에 큰 투자를 했다.

사상 최악의 위기를 맞은
스포티파이

애플이 스트리밍 시장에 다가가는 동안에 스포티파이는 설립 이래로 최대의 위기를 헤쳐 나가고 있었다. 거의 2년간 음원 서비스는 휴대 전화의 혁명과 반대편에 서 있었다. 나중에 에크는 이때를 "거의 죽을 뻔한 시기였다."라고 묘사했다.

위기는 2012년에 시작되었다. 잡스가 아이폰에 대하여 프레젠테이션한 지 5년이 흐른 뒤였는데, 비로소 그때 휴대 전화가 PC를 제쳤다. 노트북은 점점 저렴해졌고, 휴대 전화는 점점 빨라졌다. 스마트폰에서만 기능하는 획기적인 서비스를 내놓는 우버 같은 회사가 등장했다. 우버는 차량 공유 서비스를 제공하는 스타트업 기업이었다. 그러자 모바일에 대한 전략을 세우지 않은 테크 기업은 시장에서 배척당했다. 페이스북은 2012년 상반기 실적을 발표했는데 모바일 광고에서 충분한 수입을 올리지 못한 것으로 판명 났다. 이 때문에 페이스북의 주가는 후퇴했고, 스포티파이에도 악재로 돌아왔다. 스포티파이의 이사회는 우려 속에서 페이스북의 약세를 지켜보았다.

당시 스포티파이의 분석 담당 이사인 헨릭 란드그렌Henrik Landgren이 나섰다. 31세의 란드그렌은 맥킨지 컨설턴트 출신으로 2010년에 스포티파이에 입사했으며, 에크와 가장 가깝게 지내는 직원 가운데 하나였다. 란드그렌과 그의 팀원들은 새로운 사용자들의 유입을 살펴서 우선 체험판을 만들었다. 휴대 전화에서 스포티파이 앱을 사용할 때, 프리미엄 계정에만 제공되는 서비스를 무료로 48시간 동안 체험할 수 있게 한 것이다. 하지만 휴대 전화 앱에서 스포티파이를 발견한 사람들 가운데 단지 몇 퍼센트만이 무료 체험판을 거쳐 유료 서비스를 신청했다. 이에 비해 데스크톱에서는 무료 계정에서 프리미엄 계정으로 전환되는 비율이 몇 배나 높았다. 분석 결과 48시간이라는 무료 사용 기간이 너무 짧은 것이 문제였다.

란드그렌은 해결책으로 데스크톱과 같은 방식을 휴대 전화 앱에도 적용했다. 무료 사용 기간을 48시간에서 30일로 늘린 것이다. 그러자 많은 사용자가 무료 체험판을 경험한 뒤에도 스포티파이에 남았고 광고 시청을 건너뛰고 휴대 전화로 음악을 스트리밍하기 위해서 돈을 지불하기 시작했다. 에크는 데스크톱이든 휴대 전화든 똑같이 해야 한다는 교훈을 얻었다.

2012년 여름에 스포티파이의 사용률은 바닥으로 떨어졌다. 날씨가 좋은 시기가 되자 많은 사용자가 컴퓨터를 떠났다가, 가을이 되자 이상하게도 평소보다 훨씬 더 적은 수로 돌아왔다. 분석 팀은 그 이유가 휴대 전화의 사용 습관과 관련 있다고 추측했다.

"절벽이 다가오고 있어요."

그 문제를 해결하려고 애써 온 한 담당자가 그랬다. 또한 이러한 말도 덧붙였다.

"그게 언제인지는 모르겠지만 가까이 와 있다는 건 알겠습니다."

모바일 앱을 계속해서 실험하다

‖ Bridge Over Troubled Water

2013년 5월에 실리콘밸리의 영향력 있는 투자자인 메리 미커가 스마트폰 혁명을 주제로 보고서를 내놓았다. 그 트렌드 보고서는 닷컴시대 이후의 인터넷 분야에서 바이블로 떠올랐다. 보고서의 주요 내용은 이랬다. 지금 휴대 전화는 ‘빠른’ 속도를 넘어 ‘공격적인’ 추세로 보급되고 있다. 젊은 소비자들은 PC를 예상했던 것보다 훨씬 일찍 포기한 것 같다. 그렇다면 스포티파이의 성장은 멈출지도 몰랐다. 휴대 전화용 무료 앱 없이는 말이다. 투자자들은 싫증을 낼 테고 회사는 파국을 맞을 것이다.

당시 스포티파이는 ‘모바일 앱의 무료 사용자’를 위한 저작권 협상을 6개월 넘게 해 왔다. 세계적 음반사들은 저작권 덕분에 매년 수십억 크로나를 벌어들였기 때문에 협상이 쉽지 않았다. 더군다나 무료 사용자와 관련한 사항은 논쟁의 여지가 많았다. 음반사와의 대화는 콘텐츠 담당 이사 파크스, 그리고 한손의 후임으로 바통을 이어받은 스포티파이의 대표 변호사인 제라드 그러스드가 맡았다. 두 사람은 정보의 우위를 점한 상태로 협상에 임했다. 다시 말해서 음반사들을 매료시킬 만한 것을 내놓을 수 있다는 확실한 느낌이 들었다.

수개월 동안 스포티파이의 제품 팀과 분석 팀은 모바일 앱의 여러 버전을 시험해 보았다. 목표는 무료 사용자들에게 가장 매력적인 버전을 찾는 것이었다. 테스트 앱 가운데 어떤 버전은 한 달에 몇 시간 동안만 서비스를 제공했다. 어떤 버전은 와이파이에서만 작동하게 했다. 무작위로 여러 곡을 재생해 주는 셔플 모드도 이에 포함시켰다.

결과적으로 셔플 모드의 승리였다. 스포티파이에서는 셔플 모드가 절대적으로 최고 인기였다. 새로운 사용자를 충분히 끌어모을 만큼 강력했다. 게다가 셔플 모드를 원하지 않는 사용자는 비용을 지불하고 프리미엄 계정으로 전환하는 경향을 보였다. 음반사와의 회의에서 파크스와 그러스드는 테스트 결과를 바탕으로 큰소리치며 협상을 이끌었다.

하지만 협상에는 시간이 걸렸고 얼마 못 가 상황이 급박해졌다. 곧 다가온 여름은 스포티파이의 사용자 숫자에 영향을 미쳤다. 예전처럼 휴가 기간이 되자 사용자들이 사라졌다. 소수가 데스크톱 버전으로, 더 많은 사람이 모바일 버전으로 귀환했다. 휴가에서 휴대 전화로 스포티파이를 즐긴 이들은 집에 와서도 계속해서 휴대 전화로 음악을 들었다. 쇠데스트룀은 나중에 당시를 이렇게 표현했다.

"그 여름에 유럽은 휴대 전화가 되었다."

이와 함께 스포티파이 역사상 또 한 번 아주 크게 적극적인 사용자수가 줄어들었다. 2013년 7월부터 9월 사이에는 스포티파이는 거의성장을 완전히 멈추다시피 했다. 에크는 추락이 가까워지고 있다고 느꼈다. 후일에 그는 그때 공중을 나는 비행기에서 모터를 바꾸는 기분이었다고 밝혔다.

모바일 앱, 드디어 서비스 개시

❚❚ I Want to Break Free

이 위기를 타개하기 위해서 에크와 로렌손은 어쩔 수 없이 저작권협상에서 조금 뒤로 물러나야 했다. 2013년 가을에는 저작권 협상이진행되던 것과 별개로 유니버설 뮤직은 스포티파이와 맺었던 합의, 일명 '멍청이 보험'을 연장했다. 그럼으로써 두 사람은 스포티파이가 팔린다면 판매 가격의 최소 2퍼센트를 유니버설 뮤직에게 지불할 의무를 계속 지게 되었다. 지금으로 따지면 적어도 8천만 달러에 달하는액수였다. 그 협정은 2013년 10월에 연장되었으며 키프로스에 관련서류가 등록되었다.

한편 소니 뮤직은 모바일 앱의 무료 사용자에 대해서 청신호를 보냈으며, 워너 뮤직은 마지막까지 버텼다. 마지막 협상은 EMI가 쪼개져서 팔리기 전까지 머물렀던 석재 빌딩에 있는 워너 뮤직의 사무실에서 또다시 이루어졌다. 소수의 법률 자문단과 제품 팀 직원들이 합의서를 한 줄 한 줄 세심하게 확인했다. 워너 뮤직의 동의를 이끌어내려고 스포티파이의 협상가인 파크스와 그러스드는 스포티파이의 더 많은 주식을 상대편에 제공했다. 며칠 뒤 워너 뮤직의 협상 대표단은 저작권 조건에 동의했다. 안도의 물결이 스포티파이 이사들 사이에 퍼져나갔다.

몇 주 뒤 에크는 뉴욕에서 기자들에게 그 소식을 프레젠테이션했다. 모바일 앱의 무료 사용자는 정기적으로 광고 시청을 할 때 셔플 모드로 음악을 들을 수 있었다. 베타 버전의 경우에는 오프라인에서 듣는 것이 불가능했다. 에크는 스포티파이가 새롭게 라틴아메리카의 14개국과 유럽의 6개국에 진출할 계획임을 밝혔다. 그로부터 2년 이상 스포티파이는 구글과 디저처럼 멕시코의 디지털 음악 시장의 경쟁자 대다수를 물리쳤다.

뉴욕에서 프레젠테이션을 마친 다음에 에크는 CNN과 인터뷰를 했다. 에크는 자신과 직원들이 여러 해 동안 음반사를 설득하려고 애써왔다고 했다. 사람들이 음악을 들으면 들을수록 돈을 지불하게 될 거라는 설명은 신뢰를 얻었다.

"그건, 궁극적으로, 우리의 사업 모델입니다."

또한 에크는 스포티파이의 주도적인 전략 하나를 설명했다. 어디서나 가능한 많은 여러 운영 시스템과 물리적 장치가 있다는 것이다.

"우리는 어디에서나 음악이 존재하기를 원합니다. 그래서 우리는 스포티파이에 더 많은 것들을 구축하고 있습니다. 홈 스테레오나 심지어 재킷도 가능할 겁니다. 앞으로 누가 알겠어요."

빠른 결단으로 위기를 극복하다

Ⅱ It's the Most Wonderful Time of the Year

며칠 뒤 스포티파이는 맨해튼에서 크리스마스 파티를 열었다. 전설적인 나이트클럽인 더 터널이 있던 장소였다. 오래전 벽돌로 된 둥근 아치형 천장 아래로 화물 열차가 허드슨강을 건너서 물건을 실어 나르곤 했다. 스포티파이의 직원들이 새로운 모바일 앱의 탄생을 축하하기 위하여 그곳에 모였다.

부끄럼을 타는 파크스는 동료 한 사람을 크게 포옹했다. 그러스드는 눈부신 유머를 뽐냈다. 로렌손과 에크는 각각 정반대 끝자리를 지켰다. 모두가 옷을 잘 차려입고서 즐거워하며 휴대 전화 때문에 닥쳤던 위기가 드디어 끝났다며 안도했다.

"우리에게는 마치 넷플릭스가 결단 내리던 순간이나 마찬가지였어요."

스포티파이의 한 관계자는 당시를 이처럼 회상했다. DVD 대여업을 하던 넷플릭스가 그 시장을 포기하고 새로운 사업으로 나아가던 때를 떠올리면서 말이다.

나중에 에크는 스포티파이가 6개월 뒤면 문을 닫을 수도 있었던 시기였다고 고백했다.

테일러 스위프트의 보이콧, 라이벌이 된 제이 지

▶

2014년에 스포티파이는 전에 없던 눈부신 성장을 이루었다. 휴대 전화 앱이 출시와 함께 즉시 성공을 거두었기 때문이다. 하지만 위기도 닥쳤다. 스위프트 같은 세계적으로 유명한 아티스트들이 에크의 사업 모델에 반발했고, 동시에 강력하고 새로운 경쟁 상대가 여럿 등장했다.

개인적으로 에크는 인생에서 새로운 단계로 진입했다. 2014년 초에 한 아이의 아빠가 된 것이다. 그전까지 그는 일 때문에 주로 뉴욕에 머물렀지만, 아이가 태어난 뒤로는 스포티파이의 본사와 스투레플란 광장 사이에 있는 300제곱미터가 넘는 고급 아파트에서 지냈다. 그는 매일 5시 정도에 퇴근했다. 가족과 저녁 식사를 함께하려고 말이다. 동료들은 에크가 결혼하더니 확실히 달라졌다고 했다. 로렌손조차 그렇게 느꼈다.

좋은 소식들이 계속 전해졌다. 상반기에만 스포티파이에 약 7만 명의 신규 사용자가 유입되었다. 노스트룀의 성장 팀은 그 사용자들이 유료 프리미엄 계정을 결제하게 하려고 무척이나 애썼다. 유료 사용자를 보다 많이 모으기 위해서 심지어 마케팅 예산까지 늘렸다. 2014년 한 해 동안 스포티파이는 온라인 마케팅에 5억 크로나(약 650억 원)에 가까운 비용을 지출했다. 에크는 늘 그렇듯이 안달복달하다가 급기야 그해 초에 동료 한 사람에게 따졌다.

"왜 돈을 더 쓰지 않는 겁니까?"

예산에 대한 에크의 계산은 이랬다. 신규 사용자가 스포티파이에 계속 가입하는 이상은 성장이 멈출 리 없었다. 그래서 에크는 최고의 개발자를 채용하거나 라이벌 기업과 경쟁하는 데 돈 쓰는 것을 전적으로 지지했다. 스포티파이는 나날이 발전했다. 한편 스포티파이를 우려의 시선으로 보는 음악 업계의 기업들이 있었다. 그들은 스포티파이가 업계에서 가장 강력해지는 것을 결코 바라지 않았다.

음악 업계의 정상 회담에서 나온 깜짝 발언

Ⅱ Pass the Mic

2014년 1월에 유니버설 뮤직 북유럽의 사장인 순딘은 한 콘퍼런스에 참여하기 위해서 미국의 산타 모니카에 갔다. 음악 업계가 어디로 가고 있는지를 토론하는 그 자리에는 업계에서 가장 힘 있는 전문가들이 참석했고, 취재 기자들과 음악에 관심 있는 팬들도 모였다.

순딘은 조깅으로 아침을 시작했다. 산타 모니카의 해변을 따라 대관람차가 있는 부두를 지나서 베니스 해변까지 갔다가 되돌아오는 코스였다. 그는 콘퍼런스가 열리는 페어몬트 미라마르 호텔 앤드 방갈로스에서 묵었다. 아침 식사를 할 때 그는 전설적인 여러 인물을 마주쳤다. 마이클 잭슨의 앨범을 제작했던 스타 프로듀서로 이제 80세가 된 퀸시 존스와 가수인 닐 다이아몬드가 있었다. 데프 잼 레코딩스의 창업자인 56세의 러셀 시몬스가 야구 모자에 회색 후드 티셔츠를 입고 검정색 나무 구슬 목걸이를 하고서 돌아다니고 있었다. 제이 지의 앨범 《99 프라블럼스》99 Problems를 프로듀싱하고 뮤직비디오에까지 카메오로 출연했던 유명 프로듀서 릭 루빈도 한가로이 거닐고 있었다. 회색 긴 턱수염을 기른 그는 파랑색 후드 티셔츠, 반바지 그리고 천 슬리퍼를 차림이었는데, 나중에 무대에서 토론할 때는 아예 슬리퍼를 벗고 맨발로 참여했다.

유니버설 뮤직의 회장인 53세의 그레인지가 와이셔츠와 슬랙스를 입고서 나타났다. 당시 《빌보드》는 음악 업계에서 제이 지와 비욘세 부부 다음으로 가장 영향력 있는 인물로 그를 꼽았다. 2년 전에 그는 EMI의 지분을 19억 달러에 성공적으로 확보한 이후 내부적으로 지위를 공고히 했다. 이로써 유니버설 뮤직은 비틀즈, 비치 보이스 그리고 프랭크 시나트라의 저작권을 소유했다. 《빌보드》가 발표한 음악 업계의 영향력 있는 인물 순위에서 10위는 아이오빈이었다. 그는 다 떨어진 청바지를 입고 캡을 뒤로 돌려 쓰고 이제 막 그곳에 도착한 터였다.

많은 사람이 엄청난 성공을 거둔 이 60세의 거물을 쳐다보고 수군거렸다. 아이오빈이 소속 아티스트들을 자신의 비츠 뮤직의 사업에 마음대로 써먹었다고 말이다. 그가 성공한 음악계의 거물이기에 아무도 그를 건드리지 못할 거라는 소문도 들렸다.

콘퍼런스에 참석한 명사들은 공간에 정확하게 맞추어 제작된 카펫이 깔려 있고 천장에 크리스털 샹들리에가 달린 큰 응접실에 모였다. 사람들은 명패와 마이크가 비치된 여러 타원형 탁자들에 나누어 앉았다. 마치 유엔 회의가 열리는 듯한 모양새였다. 고향 스웨덴에서는 순딘도 스타였지만 이 정상 회담에서는 중간 간부급밖에 안 되었다. 참가자들 가운데 순딘을 바로 알아본 사람은 스웨덴 출신의 스타 디제이 아비치뿐이었는데, 그것은 아비치가 바로 스포티파이의 초기 지지자였기 때문이었다. 순딘은 커다란 응접실에 마련된 무대에서 제일 끝쪽에 배치된 탁자에 앉아 있었다.

토론 중에 스웨덴 음원 서비스에 대한 비판이 홍수처럼 쏟아졌다. 많은 사람이 스포티파이의 새로운 '모바일 무료 사용자'는 아이튠즈를 넘어설 위험이 있다고 주장했다. 업계에서 CD 판매액은 계속해서 줄었고 이에 따라 음반 업계의 매출액도 매년 더 추락 중이었다. 순딘은 더 이상 견딜 수가 없었다. 토론이 끝날 때까지 기다리지 않고 그는 자신의 마이크 옆에 있는 단추를 눌렀다. 그러고선 응접실의 잘 보이지 않는 자리에서 말했다. 스포티파이가 스웨덴과 유럽의 주요 지역에서 어떻게 유료 사용자를 확보했는지를 스웨덴어 억양이 느껴지는 영어로 설명했다.

"컴퓨터를 보세요! 스포티파이 사용자는 서비스를 무료로 사용하다가 점차 유료로 사용하고 있습니다. 결과적으로 스포티파이는 우리 업계에서 불법 복제를 없애고 있습니다. 이게 미래고, 여러분은 이걸 막을 수 없습니다."

사람들이 고개를 절레절레 흔들었다. 그들은 진작 업계의 가장 중요한 디지털 유통 업자인 애플에게 정면 공격을 당해봤기 때문이었다. 휴식 시간이 되자, 순딘은 완전히 기진맥진했다. 자신의 말이 사람들에게 어떻게 들렸을지 생각하니 불안해졌다. 순딘은 로스앤젤레스에서 3년 넘게 살고 있는 자신의 친구이자 유니버설 뮤직의 글로벌 디지털 분야 책임자인 웰스에게 달려갔다.

"대단했어! 페르, 잘했어."

영국인인 웰스가 런던 억양으로 말하면서 순딘의 어깨에 팔을 올려놓았다.

"난 해고될 거야."

순딘이 말했다. 웰스는 웃으면서 당연히 순딘이 일을 계속할 수 있을 거라고 단언했다.

"그리고 이건 우리가 받아들여야만 하는 비난이야."

잠시 뒤 웰스는 순딘의 명패가 무대와 가까운 탁자로 이동된 것을 발견했다. 순딘은 안도의 한숨을 내쉬었다. 나중에 웰스는 음반 업계가 어디로 향하고 있는지를 주제로 강연을 했다. 그때 아이튠즈를 통한 매출은 하락하겠지만, 이에 비해 스포티파이, 판도라, 그리고 구글은 매년 80퍼센트 정도 성장할 거라고 이야기했다. 유럽에서는 이미 스트리밍 서비스가 성공을 거두었고 곧 미국에서도 마찬가지가 될 거라고도 주장했다.

웰스와 순딘은 스트리밍 서비스를 제대로 예측해 냈다. 이듬해 스포티파이를 비롯한 스트리밍 서비스들은 하향 곡선에서 벗어나 다시 성장하기 시작했다. 그 덕분에 애플에 비츠 뮤직을 넘긴 아이오빈은《빌보드》가 발표한 음악 업계의 영향력 있는 인물 순위에서 5위로 올라섰다. 2016년 1월에는 그 순위가 더욱 올라갔다. 비츠의 동료인 레즈너와 아이튠즈의 수석 부사장인 큐 그리고 아이튠즈 콘텐츠 부문 부사장인 로버트 콘드릭Robert Kondrk과 함께 공동 3위를 기록했다.

한편 2014년《빌보드》의 순위에서 에크는 25위였다. 2015년에는 20위로 올라섰고, 2016년에는 10위까지 순위가 상승했다. 2017년 초에《빌보드》는 드디어 에크를 이 업계에서 제일 영향력 있는 인물로 선정했다.

무료 사용자가 안겨준 고민거리

ǁ Out of Control

2014년 상반기에 스포티파이로 1,100만 명의 무료 사용자가 신규로 유입되었다. 거의 50퍼센트에 가까운 증가율이었다. 무료 사용자가 지나치게 많아진 탓에 문제가 불거졌다. 6월에 에크는 비상 제동기를 당겼다. 판매 담당 이사인 레빅과 의논한 다음 확장 담당 이사인 브링예우스에게 지시를 내렸다.

"일단 새로운 시장에 진출하는 것을 전부 중단합시다."

브링예우스의 팀은 지난 2년간 약 50개국에 스포티파이를 진출시키는 업무를 해 왔었다. 최근 모색 중이던 러시아 진출마저 중지했다. 모스크바 시장을 겨냥하여 벌써 이사를 채용한 상황이었지만 하는 수 없었다. 사실 러시아의 법이 굉장히 까다로운 데다가 2014년 초에 러시아 군대가 우크라이나의 크림반도를 점령한 사태가 있어서 진출을 주저하던 참이었다. 결국 스포티파이는 러시아 진출 계획을 포기했고 러시아 정권을 증오하던 로렌손은 안심했다.

당시 스포티파이 직원들은 스톡홀름의 섬인 그린다Grinda에서 자체적으로 콘퍼런스를 열었다. 한국, 일본, 중동 지역 그리고 유럽에 몇몇 국가 등 다른 지역의 시장들을 전망하면서 진출을 심사숙고했다. 그러나 레빅이 전화를 걸어서 진출을 보류하겠다는 에크의 뜻을 전했다.

"잠시 멈추겠습니다."

무료 계정은 사실 공짜가 아니었다. 스포티파이 입장에서는 그랬다. 각 무료 사용자에게 스포티파이는 매달 1달러 정도를 투자하는 셈이었고, 대신 무료 사용자가 광고를 시청하여 수익이 발생한다면 그 투자 비용이 줄어들 것이다. 하지만 아직까지 광고 플랫폼이 없었기에 수백만 명의 신규 사용자가 앱에 몰려오면 스포티파이는 수백만 달러의 비용을 치러야 했다. 매달 말이다.

스포티파이의 이사회에서는 그 문제를 어떻게 해결할지 궁금해했다. 특히 이사회에 새롭게 합류한 맥카시가 비판적인 태도를 취했다. 맥카시의 기업인 테크놀로지 크로스오버 벤처는 몇 달 전 스포티파이의 공동 소유주가 되었는데, 당시에 에크가 내놓았던 예측이 빗나가고 있었다. 맥카시는 캘리포니아에 있는 자신의 터전에서 불만을 드러냈다.

이에 에크는 여러 조치를 취했다. 가장 먼저 남아프리카공화국의 진출을 중단시켰다. 통신사 보다폰과 번들 합의를 마친 뒤였으나 어쩔 수 없었다. 에크는 비용을 절감하기 위하여 쇠데스트룀에게도 휴대 전화에 광고 플랫폼을 만들라는 임무를 주었다. 바로 이 시기에 에크는 전체 사용자 수에 대한 집착을 내려놓았다. 그보다는 무료 사용자를 유료 사용자로 전환하는 것을 우선 과제로 삼았다. 유료 사용자야말로 스포티파이의 전체 수입 가운데 약 90퍼센트를 지탱하는 중요한 재원이었다.

2014년 봄에 스포티파이는 유료 사용자가 1천만 명에 도달했다는 소식을 기자 회견을 열어 발표했다. 유료 사용자 수의 성장을 외부에 적극적으로 알린 적은 처음이었다. 음반사 임원진은 스포티파이가 보낸 자료를 꼼꼼하게 읽었다. 그들은 무료 사용자 수가 커지는 것을 원치 않았다. 그래서 여러 소식통에 따르면 스포티파이는 보도 자료를 작성하면서 때때로 유료 사용자의 수가 더욱 부각되게 했다고 한다.

2014년 9월에 쇠데스트룀의 제품 팀은 휴대 전화에 광고 플랫폼을 완성했다. 덕분에 그해 말부터 광고 수입이 증가하기 시작했으며 스포티파이의 비용 부담을 덜어 주었다. 하지만 사업이 안정화되는 듯 보이던 그때, 에크에게 또 다른 위기가 발생한다.

최고의 스타 테일러 스위프트의 보이콧

(‖ Shake It Off)

2014년 10월 27일 스위프트가 앨범《1989》를 발표했다. 스웨덴의 히트 메이커인 맥스 마틴이 제작과 프로듀싱을 맡은 앨범이었다. 일주일 동안 스위프트는 120만 장의 앨범을 팔았다. 2002년 래퍼 에미넴이 발표했던《디 에미넴 쇼》The Eminem Show 이후, 최대의 앨범 판매 기록이었다. 그런데 그 성공에서 스포티파이는 아무런 역할을 하지 못했다. 왜냐하면 스위프트의 앨범이 스포티파이에 없었기 때문이다. 스포티파이의 사용자들은 클릭해도 재생이 안 되는 앨범 재킷만 쳐다보아야 했다. 스위프트는 스포티파이에서 자신의 새로운 음악이 나오는 것을 원하지 않았다. 스포티파이는 "스위프트가 생각을 바꾸기를 기다릴 수밖에요."라고 입장을 설명했다.

앨범이 나오고 나서 1주일 뒤인 11월 3일 월요일이 되자 상황이 급변했다. 그날 스위프트는 스포티파이에서 아예 기존의 곡들까지 몽땅 거두어 갔다. 스포티파이의 무료 사용자와 불법으로 파일을 공유하는 것이 같다고 여겼던 것이다. 며칠 뒤 시사 주간지《타임》과의 인터뷰에서 스위프트가 말했다.

"음악은 예술이며, 그 가치는 정당한 대가를 치러야 한다고 생각합니다."

밥 딜런이 2009년에 스포티파이를 떠난 뒤에도 에크는 종종 아티스트의 보이콧 문제를 겪었다. 2013년에는 라디오헤드의 리더인 톰 요크가 스포티파이에서 곡 일부를 내렸다. 그러면서 스포티파이를 "죽어 가는 시체에서 나오는 최후의 절망적인 방귀."라고 비꼬아서 사람들을 웃겼다. 콜드플레이와 데드마우스도 짧은 기간 동안 스포티파이에 곡을 제공하지 않았었다. 그러나 스위프트의 보이콧은 이전의 어떤 아티스트의 조치보다 더 강력했고 더 공식적이었다. 그 뒤에는 빅 머신 레코드가 있었다. 미국 테네시주의 내슈빌을 기반으로 하는 컨트리 음악 전문 음반사였다. 이 자부심 넘치는 내슈빌의 음반사는 아이튠즈나 다른 스트리밍 서비스로 스위프트의 팬들을 안내했다. 애플이 소유하게 된 비츠 뮤직과 랩소디였다. 스위프트가 이에 대해 언급했다.

"비츠 뮤직과 랩소디에서 내 앨범을 들으려면 반드시 돈을 지불해야 합니다. 가치에 적합한 인식을 내가 부여한 거죠."

스포티파이에 위기가 찾아온 지 몇 주가 지나서 에크는 회사의 블로그에 긴 영상을 올렸다. 그는 스포티파이가 다른 무료 스트리밍 서비스와는 다르다고 했다. 누군가 곡을 하나 청취할 때마다 '불법 복제로부터 유튜브에 사운드클라우드에 이르기까지' 아티스트와 저작권 소유자에게 저작권료를 지불한다고 설명했다. 비록 완전히 지불이 완료될 때까지는 오랜 시간이 걸리지만 말이다. 또한 스포티파이의 스트리밍이 어떻게 기능하는지 이야기했다. 에크는 스포티파이의 성장과 비례하여 저작권료 지불 규모도 함께 커질 것이라고 장담했다.

"정말로 아티스트들이 이해해 주기를 원합니다. 우리의 관심은 완전히 당신들과 같습니다. 우리의 목표가 다르다고 생각할지 모르겠지만, 우리의 사업만큼은 제대로 봐 주십시오."

그런 다음 에크는 애플과 구글 모두에게 공을 던졌다.

"스포티파이는 하드웨어나 소프트웨어를 판매하는 데 음악을 이용하지 않습니다."

음악 업계에서는 스트리밍에 대한 논의를 할 때 주로 스포티파이가 아티스트에게 얼마나 지불하는가에 지나친 관심을 보였다. 에크는 좌절감을 느꼈다. 사실 스포티파이는 음반사와 뮤직 퍼블리셔에 정당한 금액을 지불했다. 그들이 수입을 아티스트와 작곡가 등에게 어떻게 분배하는지는 스포티파이의 책임이 아니었다. 2009년부터 2014년까지 스포티파이는 저작권료로 20억 달러를 지불했다.

2015년 2월에 책을 쓰기 위해 우리 중 한 사람이 여러 해 동안 스포티파이에서 일한 포스테를 인터뷰하기 위해서 알라휘셋을 방문했었다. 포스테는 최근까지 스포티파이 북유럽 지역을 담당한 사장이었다. 그런데 인터뷰 중 스위프트 이야기가 나오자 사무실 분위기가 곧 싸늘해졌다. 이윽고 포스테는 여태껏 스포티파이가 지불한 저작권료가 20억 달러라는 점을 강조했다.

제이 지, 스트리밍 사업에 시동을 걸다

(‖ A Billi)

스위프트가 스포티파이를 이탈하자, 많은 아티스트가 스트리밍 경제에서 자신의 지위를 재협상하기를 원했다. 2014년 말에 콘텐츠 담당 이사인 파크스에게 메일이 도착했다.

"이것 좀 봐, 젠장."

그 메일은 제이 지의 대리인에게서 온 것이었다. 제이 지는 스포티파이에 10억 달러로 독점적으로 자신의 곡 전체를 제공하겠다고 했다.

디지털 마켓은 점점 더 뜨거워지고 있었다. 애플은 비츠를 샀고, 닥터 드레는 자산이 10억 달러에 육박하는 부자가 되었으며, 1945년생 싱어송 라이터인 닐 영에서부터 '브루클린의 제일 유명한 래퍼'로 불리는 제이 지에 이르기까지 모든 아티스트가 돈을 벌기 위한 새로운 방법을 찾고 싶어 했다.

그러나 스포티파이는 제이 지의 제안에 겁먹지 않았다. 스포티파이의 분석 팀은 스위프트의 이탈로 입은 타격을 상세히 연구했다. 팝스타는 기껏해야 몇 백 명의 사용자를 떠나게 만든 것 같았다. 여전히 약 1,500만 유료 사용자가 스포티파이에 있었다. 이에 파크스는 제이 지의 제안에 정중하게 거절했다. 그러나 그 스타는 곧 제안을 상기시켰다.

아스피로를 인수한 제이 지

> ‖ Holy Grail

　2015년 1월 금요일 아침에 스웨덴과 노르웨이의 테크 기업들의 주가가 60퍼센트나 훌쩍 뛰어올랐다. 그 원인은 전략을 바꾼 래퍼 제이 지였다. 그는 스트리밍 기업에 자신의 곡에 대한 독점적인 저작권을 허락하는 대신에 아예 스트리밍 기업을 사기로 하고 아스피로Aspiro를 주목했다. 아스피로는 스웨덴-노르웨이 스트리밍 서비스인 웜프와 프리미엄 버전인 타이달을 보유한 기업이었다.

　본래 이름이 숀 카터인 45세의 제이 지는 1990년대 중반에 록커펠라 레코드를 설립하고 데뷔 앨범인 《리즈너블 다우트》Reasonable Doubt를 발매한 이래로 장족의 발전을 해 왔다. 그는 프랑스 샴페인부터 농구팀 브루클린 네츠에 이르기까지 다양한 사업에 뛰어들었고 억만장자가 되었다.

　제이 지는 여러 해 동안 스톡홀름 주식 시장에서 거의 잊혔던 아스피로를 4억 6,400만 크로나(약 600억 원)에 현찰로 구매했다. 이때 노르웨이 미디어 대기업인 십스테드는 주식의 4분의 1을 소유하고 있었는데 이 거래를 환영했다. 그러나 그보다 적은 주식을 가지고 있던 몇몇 소유주들이 길을 가로막았다. 특히 주식의 10퍼센트 이상을 보유한 아스피로 악세크라프트Aspiro Aktiekraft 협회의 수네 칼손Sune Karlsson이 반대 의사를 밝혔다.

　"그 제안을 거절하자고 주주들에게 말할 겁니다."

하지만 제이 지의 여러 회사들을 거느린 지주사 '프로젝트 팬더 비드코'Project Panther Bidco는 꿈쩍도 하지 않았다. 겨우 1주일간 스트리밍 기업에 대한 제이 지의 야망이 저지된 끝에, 제이 지의 아스피로 인수는 마무리되었다. 그리고 아스피로는 이름을 타이달로 바꾸었다.

또 다른 경쟁자, 타이달

॥ Family Business

2015년 3월 30일, 제이 지와 비욘세는 맨해튼 미드타운의 유리 천장이 있는 인더스트리 홀에 갔다. 타이달의 출시를 기념한 기자 회견이 열렸다. 세상은 그들이 어떻게 음악 산업을 재편하고 싶은지 곧 보게 된다.

"우리는 아티스트들이 소유하는 플랫폼을 출시하기 위해서 여기에 왔습니다."

제이 지의 회사 록 네이션의 투자 담당 이사인 바니아 슐로겔Vania Schlogel이 말했다. 슐로겔은 타이달이 미국의 통신사인 스프린트와 협력하기로 합의했으며 서명이 이루어졌다고 밝혔다. 타이달은 이용자에게 매달 10달러를 받았다. 선택 사항이 하나 더 있었다. 두 배의 비용을 치르면 다른 스트리밍 서비스보다 더 나은 음질을 즐길 수 있었다. 그 외에 타이달은 영상과 독점적인 콘텐츠를 보유했고, 오프라인에서도 음악을 들을 수 있었다.

"우리는 음악의 가치를 되살릴 겁니다. 그리고 더 중요한 것은 우리가 아티스트와 팬을 묶어 주는 장소를 만들 거라는 점입니다."

슐로겔은 이렇게 말한 다음 무대에 올라오는 타이달의 소유주들을 한 명씩 소개했다.

"앨리샤 키스."

그녀가 환호하는 관중을 향해 말했다.

"윈 버틀러, 아케이드 파이어의 레진 사샤누입니다."

"비욘세!"

금방 열여섯 명의 공동 소유주가 나란히 줄을 맞추어 섰다. 저명한 무리들이었다. 무대에는 어셔, 리아나, 니키 미나즈, 마돈나, 카니예 웨스트, 제이 콜, 잭 화이트, 로봇 헬멧을 쓰고 있는 다프트 펑크, 디제이 데드마우스 그리고 또한 일전에 스포티파이를 보이콧했던 컨트리 가수 제이슨 올딘도 있었다. 캘빈 해리스와 콜드플레이의 보컬 크리스 마틴도 영상 링크로 참여했다. 스위프트는 무대에 등장하지 않았지만 앨범 《1989》를 제외하고는 자신의 곡 전체를 타이달에서 들을 수 있게 해 주었다.

제이 지는 타이달을 지원하는 아티스트들이 음악을 사랑하기 때문에 성공을 거두었다고 말했다.

"그것이 우리가 광고나 하드웨어를 파는 테크놀로지 회사와 구별되는 점들 중에 하나입니다."

타이달이 출시되었다는 소식을 많은 매체가 보도했으며 양 대서양에서 큰 화제가 되었다. 팝스타들은 #TIDALforALL이라는 해시태그

2015년 뉴욕에서 열린 타이달의 출시 행사. 왼쪽부터 어셔, 리아나, 니키 미나즈, 마돈나, 데드 마우스, 카니예 웨스트, 제이 지. ©Kevin Mazur / Getty Images / 게티이미지코리아

를 달아 '음악 사업계의 전환점'이라는 트윗을 날렸다. 음악 업계에서는 타이달이 스포티파이를 무너뜨릴 수 있을 거라고 예측했다. 그 세계는 명망 있는 아티스트들과의 가까운 관계를 중심으로 돌아갔다. 만약 타이달이 수십 명의 세계적인 스타들을 모은다면 성공은 쉽게 따라오게 되어 있었다.

음악 업계의 힘이 스포티파이와의 싸움을 벌이기 시작했다. 스톡홀름과 뉴욕의 사무실에 있던 직원들은 긴장 속에서 타이달의 출시를 지켜보았다. 다행히 스포티파이에 큰 영향은 없을 거라고 생각했다. 타이달이 더 비싼 비용에 좋은 음질을 제공하는 '하이파이 서비스'를 스포티파이 또한 사용자들에게 테스트를 해 보았기 때문이다. 그런데 음질이 좋다고 해서 사용자들은 서비스를 바꾸는 경향을 보이지 않았다. 스포티파이는 타이달처럼 할 이유가 없었다. 그러나 또다시 음악계에서 큰 힘을 발휘하는 세력과 마찰을 빚게 되었다.

로렌손은 극도로 피곤했다. 타이달이라는 사업 모델은 위협이 될 수 있었다. 만약 더 많은 아티스트가 자신의 배급 업자와 함께 스포티파이의 공동 소유주가 되게 해 달라고 요구한다면 시장은 달라질 것이다. 어쩌면 영화와 텔레비전 세계처럼 공급이 완전히 파편화될지 모른다. 에크가 사적으로 알고 지내는 록계의 전설인 닐 영은 나쁜 음질을 이유로 들어 그해 말에 스포티파이에서 곡들을 거두었다. 그러나 타이달에는 그대로 남았다. 스포티파이의 회의론자들은 닐 영이 만든 뮤직 플레이어인 포노플레이어를 마케팅하려는 속셈이라고 주장했다.

로렌손처럼 에크도 이러한 상황을 염려했다. 에크는 아티스트와의 관계와 독점적인 전략을 크게 신뢰하지 않았다. 그렇게 해서 사업이 제대로 될 리 없었다고 여겼고, 무엇보다 스포티파이를 차별화할 다른 방법을 모색 중이었다. 스포티파이 TV는 결코 끝까지 갈 수 없었다. 그렇기에 그는 경쟁에서 치고 나갈 다른 방법을 찾는 데 고심했다.

PART 4

미래

전 세계 1위를 지키기 위한
스포티파이의
다음 무기는 무엇인가?

빅데이터로 애플 뮤직에 대항하다

2015년 봄, 스포티파이에는 겨울이 정말로 찾아왔다. 경쟁사들이 사방에서 치고 들어온 것이다. 아마존과 구글은 스트리밍 서비스를 확장해 갔다. 타이달의 사용자 수는 아직 위협적이지 않았으나, 유명한 아티스트들과의 강력한 연결 고리가 어떠한 영향을 미칠지 미지수였다.

가장 큰 위협은 쿡과 아이오빈이었다. 그들은 곧 아이튠즈의 후속 버전을 발표할 예정이었다. 애플의 뮤직 스토어는 결제 카드 번호를 등록해 둔 약 8억 명의 고객을 확보한 상태였으며, 이에 비해 스포티파이의 사용자는 2천만 명 정도였다.

동시에 애플은 대형 음반사와 더 끈끈한 관계를 이어 갔다. 스포티파이가 미국에 진출한 지 4년이 지난 시점에서 애플은 스트리밍 서비스를 저지하려고 했다는 의심을 받았다. 2015년 4월에 유럽 연합은 애플이 스트리밍 기업의 무료 청취 서비스를 저지하려는 목적으로 음반사와 합의했는지의 여부를 검토했다. 테크 정보 사이트 '더 버지'는 미국 법무부와 연방 거래 위원회가 애플을 조사할 거라는 소식을 전했다.

에크는 더 탁월한 기술로 경쟁사들의 위협을 막아 내고 싶었다. 이때 스포티파이는 사용자의 기분에 따라 음악을 추천해 주는 서비스에 대한 아이디어를 생각해 냈다. 사용자 입장에서는 스포티파이에서 매 순간 알맞은 음악을 발견하는 셈이었다.

"출근길에 사람들은 평상시보다 더 빨리 운전을 하게 됩니다. 그럴 때 스포티파이는 음악을 조절합니다."

2015년 봄에 몇 명의 투자자가 비리예르 얄스가탄의 스포티파이 본사를 방문했을 때 에크가 한 말이다. 이 기술을 실현하려면 스포티파이는 사용자가 어디에 위치하며, 어떻게 움직이는지를 알 필요가 있었다. 멈추어 있는지, 산책을 하는지, 아니면 뛰는 중인지까지도 말이다.

에크는 사용자를 깊이 아는 것이 가치 있다는 점을 이해했다. 이 시기에 세계는 빅데이터를 이야기하고 있었다. 따라서 스포티파이는 전보다 사용자 데이터를 훨씬 더 많이 모으는 게 가능했다. 이 전략은 에크와 쇠데스트룀에게서 나왔다. 그들은 스포티파이를 사용하는 전혀 새로운 방법을 사용자에게 알려 주고 싶었다. 다만 이 방법을 현실화하려면 많은 투자가 필요했는데, 그 때문에 쇠데스트룀은 동료들에게 말했다.

"이것을 하느냐 죽느냐, 그것이 문제로다."

2016년 스톡홀름, 스포티파이의 제품 담당 이사 구스타브 쇠데스트룀. ©Jesper Frisk

경쟁자들을 막을 새로운 기능

⏸ You Don't Know Me

스포티파이에는 '순간'을 중요하게 여기는 문화가 있었다. 그래서 사용자가 파티, 운동 그리고 저녁 식사 등을 할 때 이에 맞추어 스포티파이 앱이 최적의 음악을 제공한다는 구상을 했다. 실제로 '딥 슬립'Deep Sleep 플레이리스트는 특히 인기가 많아서 하루 24시간 중 아주 많은 시간을 사용자와 함께했다. 스포티파이의 사용자가 알맞은 시간에 알맞은 장소에서 알맞은 음악을 들을 수 있게 하자는 취지에서 새로운 아이디어가 나왔다. 만일 사용자가 로스앤젤레스에서 휴가를 즐기는 중이라면 〈고잉 백 투 캘리〉Going Back to Cali를 더 노토리어스 비아이지의 노래로 듣고 싶을 가능성이 높았고 스포티파이는 사용자의 요구를 예측하여 적절한 곡을 제공할 수 있었다. 바로 '모먼트'Moment라고 이름 붙인 이 기능을 만들기 위해서 스포티파이는 사용자의 GPS 좌표가 필요했다. 새로운 스포티파이는 사용자의 음악 취향, 어디에 있는지, 그리고 언제인지 등을 종합하여 음악을 들려 줄 것이다.

운동 마니아인 쇠데스트룀은 팀을 꾸려서 '스포티파이 러닝'Spotify Running이라는 기능을 만들었다. 그들은 얄라휘셋 건물의 방 하나를 특별한 실험실로 꾸몄다. 중앙에서 실험을 위하여 고용된 사람이 이어폰을 끼고 러닝머신에서 뛰면 스포티파이 직원들이 소프트웨어가 사람의 발이 얼마나 빨리 바닥에 닿는지를 제대로 측정하는지 확인했다.

그러고선 스포티파이 앱이 사람이 뛰는 속도와 비슷한 리듬의 곡을 추천하게 했다. 그 제품은 나이키와 공동으로 개발했고, 사용자의 휴대 전화나 태블릿 PC에 장착한 센서로 사용자의 상태를 측정했다. 이러한 기능의 개발은 비츠 뮤직에 대한 스포티파이의 대답이자, 애플이 비츠와 함께 가할 공격을 막을 수비법이었다.

마지막으로는 스포티파이의 앱에 새로운 영상 자료를 선보일 계획을 세웠다. 스포티파이 TV 사장인 라자라맨은 콘텐츠 업데이트를 위하여 미국과 스웨덴에서 텔레비전 자료에 대한 허가를 받았다. 라자라맨은 몇 달 전 어쩔 수 없이 마그네토 프로젝트를 폐기해야 했었다.

스포티파이는 새로운 재원을 찾아서 야심차게 이 계획들을 달성시키고자 했다. 그래서 회사의 가치를 80억 달러 이상으로 만들자는 목표를 세웠다.

방대한 데이터 분석을 통해 탄생한 디스커버 위클리

ıı Dancing Machine

스포티파이의 임원진이 여러 서비스의 출시를 준비하는 동안 뉴욕에서도 색다른 시도가 진행 중이었다. 그것은 이전에 만들어진 스포티파이의 사용자에게 새로운 음악을 추천하는 알고리즘과 관련 있었다. 디스커버 탭과 관련 있던 그 기능은 6개월 전에 인수된 에코 네스트에서 개발되었지만, 사용자로부터 좋은 반응을 얻지 못하자 2014년 하반기에 기능이 축소되었다. 에코 네스트는 스포티파이가 맡길 만한 일은 별로 없고 비용만 많이 드는 기업이었다. 대부분이 MIT 출신의 석사 학위자였던 그 기업의 개발자들은 머신 러닝 분야에서 앞선 지식을 가지고 있었다. 그렇지만 불과 몇 년 뒤 에코 네스트는 공중분해되었다. 개발자들 가운데 몇 명은 아마존의 테크놀로지 팀과 구글의 AI 프로그램 개발사인 딥마인드로 자리를 옮겼다.

2014년 말에 스포티파이의 신중한 개발자 두 명이 옛 아이디어를 바탕으로 작업을 시작했다. 에드워드 뉴엣Edward Newett과 크라이스 존슨Chris Johnson이었다. 예전에 그들이 속했던 팀은 플레이리스트처럼 일반적으로 추천할 수 있는 곡들을 하나로 묶는 것을 고민했었다. 하지만 이제 그들은 사용자의 취향에 정확히 맞춘 완벽한 플레이리스트를 만드는 방법을 찾으려 했다. 특히 머신 러닝을 활용하여 주목할 만한 결과를 내놓고 싶었다.

그들은 곡 재생 이력이 유사한 사용자끼리 모은 뒤, 엄청난 양의 곡 재생 데이터를 분석했다. 이 과정은 넷플릭스가 시청자에게 영상을 추천하거나 아마존이 구매자에게 제품을 추천하는 것과 유사했다. 또한 스포티파이가 직접 만든 약 15억 개의 플레이리스트가 활용되었다. 그 결과, 템포, 구조 그리고 강도 등이 유사한 플레이리스트가 탄생했다. 한마디로 그 플레이리스트는 대부분이 서로 잘 어울리는 곡들로 구성되었다.

뉴엣과 존슨은 완벽한 플레이리스트가 만들어졌다고 생각해서 따로 사람들을 고용하여 플레이리스트를 테스트해 보았다. 뉴엣과 존슨은 상사인 매튜 오글Matthew Ogle과 기존의 플레이리스트들 사이에서 새로운 플레이리스트가 어떻게 될지 지켜보았다. 곧 플레이리스트들 상단에 새로운 플레이리스트가 확실히 자리를 차지하는 것이 포착되었다. 테스트에 응했던 한 사람은 아주 긍정적인 반응을 보였다.

"지금까지 비밀에 싸여 있던 음악적 소울메이트를 드디어 만난 것 같았어요. 플레이리스트 안에 있는 모든 곡들이 좋아요."

그 팀은 몇몇 제품 디자이너의 도움을 받아서 하나의 플레이리스트를 두 시간 정도의 길이로 맞추었고 100곡에서 30곡을 배치했다. 그리고 매주 플레이리스트가 공급되도록 했다.

이 자동화된 알고리즘 플레이리스트는 '디스커버 위클리'Discover Weekly 또는 스웨덴어로 '한 주의 조언'Veckans Tips이라는 이름을 얻었다. 뉴엣과 존슨은 디스커버 위클리가 제대로 작동되는지 살펴보기 위해서 스포티파이의 진짜 사용자들에게 테스트를 진행하고 싶었다. 그러나 임원진의 관심을 끌기란 매우 어려웠다. 쇠데스트룀은 모먼트에 온 시간을 쏟고 있었다. 장래가 훤한 플레이리스트는 상용화되려면 좀 더 기다려야 했다.

눈떠서 잠들 때까지 스포티파이와 함께

❚❚ Moment 4 Life

2015년 봄에 애플이 음악 스트리밍의 가격을 내리고 싶어 한다는 소문이 들렸다. 아이오빈과 그의 무리는 한 달에 5달러를 받고 서비스를 제공하고 싶어 했다. 이제 애플 뮤직의 출시가 몇 주밖에 안 남은 상황에서 음반사와 한 달에 8달러 선으로 타협할 것 같다는 언론 보도가 나왔다. 가격 전쟁은 스포티파이에 높은 손실을 안길 수 있었다.

그즈음 에크는 맨해튼에 마련된 무대에 올랐다. 검은색 청바지를 입고 기타가 그려진 감청색 티셔츠를 입은 그는 말했다.

"우리는 더 깊고, 더 풍요롭고, 더 몰입감이 강한 경험을 여러분에게 드리겠습니다."

대형 화면은 스포티파이 앱의 새로운 기능을 보여 주었다. 스포티파이가 몇 년 동안 슬로건으로 삼았던 '매 순간을 위한 음악'을 직접적으로 구현한 기능을 선보이는 것은 이번이 처음이었다.

"스포티파이는 음악으로 여러분들의 삶을 돕고자 합니다. 무엇보다 사용자가 음악을 들을 장소 등에 기초하는 플레이리스트를 제공할 겁니다. 물론 사용자가 좋아하는 것을 알아내는 데 도움이 될 데이터를 살펴볼 겁니다. 그러나 우리의 플레이리스트는 바로 '뮤직 에디터'라는 가장 재능 있는 음악 전문가의 큐레이팅에서 나올 겁니다."

그 설명은 스포티파이를 '스웨덴의 로봇들'이 만든다는 비츠 무리의 조롱에 대한 반격처럼 들렸다. 뮤직 에디터들은 휴식, 파티, 게임 등 다양한 목적에 어울리는 플레이리스트를 지원했다. 프레젠테이션 직후, 쇠데스트룀은 《와이어드》와 인터뷰를 했다. 그는 스포티파이가 가능한 한 사용자와 많은 시간을 함께하기를 원한다고 이야기했다.

"사용자가 스포티파이로 아침을 시작해서 잠들 때까지 멈추지 않고 음악을 듣도록 하고 싶습니다.”

스포티파이는 음악을 제공하는 데만 그치지 않았다. 사용자들은 ESPN, MTV, 신생 뉴스 채널 VICE 뉴스 등의 팟캐스트와 비디오 클립을 볼 수도 있었다. 카날5와 아프톤블라뎃 등의 스웨덴의 주요 미디어 기업 또한 이에 참여하기로 했다. 두 명의 소식통에 따르면 당시 스포티파이는 저작권료로 4억 크로나(약 520억 원) 이상을 지불했다고 한다.

새로운 기능들이 원활하게 작동하려면 사용자 데이터가 전보다 훨씬 많이 필요했다. 맨해튼에서 프레젠테이션을 한 지 몇 개월 지난 뒤에 에크는 처음으로 사용자 데이터를 직원들에게 요청했다. 그리고 그 전에 애플 뮤직에 대해서 알아야 할 때가 왔다.

애플 뮤직과 비츠원의 등장

Ⅱ Release Me

2015년 6월 8일 월요일, 에크가 스포티파이의 새로운 기능을 소개한 지 약 2주가 넘었다. 이번에는 샌프란시스코의 무대에서 쿡이 ‘애플 뮤직’의 탄생을 알렸고, 드디어 잡스의 옛 단골 대사를 던졌다.

“그리고 한 가지가 더 있습니다.”

관중은 환호성을 질렀다. 쿡은 음악의 역사를 그려 낸 영상을 보여주었다. 1800년대의 축음기가 라디오로 이어지더니 레코드판, 8트랙

테이프, 카세트테이프 그리고 마침내 아이팟과 아이폰까지 이어졌다. 영상은 2015년과 애플 뮤직의 로고에서 멈추었다. 쿡은 곧 새로운 연사를 무대로 불러 올렸다. "음악과 음악 체험을 누구보다도 잘 아는 사람."으로 소개하면서 찬사들을 덧붙였다.

"그는 브루스 스프링스틴부터 존 레논 그리고 셀 수 없이 많은 환상적인 아티스트와 일해 왔습니다. 애플도 함께하게 되어서 기쁩니다. 아이오빈을 환영하는 데 동참해 주세요!"

비츠 창업자가 검은색 재킷, 청바지 그리고 스니커즈 차림으로 무대에 올랐다.

"고마워요, 팀!"

자유의 여신상이 그려진 회색 티셔츠를 입은 아이오빈이 화답했다. 그는 관중에게 자신을 소개했다. 애플이 2003년에 아이튠즈의 출시로 불법 복제를 정복했을 때 본인도 그 일에 참여했다고 강조했다. 지금 그는 한 번 더 이 업계를 변화시키기를 원했다. 이때 애플 뮤직을 다룬 영상이 시작되었다. 콘서트, 디제이, 그리고 휴대 전화로 음악을 듣는 젊은이들의 이미지가 등장했다. 그러더니 누군가의 목소리가 들렸다.

"음악이 디지털이 아니라 예술로 다루어지는 공간이 필요합니다. 존경심과 탐험에 도전하고픈 마음이 담긴."

관중은 곧 그것이 유명 록 그룹인 나인 인치 네일스의 레즈너 목소리임을 알 수 있었다.

"애플 뮤직과 함께 바로 이것을 실현하려고 합니다. 애플 뮤직은 적절한 순간에 적절한 플레이리스트로 적절한 음악을 여러분에게 제공할 것입니다."

애플 뮤직은 새로운 라디오 방송 '비츠원'을 공개했다. 비츠원은 세계적인 스타 디제이가 로스앤젤레스, 뉴욕, 런던에서 24시간 내내 진행하는 라디오 생방송이었다. 애플 뮤직은 아티스트와 팬의 소통을 돕는 '커넥트'Connect 기능도 선보였다. 아티스트는 자신의 커넥트 페이지에 사진, 가사, 동영상 등을 팬들과 공유할 수 있었다. 즉 그 기능은 일종의 소셜 채널이었다. 그 가격은 한 달에 10달러로 3개월간 무료로 시험 사용도 가능했다. 결국 애플은 스트리밍 서비스의 시장가를 내리는 데 실패했음을 보여주었다.

얄라휘셋 건물에서는 스포티파이 직원들이 이 프레젠테이션을 유심히 지켜보고 있었다. 그들은 여러 해 동안 이 순간을 기다렸다. 많은 사람들이 애플에는 무료 사용자가 없다고 주장했었다. 프레젠테이션이 한창일 때 에크는 트위터에 냉담한 반응을 남겼다.

"아, 오케이."

에크의 트윗에는 수천 개의 리트윗이 달렸다. 그 트윗을 삭제하기 전까지 말이다.

한편 빈노는 스포티파이를 그만두었다. 제품 담당 이사로 스포티파이의 최전선에서 일하던 그는 1년 뒤 애플로 갔다. 아이오빈이 다시 불러들인 것이다. 아이오빈에게 "그 스웨덴인."이라고 불렸던 빈노는 그렇게 비츠에서 스포티파이로, 이후 최대 라이벌인 애플로 자리를 옮겨 갔다. 애플에서 그는 음악, 텔레비전 그리고 팟캐스트의 디자인을 담당하는 애플의 디자인 이사가 되었다.

논란의 연속인 애플 뮤직의 행보

II Look What You Made Me Do

애플 뮤직의 출시는 논란거리였다. 게다가 미국 당국이 음악 산업과 애플과의 연결 고리를 조사하는 사건이 발생했다.

애플이 샌프란시스코에서 프레젠테이션을 한 지 불과 이틀 뒤였다. 〈뉴욕 타임스〉는 애플이 미국의 독점 금지법을 위반했는지의 여부를 뉴욕과 코네티컷의 검찰이 조사 중이라고 밝혔다. 애플은 예전에도 비슷한 소송에서 유죄 판결을 받았다. 2011년 아이패드를 출시할 때 애플이 출판사들과 손잡고 전자책의 가격 담합을 조장했기 때문이다. 이번에는 애플이 대형 음반사들과 공모하여 스포티파이와 같은 음원 스트리밍 기업이 유료 서비스를 중단하도록 압력을 가했다는 혐의를 받았다. 더군다나 미국은 물론 유럽 연합 내에서도 같은 조사가 진행 중이라고 보도되었다. 이에 유니버설 뮤직은 "소니 뮤직이나 워너 뮤직 등의 다른 음반사들과 애플과 함께 음악 스트리밍 기업에 광고 기반의 무료 음악을 제공하지 않겠다고 담합한 적이 없다."는 입장을 밝혔다.

며칠 뒤인 6월 21일에 스위프트는 최신 앨범《1989》를 애플 뮤직에 제공하는 것을 보류하겠다고 했다. 자신의 블로그에 '애플에게, 애정을 담아 테일러가'라는 제목의 글을 올려 그 이유를 설명했다. 애플 뮤직이 사용자에게 제공하는 3개월간의 무료 서비스 기간에 발생하는 저작권료는 아티스트들에게 지급하지 않기로 해서였다. 애플은 스포티파이보다 훨씬 적은 돈으로 사업을 운영하려 한 듯했다. 스위프트는 블로그에 이렇게 썼다.

"충격적이고 실망스러웠으며, 애플은 예전의 진보적이면서도 관대한 기업답지 않다."

그러자 바로 애플은 뒤로 물러섰다. 6월 30일 애플 뮤직이 공식적으로 서비스를 시작하기 직전에 양측은 완전히 합의했다. 애플은 사용자의 무료 사용 기간에 발생하는 저작권료도 아티스트들에게 지불하기로 했다. 대신 스위프트는 앨범 《1989》이 애플 뮤직에서 스트리밍되는 데 동의했다. 스위프트는 트위터에 썼다.

"내 앨범을 스트리밍으로 제공하는 것이 적절하다고 처음으로 생각했습니다. 마음을 바꿔 줘서 고마워요, 애플."

나중에 아이오빈은 애플이 아티스트들의 편에 서도록 본인이 막후에서 어떻게 노력했는지 공식적으로 언급하기도 했다.

스트리밍, 확실한 대세가 되다

‖ New Rules

애플 뮤직의 프레젠테이션이 있은 지 며칠 뒤였다. 에크는 새하얀 나이키 에어포스 원을 신고 스투레플란 광장을 산책했다. 어린 자식을 둔 느긋한 아빠의 모습으로 스웨덴 최대 통신사인 텔리아의 본사로 들어갔다. 그해 2월 14일 밸런타인데이에 에크와 레반데르는 약혼했다. 몇 주 지나서 둘째 딸 콜린Colinne이 태어났다.

에크는 텔리아의 로비에서 경제 신문 〈다겐스 인두스트리〉에서 취재를 나온 기자 세 명을 만났다. 에크는 담소 나누는 것은 좋아했지만 인터뷰만 하면 경직되는 편이었다. 하지만 되도록 말을 가려서 하고 애플의 프레젠테이션에 대해서도 의견을 부드럽게 내놓으려고 신경 썼다.

"성공하기 위해서 반드시 넘버원이 되어야 한다고 생각하지 않습니다. 넘버 쓰리여도 충분하죠."

이날 아침 〈다겐스 인두스트리〉는 최근 스포티파이의 재원 유치와 관련한 기사를 다루었다. 5억 달러가 넘는 투자를 받았으며, 텔리아가 그 일부를 제공했다는 내용이었다. 에크는 "돈에 대해서 이야기하는 것은 별로 내키지 않는군요."라고 말했다.

한편 에크는 애플이 스트리밍 서비스에 합류하는 데 아주 오랜 시간이 걸렸다며 놀라워했다. 그는 드디어 미국에서도 스트리밍이 대세가 되었다는 긍정적인 신호로 여겼다.

"아주 타당한 선택입니다. 스포티파이는 7년간이나 음악 산업의 미래는 스트리밍이라고 말해 왔습니다."

하지만 애플 뮤직은 초창기에 많은 사람에게 실망감을 안겨 주었다. 테크 정보 사이트 '더 버지'는 애플 뮤직의 앱은 어수선하고 너무 느

리다고 평했다. 아이오빈도 불만이 많았는데, 심지어 그해의 상반기를 "잃어버린 시간."이라고 회상했다.

여름에 에크는 시장에 두 가지 새로운 서비스를 내놓았다. 그중 하나는 모먼트의 진보된 기능으로 실패작이 되었지만 나머지 하나는 이제까지 스포티파이 역사상 가장 성공을 거둔 기능이 되었다.

사람들의 취향을 완벽하게 맞춘 디스커버 위클리

II Dressed for Success

수개월간 기다린 끝에 뉴욕의 뉴엣과 존슨은 드디어 대규모로 알고리즘 플레이리스트인 디스커버 위클리를 테스트하게 되었다. 그리고 그 테스트는 2015년 4월에 완료되었다. 수많은 사용자가 사용 소감을 트위터에 남겼으며 그중 한 사용자는 다음처럼 극찬했다.

"내가 들어본 음악 가운데 최고였어요."

에크는 디스커버 위클리의 성공에 회의적이었다. 그러나 애플 뮤직이 출시된 지 몇 주가 지나 스포티파이는 디스커버 위클리를 공개했다. 디스커버 위클리는 출시 즉시 스웨덴과 미국에서 폭발적인 반응을 일으켰다. 한 사용자가 트위터에 썼다.

"스포티파이의 디스커버 위클리 플레이리스트가 두려웠다. 어찌나 나를 잘 알던지."

10주 만에 알고리즘은 무려 100만 개의 플레이리스트를 생성했다. 2015년 가을이 되자 스포티파이는 적극적인 사용자 수에서 판도라를 추월했다. 디스커버 위클리의 출시는 스포티파이에게 새로운 시대를 알리는 서막이었다. 에크는 얼마 뒤 투자자들 앞에서 박수를 받았다. 2016년 여름에 스포티파이는 후속으로 '릴리즈 레이더'Release Rader 를 출시했다. 사용자의 취향에 맞추어 알고리즘이 최근에 발표된 신곡을 매주 금요일마다 모아 주는 플레이리스트였다.

몇 년 뒤에는 '랩 캐비어'Rap Caviar와 '투데이스 톱 히트'Today's Top Hits 등의 기능이 발표되었다. 이 두 기능은 사람이 직접 통제했다. 이로써 스포티파이는 세계 디지털 음악계에서 가장 영향력 있는 존재로 변모했다. 수백만 명의 사용자들은 스포티파이가 자신들을 이해한다는 느낌을 받았다. 이제 스포티파이는 세상의 모든 곡을 발견하게 해줄 뿐 아니라 최고의 곡까지 찾아 주고 있다.

디스커버 위클리는 출시되고 나서 1년여 동안 수백만 곡을 사용자에게 추천했다. 그런데 생산 팀의 분석 결과에 따르면 디스커버 위클리의 플레이리스트에는 편파성이 보였다. 작은 음반사의 곡을 추천하는 경향이 있었던 것이다. 자연스럽게 디스커버 위클리는 음악 업계에서 잘 알려지지 않은 아티스트들이 커리어를 발전시키는 데 도움을 주었다. 말하자면 신인을 발굴하는 셈이었다. 디스커버 위클리는 스포티파이의 미래 전략에서 완전히 중심이 되었다. 그러나 안타깝게도 뉴욕의 개발자인 뉴엣과 존슨은 내부에서 제대로 인정을 받지 못했다.

디스커버 위클리가 나온 지 몇 주 안 되었을 때 '더 버지'가 기사를 냈다. 이때 기자가 과거에 에코 네스트에서 근무한 사람들까지 인터뷰를 했는데, 디스커버 위클리의 성공에 마치 에코 네스트의 공이 컸다는 식으로 기사를 썼다. 그 기사는 뉴엣과 존슨을 화나게 만들었다. 에코 네스트의 옛 직원 한 사람은 메일로 기자가 오해하게 한 것에 대해 사과를 청하기도 했다.

에크도 쇠데스트룀도 뉴욕의 개발자들에게 따로 연락하지 않았다. 그러자 몇 년 지나서 디스커버 위클리를 만들었던 뉴엣과 존슨은 다른 직장으로 자리를 옮겼다. 그들은 스포티파이 최고의 기능을 만든 데 대한 아무런 감사의 말도 듣지 못하고 떠나갔다.

사생활 침해 정책에 쏟아진 비판

‖ Creep

2015년 여름 끝자락이었다. 에크가 모먼트를 발표한 지 4개월이 지난 8월 20일에 스포티파이는 새로운 정책을 공식화했다. 사용자에게 사진, GPS 좌표, 그리고 휴대 전화 연락처를 요청하는 내용이 담겨 있었다. 휴대 전화나 태블릿 PC의 센서로 사용자의 상태를 파악하려는 목적이었다. 예를 들어 사용자가 움직인다면 천천히 산책하는지 아니면 달리는지, 혹은 지하철로 이동 중인지, 스포티파이는 보다 정확한 데이터를 입수할 수 있었다.

곧바로 비판이 쏟아졌다. 스포티파이의 새 정책이 사용자의 인권을 침해하는 행위로 비추어졌기 때문이다. 세계 도처의 미디어들은 스포티파이의 새로운 그리고 훨씬 더 광범위한 데이터 수집을 예의 주시했다. 지도에서 길을 찾기 위해서 앱 사용자가 본인이 어디에 있는지를 구글 맵에 알려 주는 것과는 다른 성질의 문제였다. 《와이어드》는 스포티파이의 새로운 정책을 '소름 끼치는'이라는 표현으로 비판했다. 《포브스》는 '정말 섬뜩한'이라고 기사에 썼다. 게임 '마인크래프트'를 만들었고, '노치'Notch라는 별명으로 불리는 스웨덴의 억만장자 마르쿠스 페르손은 에크를 겨냥해 다음과 같은 트윗을 날렸다.

"소비자로서 나는 당신의 서비스를 항상 좋아했습니다. 내가 음악을 불법 복제한 것을 멈추게 된 것도 당신 덕분이었습니다. 악한 존재가 되지 않도록 신중하게 생각하세요."

에크는 재빨리 그 정책을 변경했다. 바로 이튿날 블로그를 통해서 정식으로 사과도 했다. 스포티파이는 오로지 사용자가 분명하게 원할 때만 사진, 장소 데이터, 연락처를 수집할 것이며, 그 목적은 사용자가 플레이리스트의 표지 그림을 바꾸거나 사용자의 가까운 사람이 듣고 있는 음악을 추천받는 데 있다고 밝혔다. 그리고 센서 데이터는 사용자가 조깅하는 속도에 어울리는 음악을 맞춤 제공하는 스포티파이 러닝 기능을 위한 것이라고 설명했다.

2015년 가을에 스포티파이의 제품 팀은 약 7천만 명의 사용자 가운데 몇 퍼센트에게만 시범적으로 모먼트의 새로운 기능을 제공했다. 사용자들은 비디오 클립을 시청하고, 달릴 때 스포티파이를 들었다. 곧 제품 팀은 테스트 그룹이 새로운 기능을 좋아하지 않는 신호를 포착했다. 보통 때보다 앱에서 적은 시간을 보낸 것이다. 가장 큰 문제는 사용자가 듣고 싶어 하지 않는 음악까지 자동으로 재생되는 것이었다. 결과적으로 모먼트는 대체적으로 실패였다. 2015년 말에 모먼트 기능 가운데 극히 일부만 스포티파이의 사용자 전부에게 공개되었다. 휴식, 파티, 스포츠와 관련한 플레이리스트, 그리고 스포티파이 러닝이었다.

수억 크로나의 비용이 들었던 비디오 클립은 2016년에 완전히 사라져 버렸다. 아무리 유명한 방송의 영상이라도 몇 개월간 겨우 수천 명이 보았을 정도로 성적이 안 좋았다. 스포티파이 러닝 또한 아주 오랜 시간이 지난 2018년 초에 완전히 없어졌다.

다만 팟캐스트들은 스포티파이에 남았다. 앞으로 몇 년 동안 스포티파이는 점점 여기에 공을 들일 것이다.

스웨덴이 낳은 성공 신화로
우뚝 서다

2016년 4월 스포티파이는 창업 10주년을 맞이했다. 스트리밍은 미국의 음악 산업에서 가장 큰 수익원이 되었다. 1999년 이래로 계속 하락세였던 이 업계는 다시 성장하기 시작했다. 이로써 음반사들에게 함께 성장하자고 했던 에크의 약속은 이행되었다. 이제 스포티파이는 3천만 명의 유료 사용자를 보유했는데, 이는 애플 뮤직의 유료 사용자보다 세 배나 많은 숫자였다.

스포티파이 이야기는 대체로 스웨덴과 연관 있었다. 에크가 어릴 적에 스웨덴 기초 자치 단체인 '콤뮨'Kommun의 음악 학교에서 악기 연주를 배웠다든지, 불법 복제가 만연한 스웨덴에서 업계의 미래가 될 모델을 어떻게 만들게 되었는지 등등. 그런데 정작 스포티파이의 회장은 조국과의 관계에서 상반된 감정을 느꼈다. 세계 시장에서 일하고 있지만 수준 높은 스웨덴인 직원을 뽑기가 어려웠고, 다른 국가보다 스웨덴이 스포티파이에 더 높은 세금을 매겼다. 외국의 우수한 인재를 데려올 때도 스톡홀름의 주택 부족 문제가 발목을 잡았다.

2016년에는 스포티파이의 재경 팀이 뉴욕으로 이주했다. 주식 상장을 고려한 포석이었다. 나스닥이 소유한 스톡홀름 주식 시장의 대표단은 스포티파이를 정기적으로 지켜보았다. 대표단은 스포티파이가 뉴욕과 함께 스톡홀름에서도 주식 상장을 하기를 원했으나 그렇게 되기에는 시기적으로 너무 일렀다.

스포티파이 내부에서는 기업 문화에 대한 줄다리가 진행되었다. 스웨덴적인 것을 보존해야 한다는 편에는 강력한 2인자 로렌손과 검은 앞머리를 이마까지 기른 HR 담당 이사인 베리가 섰다. 베리는 기대에 못 미치는 직원을 해고할 때는 서슴지 않았지만 스포티파이의 고유의 유산은 신중하게 다루었다. 이에 비해 새롭게 재무 담당 이사가 된 맥카시는 보다 거친 미국 기업 스타일을 보여 주었다. 에크는 두 세계가 다르지만 서로 어울릴 수 있을 것으로 믿었다.

스웨덴 정신을 강조하다

| Changes

2016년 여름, 스톡홀름의 그랜드 호텔에 검정색 카펫이 깔렸다. 중앙 출입구 바깥에 깔린 카펫에는 각 분야에서 세계적으로 유명한 스웨덴인들이 그려져 있었다. 카펫은 보도를 따라 호텔의 뒤편 모퉁이를

지나서 정원 입구까지 이어졌다. 여기에서 '브릴리언트 마인즈'Brilliant Minds 콘퍼런스가 열렸다.

호텔 2층에서는 대중문화와 테크 분야에서 인상적인 업적을 남기고 있는 인물을 소개하고 경의를 표하는 자리가 마련되었다. 이곳에서 에크는 외신 기자들을 반갑게 맞이했다. 33세의 그는 스포티파이 창업자로서 이제 스웨덴 재계를 새롭게 대표했다.

점차 자신의 영향력을 어떻게 이용할 수 있을지 이해하기 시작한 그는 콘퍼런스를 공동 주최하며 스웨덴과 스포티파이를 '살면서 일하는 흥미진진한 곳'으로 자리매김하게 하자는 아이디어를 직접 떠올리기도 했다. 기자 회견을 하는 그의 뒤로 검정색 포스터가 붙어 있었다. 포스터에는 "세계에서 가장 창의적인 수도에 오신 걸 환영합니다."라는 문구가 있었다.

콘퍼런스 입장권은 가격이 수천 달러에 달했다. 그런데 대부분의 참가자는 에크나 공동 주최자인 애러쉬 퍼노리Arash Pournouri의 초대를 특별히 받은 사람들이었다. 퍼노리는 세계적인 스타 디제이 아비치의 매니저로 유명했다. 그리고 미국인 나탈리아 브레진스키Natalia Brzezinski가 손님 명단을 책임졌다. 브레진스키는 브릴리언트 마인즈 재단의 회장으로 콘퍼런스를 최고조에 이르게 할 행사를 맡았다. 세 사람은 과거와 현재의 세계 거물들을 위하여 이 자리를 마련했다.

벽이 분홍색으로 칠해진 홀에서 에크는 "이 행사는 남에게 베푸는 것과 관련 있습니다."라는 말로 연설을 시작했다. 사람들이 본인에게 자주 "스웨덴은 어떻게 H&M과 이케아, 뿐만 아니라 수십억 달러의 가치가 있는 테크 기업의 물결을 만들어 내는 데 성공했습니까?"라는 질문을 한다고 했다. 그러면서 스웨덴의 유명한 테크 기업을 언급했다. 게임 스튜디오 다이스, 게임 '마인크래프트'를 만든 기업인 모양 Mojang, 스포티파이, 사운드클라우드와 스웨덴-노르웨이 기업인 타이달. 이어서 에크는 이야기했다.

"세상 그 어느 것보다 문화에는 특별한 것이 있습니다. 스웨덴은 오랜 세월 기술을 중시해 왔고, 재분배의 전통이 있으며, 창조 산업의 중요성을 잘 알고 있습니다."

콘퍼런스의 참가자들 가운데는 구글의 전前 회장 에릭 슈미트, 영화배우 누미 라파스, 스웨덴 최대 은행인 SEB의 회장 마르쿠스 발렌베리 등 세계적인 유명 인사들이 있었다. 사운드의 베리스트룀과 핀테크 기업 클란Klarn의 니클라스 아달베트Niklas Adalberth 같은 스웨덴의 여러 스타트업 창업자도 그 자리에 왔다. 그 콘퍼런스는 에크에게 새로운 시대의 사업 모델을 선보이는 기회였다. '스웨덴의 사회적 안전망이 위험을 감수할 용기를 북돋아 준다'는 주제에 대하여 에크는 의견을 내놓았다.

"위험을 감수했다가 최악의 경우에 실패할 수 있습니다만, 사회적 안전망이 탄탄하다면 여러분은 여전히 자신의 아파트에서 살 수 있고 식탁에 먹을 것을 차릴 수 있습니다. 그래야 여러분은 계속 위험을 무릅쓰는 용기를 발휘할 것입니다. 그리고 몇몇 기업은 위험을 무릅쓴 끝에 세계적으로 유명해지는 보상을 받았습니다."

브릴리언트 마인즈 콘퍼런스의 출발점은 주변 세계에 스웨덴 모델을 통하여 배울 수 있는 점을 알리자는 것이었다. 브릴리언트 마인즈 재단의 수장인 브레진스키는 최근 몇 년간 스웨덴을 선구적인 국가로 홍보하는 사업을 해 왔다. 브레진스키는 맡겨진 임무를 잘 수행할 위치에 있었다. 그녀의 남편은 이전에 스웨덴 주재 미국 대사를 역임했으며, 그녀의 시누이는 미국에서 가장 큰 모닝 쇼 가운데 하나인 MSNBC 방송사의 〈모닝 조〉Mourning Joe 진행자였다. 그리고 워싱턴 D.C.에서 존경받는 현실 정치 전략가인 즈비그뉴 브레진스키가 시아버지였다.

"버락 오바마 대통령은 세계가 북유럽으로부터 무언가를 배울 수 있다고 말했습니다. 이러한 이야기는 우리가 하려는 일의 강력하고 대단한 원동력이 됩니다."

스웨덴의 권력자들도 콘퍼런스에 참석했다. 외교부 장관이었던 칼 빌트가 사업가인 크리스티나 스텐벡과 이야기하는 모습이 포착되었다. 조금 떨어진 곳에서는 온건당 당수인 안나 신베리 바트라가 센스트룀과 스웨덴 왕세녀의 남편과 대화를 했다. 마이클 잭슨의 전설적인 제작자인 퀸시 존스는 스웨덴 최대 출판사 대표인 알베트 본니에르 주니어Abbert Bonnier Jr.와 손짓하며 대화를 나누었다.

그날 저녁에 또 다른 스웨덴의 권력자들이 스톡홀름의 통로로 경치 좋은 쇠데르말름Södermalm에 있는 유명 레스토랑 포팽안Fåfängan에 모였다. 한 탁자에는 아티스트인 와이클리프 진이, 다른 탁자에는 투자은행 레인Raine의 파트너인 프레드 데이비스가 앉아 있었다.

비록 공식적으로 밝혀지지는 않았으나 브릴리언트 마인즈 콘퍼런스에는 많은 비용이 들어갔다. 콘퍼런스는 100년 전 노벨 만찬이 열렸던 자리에서 개최되었으며, 그곳은 3D 프린팅된 듯한 흰 플라스틱으로 만들어진 사람 머리 모양의 대형 조명 장식으로 빛났다.

에크는 무대에 올라 미국 가수 퍼렐 윌리엄스를 인터뷰했고, 눈에 띄지 않는 곳을 다니며 낮은 음성으로 많은 손님과 이야기를 했다. 에크의 친한 벗 칸은 홀을 누비면서 지인들에게 진심으로 안부를 물었다. 사운드클라우드의 공동 창업자인 바이퍼는 리더십, 인공지능 그리고 프로그램에 관한 대화에서 두각을 나타냈다.

어렸을 적 빌 게이츠보다 더 큰 인물이 되겠노라 꿈꾸었던 에크는 드디어 인정받는 사업가가 되었다. 주변에서는 사회 발전에 대한 그의 생각을 듣고 싶어 했다. 새로운 기술은 질병을 예방하는 데 어떤 역할을 할 것인가? 기계들이 수억 명의 운송 분야 종사자를 실업자로 만들어 버리면 어떻게 될 것인가? 에크는 기자 회견에서 자신의 의견을 내놓았다.

"스웨덴은 하루 6시간 노동제를 시험 중이지 않습니까. 이런 일이 미래를 대비하고 있다고 생각합니다."

만약 더 많은 나라가 스웨덴의 노동 시장을 따라 한다면 육아 휴직은 점점 더 일반화될 것이다. 에크는 "점차 시간에서 사람들이 해방될 수 있을 겁니다."라고 말했다. 그렇게 된다면 더 많은 사람이 음악 등의 창의적인 것을 하게 될 것이다. 마지막으로 에크는 덧붙였다.

"결국 굉장한 혜택이 사회에 되돌아올 것입니다."

여러 해 동안 에크는 의료 분야 내의 혁신에 대하여 목소리를 높여왔다. 그는 혈당 수치를 자주 확인하고 매년 뇌의 엑스레이를 찍었다. 2016년에는 유명한 트레이너를 고용했다. 오랫동안 로렌손과 스톡홀름을 산책했던 그는 식습관을 조절하고 확고한 의지를 가지고 운동을 하기 시작했다.

그해 여름에 에크의 약혼녀 레반데르는 스웨덴 기업 벨랍스Werlabs에 투자했다. 그곳은 혈액으로 건강 관리를 해 주는 기업이었다. 투자금은 키프로스에 있는 에크의 회사에서 나갔다. 한편, 에크가 보유한 회사들의 지주사는 예전과 달리 몰타에 있었다. 이것으로 로렌손과 에크와의 사이가 예전만 못하다는 사실을 알 수 있었다.

사실 로렌손은 돈이 많이 들어가는 외부 콘퍼런스가 일상이 된 스포티파이의 문화에 회의적이었다. 재정 팀조차 호텔 예약에 비용이 너무 많이 지출된다고 생각했다. 이에 비해 에크는 애플이나 구글과의 경쟁하려면 기업 문화가 잘 잡혀 있을 필요가 있다고 주장했다.

"우리는 현실을 자각해야 합니다."

에크는 콘퍼런스의 기자 회견 중에 스포티파이가 현대 사회를 탁월하게 이해하고 있다면서 이처럼 언급했다.

에크의 옛 친구와 동료들은 에크가 자신의 가족 외에 인간적인 교류가 너무 적다고 여겼다. 몇 번 되지 않는 사회적인 행사에 참여하는 것도 에크는 불편해하는 것 같았다. 게다가 이탈리아에서 치러질 결혼식에 에크는 스포티파이의 옛 무리들을 거의 초대하지 않았다. 오래전부터 에크를 알고 지낸 지인 한 사람은 말했다.

"에크는 자신이 말하는 모든 것이 기사화될 거라고 생각하는 듯했습니다."

사실 에크는 친구나 동료들을 넘어 더 넓은 시각을 갖추고 싶었다. 본인과 유사한 도전 앞에 선 다른 기업의 리더나 창업자들과 함께하기를 원했다. 그의 야망에는 끝이 없었다. 스포티파이가 새로운 세대들의 음악과 엔터테인먼트 세상에도 영향을 미치기를 희망했다. 브릴리언트 마인즈 콘퍼런스의 기자 회견에서 에크는 말했다.

"스톡홀름에서 나를 흥분시키는 것은 마인크래프트와 스카이프입니다."

그런 다음 에크는 스웨덴 기업의 창업자들에게 몇 가지 조언을 건넸다.

"모두에게 단 한 가지 조언을 한다면 그것은 '팔지 말라'입니다. 만약 여러 기업이 하고 있던 것을 계속해서 했다면 더 성장할 수 있었을 겁니다."

에크의 노선은 2009년에 진작 결정되었다. 당시 그는 미국 대기업이 항상 유럽의 유망한 스타트업 기업들을 인수하는 데 질렸다. 물론 그도 2013년과 2014년에 스포티파이의 주식을 팔았고 거의 3억 크로나(약 390억 원)의 이득을 보았다. 그러나 여전히 자신의 창조물에 대한 권력을 쥐고 있었다.

주식으로 얻은 수익의 일부는 베름되Värmdö에 여름 별장을 얻는 데 사용되었다. 2015년 11월에 에크는 면적이 365제곱미터에 이르는 대저택을 구입하며 4,700만 크로나(약 61억 원)를 지불했다. 판매자는 부동산 기업 칼마르 인베스트먼츠Kalmar Investments였는데, 여러 소식 통에 따르면 그 회사는 스카이프 창업자인 센스트룀의 소유였다.

콘퍼런스 기회 회견 때 두 번째 줄에 로이터 통신사의 미국 기자가 앉아 있었다. 기자는 에크에게 본인의 입장을 명백하게 말해 달라고 요청했다.

"그러니까 당신은 팔지 않겠다는 건가요?"

스포티파이의 회장인 에크는 쓴웃음을 지으며 말했다.

"네, 안 팝니다, 안 팔아요."

스포티파이 10주년, 셀러브레이션 X

Ⅱ Whatta Man

브릴리언트 마인즈 콘퍼런스가 개최되었던 달에 스포티파이는 '셀러브레이션 X'Celebration X라는 행사를 열어 창립 10주년을 축하했다. 이 행사는 로렌손이 자신의 방식으로 지휘했다. 텔레트보 아레나를 빌려서 2천 명이 넘는 직원들과 몇 주나 남은 하지절을 일찌감치 축하하는 시간을 가졌다.

축구 운동장 한가운데 작은 무대를 세웠는데, 민속 의상을 입은 밴드가 연주하며 노래를 불렀다. 〈비 애로 뮤식칸테르〉Vi äro musikanter, 〈카루셀렌〉Karusellen 등의 곡이었다. 직원들은 큰 원을 만들어 노래 〈스모 그루두나〉Små grodorna에 맞추어 춤추고 웃었다. 이 광경을 본 로렌손은 감정에 복받쳐 스웨덴에 관한 연설을 했다. 나중에는 모두가 긴 탁자에 앉아 밝은 햇살 아래에서 절인 청어와 술을 마셨다. 외국인 동료들은 주변을 둘러보며 도대체 왜 축구 운동장 한가운데에 무대를 세웠는지 궁금해했는데, 이 행사는 그들에게 스웨덴 문화를 알려 주는 단기 집중 강좌와도 같았다.

그 주간에 스포티파이 직원들은 오페라하우스, 뮌헨 양조장, 120년 전통의 대형 레스토랑 벤스Berns를 방문했다. 또 어느 날 저녁에는 배를 타고 스톡홀름 군도에 있는 박스홀름Vaxholm 요새에 갔다. 노래방 기기로 다 같이 〈위 아 더 챔피언〉We are the Champions을 부르며 분위기를 한껏 띄웠다. 사람들은 에크와 로렌손과 어울려 셀카를 찍었다. 행사가 마무리될 때 팝스타 저스틴 팀버레이크가 환호 속에 무대로 올라서 와인 잔을 치켜 올리며 말했다.

"에크와 여러분들과 자리를 함께하게 되어 기쁩니다. 그리고 스톡홀름에서는 건배를 이렇게 말한다죠. 스콜 퍼 판!Skål för fan!(위하여!—옮긴이)."

무대 뒤에서 다른 팝스타가 이 스웨덴 말을 배웠다.

"야 뤼프테르 민 릴라 핫.Jag lyfter min lilla hatt.(기대하지 않았는데 정말 잘했어.—옮긴이)"

팀버레이크는 영상을 찍어 인스타그램에 올렸다. 행사의 하이라이트는 스웨디시 하우스 마피아, 즉 악스벨과 인그로소의 등장이었다. 그들의 히트곡 〈선 이즈 샤이닝〉Sun is Shining이 최고조에 달하자 무대 가장자리에 있던 대포에서 연기가 흘러나왔다. 레이저 광선이 반짝거리고, 불꽃이 쏘아 올려졌으며, 스포티파이를 상징하는 초록색 색종이가 하늘에서 비처럼 쏟아져 내렸다.

스포티파이에서 로렌손의 공식적인 역할은 점점 줄어들었다. 그 행사가 열리기 몇 개월 전에 그는 대표 이사에서 조용히 물러났다. 이제 에크가 회장이자 대표 이사였고, 미국식으로는 CEO며 프레지던트였는데, 이는 미국의 주식회사에서는 일반적이지만 스웨덴에서는 특별한 직함이었다. 셀러브레이션 X가 끝나고 4개월 뒤, 10월에 처음으로 스웨덴 경제 주간지 《아패스배덴》Affärsvärlden이 로렌손이 스포티파이 대표 이사직을 내려놓았다고 보도했다. 마침내 로렌손은 이에 대해서 트위터로 입장을 밝혔다.

"나는 부대표 이사로서 스포티파이와 10년은 더 함께하리라 보고 있으며, 에크와는 산책이나 트위터로 이야기 나눌 것을 기대합니다."

로렌손의 영향력은 시간이 갈수록 줄어들 것이다. 2017년 5월 말에 그는 스톡홀름에서 열린 한 세미나에 참석했다. 그곳에서 스웨덴 국영 라디오의 기자를 만나 인터뷰에 응했다. 그 기자는 스포티파이의 주식 상장이 언제쯤 있을 예정인지 물었다. 로렌손은 다들 주식 이야기뿐이라며 반박했다.

"우린 아직까지 아무것도 해 놓은 게 없어서 할 말이 없습니다."

하지만 그 대답은 사실이 아니었다. 봄에 〈파이낸셜 타임스〉와 〈월스트리트 저널〉 같은 신문들이 스포티파이가 주식 상장을 준비하고 있다면서 상세하게 보도를 했었다. 추가로 주식에 대한 질문이 이어졌으나 로렌손은 "허위 정보."라고 응수했다.

며칠이 지나 스웨덴의 라디오 방송사 에콧Ekot이 로렌손의 이야기 일부를 공개했다. 더군다나 그의 발언은 신문의 1면 머리기사로도 나왔다. 스포티파이의 홍보 팀은 어쩔 수 없이 위기관리에 들어갔다. 몇 시간 뒤 스포티파이의 대변인은 공식적으로 입장을 밝혔다.

"마르틴 로렌손은 스포티파이의 공동 창업자이고 이사회 임원이지만 회사 대변인은 아닙니다."

스포티파이의 입장문에는 그렇게 쓰여 있었다. 몇 년 전만 해도 로렌손은 스포티파이의 말을 전하는 사람이었으나 이제는 스포티파이로부터 질책을 받는 신세가 되고 말았다. 그 인터뷰 때문에 에크가 화났고 자신의 동업자에게 실망했다는 이야기가 전해졌다.

사실 스포티파이의 재경 팀은 뉴욕의 상장 건을 마무리 짓는 중이었다. 2015년 중반 스포티파이가 재무 담당 이사를 새로 맞으면서 일찌감치 그 작업은 진지하게 시작되었다. 그러니 로렌손의 행동은 완전히 어리석었던 것이다.

넷플릭스 출신 맥카시의 활약

‖ Nice For What

"스톡홀름은 왜 이렇게 재미가 없나요?"

스포티파이에서 일을 시작한 지 몇 주밖에 안 된 맥카시가 물었다. 그는 새 터전에 불만이 있는 듯했다. 그런데 그의 말은 무슨 뜻일까?

스톡홀름이 춥고, 아침 출근 시간에 밀치고 가는 사람이 많다는 건가? 스포티파이의 고국을 떠난 사람들은 고향을 회상할 때 그런 말을 자주 했다. 그렇지만 도시가 전반적으로 아주 재미없다는 60세 미국인의 관점을 스웨덴인이 완전히 이해하기란 어렵다. 중요한 사실 하나를 덧붙이면, 스웨덴의 여름은 1년 중 가장 아름다운 시기다.

백발의 맥카시는 씁쓸한 미소를 지으며 거친 은어를 자주 사용했다. 과거에 넷플릭스를 주식 시장에 상장시킨 이 남자는 스포티파이의 본사가 우울하다고 생각했다. 그는 비리예르 얄스가탄에 있는 콘크리트 덩어리 같은 스포티파이 건물에서 일하려고 풀장과 테니스장을 갖춘 캘리포니아의 집을 떠나 왔다.

게다가 계약서를 썼을 때 예상했던 것보다 새로운 임무는 훨씬 어려웠다. 그가 보기에 스포티파이는 주식 상장에 대한 준비가 전혀 안 된 상태였다. 멀어도 한참 멀었다.

문제들이 산더미처럼 쌓여 있었다. 스포티파이는 약 60개국에서 서비스 중이었으나 내부 회계는 6개국에 맞추어져 있었다. 그러다 보니 지출이 얼마나 되는지, 저작권 비용을 얼마나 쓰고 있는지 등등 많은 숫자가 불확실했다. 새로운 재무 담당 이사는 스포티파이를 완전히 재무장시켜야 한다고 여겼다. 다행히 맥카시는 에크로부터 이 일을 완전히 위임받았다.

넷플릭스 출신인 재무 베테랑인 맥카시는 스포티파이를 강력하게 지휘했다. 자신의 성과를 자랑하는 것을 주저하지 않았으며, 직원을 해고할 때도 거리낌 없었다. 그는 넷플릭스 시절의 유산인 '철저한 투

2018년 프랑스 칸, 왼쪽부터 더스티 젠킨스, 다니엘 에크, 배리 맥카시.

명성'을 실행에 옮겼다. 이사회와 임원진 대표들이 그의 작업에 의구심을 드러내면 말했다.

"다양한 의견을 포용하는 데는 전혀 관심 없습니다."

이 재무 담당 이사는 세 가지에 집중했다. 첫째, 스포티파이의 판매 수익을 높이는 것이었다. 스포티파이는 더 큰 케이크를 베어 물도록 음반사와 새롭게 합의를 해야 했다. 둘째, 무료 사용자가 유료 사용자로 전환되는 추이를 보다 예측 가능하게 하는 것이었다. 셋째, 스포티파이의 회계를 월스트리트의 기준에 적합하게 만드는 것이었다. 사실 이에 대한 책임은 스테르퀴에게 있었다. 그는 여러 해 동안 운영 담당 이사이자 부회장이었으며, 무엇보다 맥카시의 전임자인 재무 담당 이사였다.

맥카시는 의사를 직접적으로 표현했다. 스포티파이의 임원진 전체에게 메일을 보냈다. 6개월 안에 스테르퀴가 그 업무를 처리하지 못한다면 회사를 나가야 한다는 내용이었다. 그런데 메일의 수신자 목록에는 스테르퀴도 있었다. 그야말로 맥카시는 자신의 신념대로 철저하게 투명했다.

일찍이 맥카시는 스포티파이의 재정을 위한 계획을 세웠다. 그는 투자사에서 10억 달러의 돈을 끌어들이고자 했다. 스포티파이의 많은 사람이 과연 그가 그렇게 큰 돈을 가지고 무엇을 하려는지 궁금해했다.

두각을 드러내거나, 회사를 떠나거나

이 시기에 스포티파이는 스타트업 기업에서 대기업으로 도약했다. 그 과정에서 선임자 역할을 했던 젊은 직원들 상당수가 직급이 변경되었다. 스포티파이의 최초의 판매 담당 이사였던 포스테는 회사에 남았는데 제일 낮은 직급을 새롭게 부여받았다. 벤츠처럼 스포티파이를 그만둔 사람도 있었다. 드물었지만 승진한 직원도 있었다. 그 경우에 속한 노스트룀은 성장 담당 이사가 되었고, 에크의 가장 가까운 동료들 가운데 한 사람이 되었다.

2013년 인터넷 콘퍼런스 '슬러시 헬싱키'Slush Helsinki에서 노스트룀은 스포티파이의 발전에 대해 발언할 기회가 있었다. 그건 몇 번 안 되는 그의 무대 경험 가운데 하나였다. 데님 와이셔츠와 감청색 재킷을 입고 무대에 선 검은 머리의 노스트룀은 이야기했다.

"우리는 한 세기를 넘어 더 오랫동안 지속될 무언가를 만들기 위해서 노력하고 있습니다."

노스트룀은 스포티파이를 시작했을 때 '멀리 내다보는 무리'를 만났다. 마치 그들은 1800년대 샌드빅Sandvik을 세운 중절모를 쓴 제조업자들 같았다. 샌드빅은 채광 장비나 절삭 기계 등을 만드는 스웨덴 기업으로 시작하여 오랜 세월을 거쳐 다국적 기업으로 거듭났다.

"우리는 빠르게 성장하고 싶습니다. 그리고 우리는 함께 있고 싶습니다."

노스트룀은 에크와의 관계를 숙고해 보았다. 그는 에크에게 농담할 수 있는 몇 안 되는 이사들 가운데 한 사람이었고, 자신의 능력을 기꺼이 보여 주고 싶었다. 비록 처음부터 임원진에는 포함되지 않았지만 명백하게 승진 후보자였다. 마침 에크는 유료 사용자의 수를 빠르게 올릴 수 있는 누군가가 필요했다. 2015년 봄에 에크는 '수브'Sub라고 불리기도 하는 스포티파이의 유료 사용자를 책임지는 프리미엄 사업 담당 수석 이사로 노스트룀을 지명했다.

에크는 노스트룀에게 당부했다. 스포티파이를 월스트리트로 가게끔 제대로 증명해 보라고 말이다. 노스트룀은 가장 가까운 동료인 구스타브 윌렌함마르Gustav Gyllenhammar와 새로운 전략을 세웠다. 윌렌함마르는 경매 온라인 사이트인 트라데라의 이사를 지냈다. 그들은 스포티파이의 무료 사용자를 유료 사용자료 전환시키는 데 초점을 맞추었다. 이때 윌렌함마르가 인터넷 쇼핑 세계에서 익힌 노하우를 적용했다.

우선 스포티파이에서 시간을 많이 보내지만 돈은 쓰지 않는 사용자들을 가려냈다. 그런 다음에 할인 캠페인을 대대적으로 펼쳤다. 그들에게 3개월간 매월 1달러만 내면 프리미엄 혜택을 제공했고 나아가 그 가족과 친구들까지 독특한 할인을 받을 수 있었다.

이 전략은 통했다. 수브의 숫자가 급격히 증가한 것이다. 2015년 말이 되자, 사용자의 3분의 1이 프리미엄 계정을 선택했다. 1년 전에는 그 비율이 4분의 1이었다. 물론 사용자 1인당 수익은 떨어졌으나 상관없었다. 캠페인으로 유입된 학생이나 10대 사용자들이 일단 프리미엄 서비스에 적응하면 나중에는 제 가격을 지불하고 음악을 들을 것이 분명했다. 노스트룀은 2016년 9월에 프리미엄 사업 담당 수석 이사가 되어 임원진에 자리를 잡았다.

한편 내부적으로 왜 스포티파이의 임원진에는 여성의 수가 적은지에 대하여 논의가 있었다. 스포티파이의 경영진과 이사회는 HR 담당이사인 베리만 빼고 주로 남성으로 구성되어 있었다. 에크는 그 문제를 인지는 했으나 모르는 사이에 그렇게 됐다고 이야기했다.

스웨덴 투자자의 뜨거운 관심 속에서

‖ Piece of Me

2015년 가을에 스카이프 창업자이자 억만장자인 센스트룀이 고향인 스웨덴을 깜짝 방문했다. 그는 영향력 있는 투자자와 사업가들을 저녁 식사 자리에 불렀다. 가장 많은 구애를 받은 손님 가운데 한 사람이 마르틴 로렌손이었다. 로렌손은 그곳에서 스웨덴 공적 연금 기금인 피애데Fjärde AP 펀드의 맛츠 안데손Mats Andersson 회장과 대화를 나누었다. 그 연금 기금은 3천억 크로나(약 40조 원) 이상을 관리했는데, 안데손은 로렌손에게 이렇게 말했다.

"스포티파이가 스웨덴에 소유 기반을 두는 게 투자를 받는 데 유리할 겁니다."

여태껏 안데손의 펀드는 주식 상장된 기업에만 투자를 했다. 그러나 예외를 둘 준비가 되어 있는 듯했다. 위기가 닥쳤을 때 같은 스웨덴인이 소유한 곳이 외국의 투자사보다 더 믿을 수 있다며 그가 설명했다.

"나중에 그게 중요할 수 있다는 것을 보증하지요."

안데손의 메시지는 로렌손을 매료시켰다. 이를 계기로 스포티파이는 더 많은 스웨덴의 투자자를 잡을 수 있었다. AMF 연금 기금과 알렉타Alecta 연금 기금의 대표자들이 전화를 걸고 이메일을 보내기 시작했다. 심지어 발렌베리 재단의 영향력 있는 사람들이 관심을 보여 왔다.

그들은 맥카시가 필요로 했던 수십억 달러의 투자에 크게 도움을 줄 수 있었다. 그러나 2016년 말에 그 계획들이 조간신문인 〈스벤스카 다그블라뎃〉Svenska Dagbladet으로 새어 나갔다. 신문 기사는 대출 조건을 구체적으로 설명했을뿐더러 스포티파이가 주식 상장을 준비 중임을 분명하게 알려 주었다.

곧 발언의 진원지가 그 일에 참여하고 있던 대형 은행인 누데아Nordea로 밝혀졌다. 폭발한 맥카시는 고함쳤다.

"이제 스웨덴 사람하고는 절대 거래하지 않을 거야."

스웨덴 대형 투자사들은 거절당하는 데 익숙하지 않았다. 발렌베리 쪽의 대리인이 스포티파이에 바로 전화를 걸어 왔다.

"우리를 이렇게 취급해서는 안 됩니다."

그 가문의 우두머리이자 사촌 관계인 마르쿠스와 야콥 발렌베리는 기분이 좋지 않았다.

추락하지 않기 위한 악마와의 거래

(‖ Fallin' & Flyin')

2016년 2월 추락하는 중국 주식에 대한 우려가 투자자들 사이에 퍼졌다. 스포티파이 같은 기업은 경기가 호전되지 않으면 잃을 게 많았다. 과거에 맥카시는 넷플릭스의 주식 시세가 몇 주 사이에 20퍼센트 넘게 떨어지는 장면을 목격했었다. 미국의 대형 투자사이자 스포티파이의 공동 소유주인 피델리티 인베스트먼트는 스포티파이의 가치를 이전보다 거의 30퍼센트 낮게 평가했다.

10억 달러를 대출한 상태였던 스포티파이는 나중에 그 빚을 주식으로 전환시켜야 했다. 시간이 가면서 협상에서 맥카시가 더욱 불리해졌다. 에어비앤비와 우버에 투자했던 미국 펀드사인 TPG의 대리인이 연락을 해 와서 조건을 제시했다. 그러나 TPG는 상장될 때 스포티파이의 주식을 적어도 20퍼센트는 할인해 달라는 등의 조건을 제시했다.

상황이 이렇게 되자 맥카시는 보이콧했던 스웨덴 투자자들을 다시 검토했다. 연금 기금인 AMF, 보험사인 폴크삼Folksam과 SEB 재단이 참여 의사를 밝혔다. 그들은 스포티파이가 혹시 주식에 상장되면 적어도 30퍼센트의 이윤을 얻을 거라고 예상했다. 어쩌면 훨씬 더 많은 이윤을 챙길 수 있을지도 몰랐다. 나중에 스포티파이의 한 관계자는 이 거래에 대해 이야기했다.

"어떻게 그런 조건을 내놓을 수 있는지 도저히 이해가 안 되었습니다. 너무 좋았거든요."

2016년 3월 말에 〈월스트리트 저널〉은 스포티파이가 주식 상장을 준비하는 과정에서 막대한 대출을 했다는 소식을 전했다. 온라인 매체 '테크크런치'도 다음과 같은 기사를 냈다.

"스포티파이는 애플과의 경주에서 승리하기 위해서 쓸 수 있는 모든 연료를 채웠다. 그 대출은 '악마와의 거래'라고 불린다."

이로써 에크가 스포티파이를 주식 시장에 상장할지 안 할지를 밝히려 하지 않았던 것은 허사가 되었다. 투자자들의 대출 조건은 가급적이면 1년에서 2년 이내에 주식 상장이 이루어지는 것이었다. 갑자기 맥카시는 궁지에 몰리는 느낌이 들었으나 두 가지가 확실해졌다고 생각했다.

일단 스포티파이는 음반사와의 협상에서 더 나은 위치를 점할 수 있었다. 그리고 다른 기업의 인수가 가능해졌다. 또한 맥카시 본인도 돈을 좀 챙길 수 있었다. 맥카시는 같은 조건으로 17만 5천 달러를 스포티파이에 빌려주었다.

행동하지 않으면 인수될지 모른다

‖ Losing You

에크와 로렌손은 스웨덴을 계속 스포티파이 사업의 근거지로 하고 싶었지만 방해 요소들이 있었다. 2016년 4월에 두 사람은 이 문제를 공론화하기로 결정했다. 에크와 로렌손은 스웨덴의 정치가들에게 공개서한을 보냈다.

"행동해야 합니다. 아니면 인수될지도 모릅니다."

눈에 띄는 이러한 문구가 담긴 서한을 작성해 준 사람은 로렌손의 친구인 페르 슐링만이었다. 슐링만은 온건당의 전략가였으며 지금은 정치 컨설팅을 하고 있다.

"미국보다도 인구가 더 많은 유럽에 페이스북, 구글, 애플, 마이크로소프트, 아마존 그리고 미국의 다른 대기업들에 맞먹는 기업이 단 하나도 없다는 것은 말이 안 됩니다. 우리는 그게 된다는 것을 보여 주고 싶습니다!"

스포티파이의 창업자들은 공개서한에 프로그래밍이 초등학교와 중학교에서 필수 과목이 되어야 한다고도 썼다. 또한 더 많은 임대 아파트와 직원의 스톡옵션에 대한 감세를 요청했다. 이 시기에 스포티파이는 스톡홀름에서 직원을 채용하는 것을 그만두었다. 그 일자리는 대신 뉴욕으로 갔다. 뉴욕에서 스포티파이 직원들은 쉽게 집을 구할 수 있었고, 보너스 프로그램에 세금 혜택까지 적용받았다.

"만약 아무 변화도 일어나지 않는다면, 우리는 스웨덴 대신 다른 나라에서 사업을 키워 나가는 것을 심사숙고해야 합니다."

공개서한에서 창업자들은 이렇게 호소했다. 몇 주 뒤 스웨덴 국회 밖에는 60여 명의 사람들이 모여서 급성장하는 기업을 위해 더 나은 환경을 만들어 줄 것을 요구했다. "만약 스포티파이가 떠난다면, 타이달이 이길 것이다."라는 문구가 시위자들이 들고 있는 피켓에 적혀 있었다.

그로부터 1년도 안 된 2017년 2월, 스포티파이의 창업자들은 스웨덴 정치인들에게 보냈던 위협적인 공개서한 내용을 현실화했다. 스포티파이는 뉴욕시에 1천 명의 새로운 일자리를 만들겠다는 내용의 합의서에 서명했다. 합의에 따라 스포티파이는 뉴욕시로부터 15년간 1,100만 달러어치의 임대 크레딧을 제공받게 되었다. 새로운 뉴욕의 사무실은 제4 세계 무역 센터에 위치했고, 무려 3만 5천 제곱미터가 넘는 크기였다. 그곳은 9.11 테러로 무너진 세계 무역 센터 자리에 새롭게 세워진 프리덤 타워에서 돌을 던졌을 때 닿을 만큼 가까웠다. 에크의 새 사무실에서는 브루클린 브리지가 마치 장난감처럼 보였다.

스포티파이는 미국에서 규모를 엄청나게 키웠으나 본사는 스톡홀름에 남았다. 레게링스가탄Regeringsgatan에도 사무실을 얻어 스포티파이의 사무 공간은 총 2만 제곱미터가 되었다. 에크도 그곳에 사무실을 마련해 두었다.

다니엘 에크의 화려한 결혼식

Ⅱ Put a Ring on It

33세의 에크는 한 가정을 꾸린 아버지였다. 그러나 아직 결혼반지는 없었다. 2016년 말의 어느 맑은 날 에크와 레반데르는 북이탈리아의 풍경 좋은 코모 호수 근처에서 화려한 결혼식을 올렸다. 미국 코미디언 크리스 록이 주례를 보았고, 브루노 마스가 음악을 담당했으며,

저커버그는 귀빈으로 참석했다. 며칠이 지난 뒤, 결혼식 사진들이 전 세계에 퍼졌다.

결혼식은 호수가 내려다보이는 야외에서 거행되었다. 건즈 앤 로지즈의 〈노벰버 레인〉November Rain이 피아노로 연주되는 가운데 레반데르가 분홍색 장미 꽃잎 위를 걸어 들어왔다. 그녀는 어깨끈이 없는 웨딩드레스를 입었다. 에크는 옅은 베이지색의 리넨 양복 차림이었는데, 파란색 와이셔츠를 입고 재킷 옷깃에 작은 꽃을 꽂았다.

친구들은 결혼식을 주의 깊게 보면서 휴대 전화로 영상을 찍었다. 칸은 흰색 여름 모자를 비스듬히 쓰고 있었다. 에크와 레반데르의 두 딸, 세 살짜리 엘리사와 이제 한 살 반이 된 콜린도 행사에 함께했다. 결혼식이 끝나자 두 사람은 손을 잡고 장미 꽃잎을 밟으며 하객들의 박수 소리 속에 다시 걸었다. 에크는 기혼자가 되었다. 소피아 레반데르는 이제 소피아 에크가 되었다. 두 사람의 아름다운 사진들은 사방에서 볼 수 있었다. 영국 주간지 《헬로》는 그 결혼식을 마치 명성 있는 라이프 스타일 잡지 《베니티 페어》처럼 기사화했다. 그리고 업계 매체 《빌보드》와 경제 매거진 《포브스》도 결혼식 기사를 썼다.

로렌손은 행사 내내 참석했다. 그는 식사하는 에크와 저커버그의 사진 등을 찍어 페이스북에 올렸다. 사진 속에서 에크는 코모 호수의 이른 오후 햇살 아래에서 저커버그의 아내인 프리실라 챈과 대화하는 모습이었다. 저커버그는 검은색 양복을, 프리실라는 빨간색 드레스를 입고, 에크는 재킷과 어울리는 베이지색 스카프를 매고 있었다. 저커버그도 사진을 페이스북에 게재했다.

"많은 사람이 다니엘을 유럽의 사업가들 가운데 한 사람, 스포티파이의 창업자로 알고 있을 것이다. 하지만 나는 그를 훌륭한 친구이자 헌신적인 아버지로 알고 있다."

에크는 이제 세계적인 스타였다. 몇 년 안에 그는 저커버그처럼 월스트리트에 진출할 것이었다.

스트리밍 전쟁에서
어떻게 살아남을 것인가

2016년에 비욘세, 드레이크 그리고 리아나 같은 스타들은 타이달과 애플 뮤직에 독점으로 음악을 제공했다. 히트곡은 이제 경쟁하는 업체들 사이에서 무기가 되었다. 에크는 음악 업계를 다시 성장시킨 사람이었다. 그럼에도 잘나가는 아티스트들은 여전히 등을 돌리고 있었으며 에크는 그들에게 더 가까이 다가가야 한다는 사실을 깨달았다.

바로 그해에 스포티파이의 사운드클라우드 인수가 임박했다. 사실 에크는 제이 지의 타이달을 매입하려고 심사숙고했었다. 사운드클라우드는 수백만 명의 작은 아티스트들의 음악들을 업로드하며 대기업에 도전하던 중이었던 반면에, 타이달은 세계적인 초대형 아티스트들과 긴밀한 관계를 맺고 있었다.

동시에 스포티파이는 배급사이자 경쟁사로서 양쪽에 발을 담그고 있는 애플에 비판을 쏟아 냈다. 애플은 앱 스토어로 돈을 버는 동시에 애플 뮤직을 독려했다. 마침내 에크는 애플에 대하여 같은 생각을 하고 있는 미국의 상원 의원 엘리자베스 워런을 만났다.

아티스트를 지원하는 플랫폼을 꿈꾸다

Ⅱ Eight Days a Week

2016년 여름에 에크는 쉬는 시간을 가족과 함께 보냈다. 그는 스톡홀름 군도에 새로 마련한 집에서 아이들과 놀거나, 그렇지 않을 때는 주로 직장에 있었다.

"아주 많이 쉬지는 못해요."

8월 어느 토요일 아침에 에크는 TV4의 생방송에 출연했다. 프로그램 진행자는 에크가 막 부자가 되어 스투레플란에서 파티를 하며 지냈던 시기에 대해서 물었다. 이것은 기자들의 단골 질문 가운데 하나였고 에크는 허심탄회하게 대답했다.

"약 1년 동안은 정말 재미있었어요. 하지만 내가 정말 관심 있었던 것은 그게 아니더군요. 사업과 음악이었지요. 그래서 되돌아왔습니다."

트레이드더블러가 애드버티고를 인수한 2006년 3월, 에크는 부자가 되었다. 그때 페라리를 사고 파티를 즐겼다. 하지만 곧 에크와 로렌손은 스포티파이의 직원들을 채용하기 시작했다. 몇 주 뒤에 스포티파이를 창업했는데, 그 회사가 에크를 구제했다. 그리고 여름에 그는 록스베드의 임대 아파트에서 바사스탄의 자기 소유의 아파트로 이사했다.

에크는 서민적인 환경에서 자랐다. 그래서인지 사업 초기에 번 돈의 일부를 바보처럼 써 버렸던 것 같다. 사람들이 거론하기 좋아하는 이 이야기의 진짜 요점은 이렇다. 에크가 23세라는 젊은 나이에 진작 철 들었고 스포티파이에 자신의 존재를 온전히 바쳤다는 것이다.

TV4와의 인터뷰는 2016년에 진행된 에크의 몇 안 되는 인터뷰 가운데 하나였다. 그날 에크는 투베 로, 프랜시스 앤드 더 라이츠 그리고 앤더슨 팩 같은 새로운 아티스트들의 곡으로 구성된 플레이리스트를 스튜디오에서 보여 주었다. 스포티파이가 릴리즈 레이더 기능을 선보인 지 얼마 안 된 시점이었다. 그것은 알고리즘이 사용자의 취향에 맞는 신곡을 매주 금요일마다 플레이리스트를 자동으로 생성해 주는 기능이었다. 방송에서 에크는 앞으로 이어질 10년간 아티스트들에게 더 가까이 다가갈 결심을 했다면서 더 자세히 설명했다.

"음악을 만드는 창조적인 작업은 이제 진입 장벽이 아주, 아주 낮아졌습니다. 휴대 전화만 있으면 곡 전체를 녹음할 수도 있습니다. 사용자가 음악에 돈을 지불하고 아티스트는 대중에게 다가가기 위해서 돈을 지불하는 장터가 되는 것이 스포티파이의 비전입니다. 장기적인 안목에서 스포티파이는 직접 아티스트들과 접촉할 수 있습니다."

진행자는 음반사가 에크의 비전에서 어떤 자리를 차지하는지 물었다.

"어떤 역할이 있다는 것을 절대적으로 믿습니다."

그는 이렇게 말하면서 모두가 끊임없이 새로워져야 한다는 점을 강조했다.

등을 돌린 최고의 아티스트들

‖ Not Nice

2016년에는 세계에서 가장 위대한 아티스트들이 비용을 많이 들인 앨범들을 대거 출시했다. 그중 4월에 비욘세가 출시한 《레모네이드》 Lemonade가 가장 웅장했다. 비욘세의 뮤직비디오는 가장 좋은 방송 시간대에 HBO 유료 채널에서 소개되었다. 영상 속에서 비욘세는 물아래에서 랩을 하고, 테니스 스타인 세레나 윌리엄스와 춤을 추고, 창문을 야구 방망이로 세게 친다.

리아나, 드레이크, 카니예 웨스트, 프랭크 오션 같은 트렌드 메이커들까지 새로운 곡을 내놓았다. 거의 모두가 《빌보드》의 차트에 올랐고 비평가들이 그해를 정리할 때쯤에는 차트 전체를 장악하다시피 했다. 그런데 이 모든 앨범에는 공통점이 있었다. 스포티파이에서 찾아볼 수 없었다는 것이다. 타이달의 공동 소유주였던 리아나와 카니예 웨스트는 우선적으로 타이달을 선택했다가 나중에야 다른 스트리밍 서비스에 곡들을 제공했다. 비욘세는 다운로드를 위해서는 아이튠즈를, 스트리밍을 위해서는 타이달을 선택했다. 사실 그녀는 스트리밍 숫자에 별로 신경을 쓰지 않았다.

드레이크와 프랭크 오션은 애플 뮤직을 선택했다. 물론 무료는 아니었다. 몇 주가 지나서 애플이 드레이크에게 1억 크로나(약 130억 원)가 넘는 비용을 지불했다는 언론 보도가 나왔다. 업계의 매체는 그 합의의 배후에 래리 잭슨Larry Jackson이 있다고 했다. 유니버설 뮤직에서 애플로 건너간 아이오빈 쪽 사람들 가운데 한 명이었다.

스포티파이는 신곡의 독점 공개라는 경기에 거의 참여하지 않았다. 아이오빈과 제이 지의 치열한 싸움에서 한발 물러나 있었다. 2015년에 스포티파이는 저스틴 비버의 〈쏘리〉Sorry의 뮤직비디오를 최초로 공개하는 것을 추진했으나, 결과적으로 그 일은 무산되었다.

에크는 아티스트들이 스트리밍 서비스를 마치 음반사를 고르듯 하는 관행을 저지하고 싶었다. 이와 함께 팝 컬처에서 자신의 위상을 굳건히 하기를 원했다. 그래서 그는 타이달을 인수하는 비밀 협상에 참여했다.

타이달 인수를 포기하다

(‖ Power)

스포티파이에서 타이달과 관련한 협상을 이끄는 사람은 스테판 블롬Stefan Blom이었다. 그는 음반사 EMI의 북유럽 사장을 역임했으며, 스포티파이에 전략 담당 이사로 채용되었다가 나중에 콘텐츠 담당 이사cco도 겸했다.

탁자 반대편에는 제이 지가 아니라 그의 오른팔인 데지레 페레즈Desiree Perez가 앉아 있었다. 페레즈는 제이 지의 회사인 록 네이션의 운영 총괄 이사로 원하는 것을 얻는 데 익숙했다. 제이 지의 회사는 스폰서 합의, 콘서트 등 새로운 음악 사업 영역에서 활동 중이라 음악을 파는 것에 더 이상 집중하지 않았다. 페레즈는 사업 파트너 한 사람에게 이렇게 말하기도 했다.

"제품으로 음악을 파는 것은 끝났어요."

페레즈는 어려운 상황에서도 일을 제대로 해내는 법을 알았다. 위험하고 가난한 동네인 브롱스 출신의 그녀는 1990년대에 미국 마약 단속국의 정보원으로 활동했다. 수년 동안 그녀는 푸에르토리코와 콜롬비아에서 마약 범죄를 조사하는 것을 도왔다. 일간지 〈뉴욕 데일리 뉴스〉에 따르면, 그녀는 35킬로그램의 코카인을 소지한 죄로 형을 받으면서 정부 기관에 협력하기 시작했다. 밀레니엄 이후 페레즈는 제이 지의 동업자가 되었다. 그녀는 음악에서 나이트클럽까지 모든 것을 쥐고 흔들었다. 그리고 2016년 여름에 그녀는 타이달을 두고 안경을 낀 금발의 스웨덴인 블롬과 협상했다.

페레즈는 스포티파이가 자본은 충분하다는 사실을 알고 있었다. 10억 달러라는 스포티파이의 대규모 대출에 대한 기사가 미국 경제 신문들에 보도되었으니 말이다. 제이 지는 타이달이 여전히 큰 손실을 내고 있지만 충분한 가격에 팔기를 원했다. 페레즈는 4억 달러를 제시했다. 이 가격은 제이 지가 투자한 금액의 약 다섯 배였다. 블롬은 최대 입찰가로 그 금액의 반을 내놓았지만 페레즈는 물러서지 않았다. 블롬은 만나 주어서 고맙다고 하고 회사로 돌아와 이 문제를 임원진에게 넘겼다.

에크는 타이달의 제의를 심사숙고했다. 제이 지와 마돈나, 앨리샤 키스, 콜드플레이 그리고 니키 미나즈 등 타이달의 다른 공동 소유주에게 가까이 다가가고 싶었고, 그들이 협력한다면 수십억 크로나의 가치를 만들어 낼 수 있을 것 같았다. 이때 스포티파이의 신참인 트로이 카터Troy Carter가 이 일에 적극적으로 의견을 내놓았다. 웨스트 필라델피아 출신의 그는 전에 음악계에서 매니저로 일했고, 스포티파이에서는 아티스트들과 음반사와의 관계를 책임졌다. 43세의 카터는 주로 양복과 와이셔츠를 입었고 강해 보이는 검정 안경테를 썼다. 그러나 10대 시절 그는 헐렁헐렁한 옷을 입고 다녔다. 힙합 그룹 투 투 매니2 Too Many의 멤버 중 한 사람이었기 때문이다. 스포티파이에서 일을 시작하기 전에 그는 세계 최고의 아티스트가 된 레이디 가가를 돕기도 했다.

자신이 힙합 무대에서 활동해 왔기에 카터는 타이달을 진지하게 대했다. 그는 타이달의 인수가 스포티파이의 위상을 높여 줄 거라고 주장했다.

"아직 우리 신용이 그리 좋지 않습니다."

에크도 그 문제를 알고 있었다. 그러나 4억 달러는 스포티파이보다 더 뒤쳐지는 기술과 더 적은 수의 사용자를 기반으로 하는 스트리밍 서비스에 지불하기에는 너무 큰 금액이었다. 스포티파이의 이사들 가운데 한 사람이 말했다.

"하지만 타이달 같은 기업은 매달 몇 개씩이나 우리 주변에서 성장하고 있습니다."

마침내 블롬은 페레즈의 제안을 거절했다. 그러나 스포티파이는 또 다른 여러 기업을 인수 대상으로 심각하게 고려했다. 캐나다인 수미트

바슈니스Sumit Varshney가 이끄는 스포티파이의 사업 발전 팀은 그해에 디저의 대표단을 파리에서 만났다. 프랑스에서 만들어진 스트리밍 서비스 디저는 그즈음에 주식 상장 계획을 포기했으며 성장에 어려움을 겪고 있는 듯했다. 그러나 몇 차례의 만남 뒤에 스포티파이는 디저의 인수를 없던 일로 했다.

이번에는 인도의 경쟁사들에게 눈을 돌렸다. 스포티파이는 인도의 대표적 스트리밍 기업인 사븐Saavn과 가나Gaana를 자세히 조사했지만 결국 그쪽도 포기했다.

스포티파이가 많은 기업에 관심을 기울일수록 에크 또한 점점 더 노하우가 쌓였다. 2016년 가을에 에크는 신용은 있지만 압박을 받고 있던 사운드클라우드를 거의 인수하기 직전까지 갔다.

사운드클라우드 인수 협상

|| On the Low

여름이 끝나 갈 무렵, 맥카시가 스포티파이의 베를린 사무실로 성큼성큼 걸어 들어왔다. 사무실은 냉전 시대에 베를린 장벽으로 중간이 분리되었던 포츠담 광장에서 지근거리에 있었다. 독일은 스포티파이의 먹이 사슬에서 좀 아래에 자리했다. 가장 중요한 곳은 본사가 있는 스웨덴이었고, 그다음에 미국, 영국이 있었다. 베를린의 직원들은 왜 재무 담당 이사가 갑자기 왔는지 영문을 몰랐다. 하지만 맥카시가 미

테 지역에 있는 비즈니스호텔인 더 팩토리로 갈 택시를 불러 달라고 요청했을 때 직원들은 눈치를 챘다. 그곳에는 바로 매달 1억 7500만 사용자들이 찾는 음악 플랫폼, 사운드클라우드가 있었다.

에크가 사운드클라우드의 창업자와 만남을 가진 지 9년이나 흘렀다. 사운드클라우드는 음반사를 화나게 하는 사업 모델로 운영되는 음악가를 위한 커뮤니티였다. 에크는 잠재력이 큰 그 기업과 스포티파이를 합병할 생각을 했다. 그렇게만 된다면 사용자가 거의 3억 명에 달하는 명실상부한 유럽의 대기업을 만들 수 있었다.

당시 스포티파이에서도 소수의 몇 명만이 합병 협의가 진행되고 있다는 것을 알았다. 사실 스포티파이는 이미 2015년에 사운드클라우드에 5억 달러를 제시했었지만, 그때 사운드클라우드의 창업자는 그 가격을 거절했었다. 그런데 이제 맥카시가 이전보다 더 낮은 가격으로 협상하려고 사운드클라우드로 향하고 있었다.

사운드클라우드의 발자취

‖ Cloudbusting

2016년 중반에 사운드클라우드는 팝 컬처에서 위상이 높았다. 카니예 웨스트와 저스틴 비버가 신곡을 공개하기 위해 그리로 향할 정도였다. 심지어 새로운 음악 장르에 기원이 되기도 했다. 사운드클라우드는 가사를 불명확하게 중얼거리는 거친 랩인 사운드클라우드 랩을 탄생시켰다. 게다가 사운드클라우드는 아티스트에게 로스앤젤레스의 레드 카펫으로 가는 도약대가 되어 주었다. 2017년 1월에는 이곳을 거쳐 간 찬스 더 래퍼가 미국 그래미상에서 베스트 랩 앨범 상을 받았다. 23세의 그 아티스트는 무대에 올라가서 하느님, 가장 가까운 사람들 그리고 베를린의 배급인에게 감사를 표하더니 외쳤다.

"나를 발굴해 준 사운드클라우드에게 소리 질러."

그러나 사운드클라우드에는 문제가 많았다. 음반사와 뮤직 퍼블리셔에 제대로 보상하지 않는 일이 잦았고, 돈을 벌고 싶어 하는 아티스트들에게 고발을 당하기도 했다. 2012년부터 2015년 사이에 사운드클라우드는 6억 크로나(약 780억 원)가 좀 안 되는 수익을 냈다. 하지만 그 지출은 같은 기간 동안 세 배나 더 높았다.

한때 트위터가 10억 달러의 금액으로 사운드클라우드의 인수를 고려했었다. 당시 잘되었다면 트위터 역사상 가장 대규모 인수가 되었겠지만, 두 명의 소식통에 따르면 마지막 순간에 협상이 결렬되었다. 트위터의 주식 시세가 널뛰기하는 바람에 그렇게 되었다. 애플도 사운드클라우드에 관심을 보인 적이 있었다. 아이오빈은 사운드클라우드 회장인 융에게 마음을 빼앗겼고, 아티스트들이 왜 그 서비스를 좋아하는지 깨달았다. 그러나 융은 자신의 회사가 8억 달러의 가치가 있다고 생각했고 그 높은 가격 탓에 아이오빈은 물러섰다.

사운드클라우드가 난국을 헤쳐 나가기 위해서는 사용자에게 서비스를 제공하여 돈을 벌고 스포티파이에게 도전해야 했다. 결국 거의 3년을 투자하여 음반사와 저작권에 대한 협상을 마무리했다. 그리고

선 2016년 초에 한 달에 10달러를 결제하는 스트리밍 서비스 '사운 드클라우드 고'Soundcloud Go를 출시했다. 하지만 시장에서 별로 주목 받지 못했으며, 그해 사운드클라우드의 가치는 더 떨어졌다.

점점 떨어지는 기업 가치

‖ Mo' Money Mo' Problems

사운드클라우드에 맥카시가 제안한 두 번째 가격은 2015년에 제안 했던 첫 번째 가격보다 30퍼센트나 더 낮은 3억 5천 달러였다. 사운 드클라우드의 가치는 지난 3년 사이 반토막이 났기 때문이다. 지불은 주로 스포티파이의 주식으로 하겠다고 했다. 그 제안은 사운드클라우 드를 확실히 소생시킬 수 있었으며 창업자들도 수억 크로나를 나누어 가질 수 있는 것이었다. 융과 바이퍼는 자존심을 뒤로 미루고 제안을 받아들였는데, 이 사실은 당시 상황을 자세하게 알아낸 두 곳의 출처 를 통하여 밝혀졌다.

넘어야 할 산이 하나 더 남아 있었다. 스포티파이의 전문가들이 직 접 사운드클라우드를 점검하는 과정이었다. 2016년 가을에 바슈니스 가 사업 발전 팀원들과 함께 베를린으로 날아갔다. 이때 이바손이 동 행했다. 9년 정도 일한 뒤에 스포티파이를 떠났지만 이바손은 저작권 전문가로서 일하며 스포티파이와 가깝게 지냈다. 사운드클라우드의 바이퍼는 스포티파이가 필요로 하는 모든 정보를 제공했다.

그때만 해도 스포티파이는 그 거래가 곧 잘 마무리될 거라는 전제에서 점검에 임했다. 합병에 얽힌 이야기마저 거의 완벽했다. 스웨덴의 두 기업의 창업자들은 애플, 구글 그리고 아마존과 싸우기 위해서 하나가 되었다. 음악을 위하여.

사업 발전 팀은 사운드클라우드에서 여러 가지 장점을 찾아냈다. 사운드클라우드는 음악을 만들 줄 아는 젊은 사용자에게 신뢰받았고 독자적인 자료와 한정판 곡을 많이 갖고 있었다. 게다가 스포티파이는 아티스트들에게 가까이 다가가고 싶었던 참이었다. 그러나 문제들 또한 드러났다. 이바손은 사운드클라우드의 저작권 합의에 큰 결함이 있는 것을 발견했다.

"우리가 처음 합의했던 것보다도 더 안 좋습니다."

이바손은 2008년의 합의 조건 이야기를 꺼냈다. 당시에도 이미 스포티파이는 수익 가운데 약 55퍼센트를 음반사로, 15퍼센트를 뮤직 퍼블리셔에 지급하는 합의를 했었다. 그런데 부실한 아웃사이더인 사운드클라우드는 여전히 저작권 합의를 소홀히 하고 있었다. 스포티파이처럼 시장을 선도하는 기업 입장에서는 그냥 지나칠 수 있는 일이 아니었다.

9월 말에 〈파이낸셜 타임스〉는 스포티파이의 사운드클라우드 인수에 대하여 보도를 했다. 전문가와 분석가들이 기사에 등장하여 그 거래가 의미하는 바가 무엇인지 분석했다. 이 기사는 뉴욕의 스포티파이 이사회와 임원진에게 생각할 거리를 던져 주었다. 그리고 스포티파이는 결국 최종적인 순간에 사운드클라우드의 인수를 취소했다. 두 곳의 출처에 따르면 스포티파이는 인수를 추진하려고 했으나, 주식 상장을 코앞에 두고 또다시 저작권 때문에 음반사와 싸울 수는 없었다. 스포티파이의 이사 한 명도 이렇게 말했다.

"정말 사운드클라우드를 거의 살 뻔했습니다."

12월 초에 '테크크런치'는 스포티파이가 협상을 그만두었다는 소식을 전했다. 에크는 다른 곳에서 신용을 쌓아야 했다. 이에 비해 로렌손은 별로 아쉬워하지 않았을뿐더러 오히려 몇 달 뒤 사운드클라우드의 사용자 숫자를 조롱하기까지 했다.

"메일 주소 1억 7,500만 개로 무얼 한다는 거지?"

사운드클라우드의 상황은 점점 안 좋아졌다. 회장인 융은 어쩔 수 없이 직원 가운데 거의 반을 해고했다. 그리고 투자 은행 레인 등으로부터 재원을 끌어왔지만 그 과정에서 사운드클라우드의 가치는 바닥으로 떨어졌다.

규모를 무기 삼아 애플과 맞서다

Ⅱ Weapon of Choice

에크는 다른 업체를 인수하는 것을 포기하는 대신에 아티스트들을 위한 새로운 기능을 선보였다. 아티스트들이 자신의 음악을 스포티파이에 직접 업로드할 수 있게 한 것이다.

그리고 스포티파이는 애플에 맞서는 법적인 투쟁을 서서히 시작했다. 미국 검사들은 애플과 음반사들이 짜고서 스포티파이에 대항한 행위를 증명하지 못했다. 이에 스포티파이는 미국과 브뤼셀의 여러 로비 기업에 의뢰하여 스포티파이의 입장을 세상에 전했다.

에크와 로렌손은 앱 스토어에서 애플이 지위를 남용하고 있는 것은 아닌지 의문스러웠다. 2016년 6월에 영향력 있는 상원 의원 엘리자베스 워런이 그들 편에 섰다. 이 일은 스포티파이가 목소리를 내는 데 첫 번째 커다란 이정표가 되었다.

워싱턴 D.C.의 화창한 어느 날, 워런이 백악관 근처 대저택으로 성큼성큼 들어갔다. 언뜻 기관이나 은행 같아 보이는 그 건물은 미국을 대표하는 싱크 탱크인 뉴 아메리카 재단이었다. 자줏빛 재킷을 걸친 워런은 연설 중에 혹독한 비판을 쏟아 냈다. 미국의 대기업 가운데 몇몇 기업을 향해서 말이다.

"시장이 제대로 작동하려면 경쟁이 있어야 합니다. 그러나 오늘날 미국에서는 경쟁이 죽어 가고 있습니다."

워런은 여러 대기업이 각자의 산업 영역에서 경쟁을 억제하는 잘못된 짓을 저지르고 있다고 여겼다. 그 자리에서 금융, 식료품, 항공 그리고 테크놀로지 등의 업계를 거론하고, 구체적으로 구글, 아마존 그리고 애플을 언급했다.

"애플 뮤직은 아이폰에 빠르게 접근할 수 있습니다. 반면에 애플은 라이벌에게 조건을 붙입니다. 경쟁 스트리밍 서비스를 공급하기 어렵게 만드는 겁니다."

스포티파이가 애플 앱 스토어에 공급된 지 7년이 되었다. 그동안 애플 앱 스토어를 통해 얻은 수익에서 30퍼센트가 애플에 수수료로 지급되었다. 일명 '애플 세금'이라고 불리는 이 돈으로 애플은 눈부신 성장을 이루었다. 스포티파이의 사무실에는 날이 갈수록 애플에 대한 불만이 쌓였다. 오랫동안 애플 앱 스토어가 업데이트를 승인하지 않았기 때문이다. 제품 담당 이사인 쇠데스트룀이 직접 애플에 전화를 걸어서 항의할 때까지 승인 절차는 완전히 멈추어 있었다.

여태껏 에크는 애플이 미국에서 자리 잡으려 애쓰는 스포티파이를 얼마나 방해해 왔는지 공식적으로 밝힌 적이 없었다. 2012년에 어느 공개 석상에서 인터뷰가 진행될 때 이와 관련한 질문이 나온 적이 있었지만 에크는 완전히 입을 닫고 파커에게 마이크를 넘겼다. 소수가 통제하는 이 좁은 업계에 대하여 누군가 이야기를 시작하면 에크는 그저 쓸쓸하게 미소 지었다. 나중에야 그는 애플이 스포티파이의 성장을 막으려 했던 '여러 징후'가 있었음을 인정했다.

말을 아껴야 했던 공개 석상에서의 그날 이래로 4년이라는 시간이 흘렀다. 그동안 스포티파이는 강해졌다. 에크는 애플에 맞서 최초의 공식 캠페인을 펼칠 준비를 마쳤다. 애플 뮤직이 소개된 몇 주 뒤 스포티파이의 홍보 팀은 메일을 보냈다. 수신자는 애플 앱 스토어를 통해 스포티파이를 사용하면서 매달 13달러를 지불하는 사람들이었다. 스포티파이는 애플 앱 스토어를 거치지 말고, 스포티파이에서 직접 결제를 해 달라고 요청했다.

"매달 9.99달러만으로 완전히 똑같은 서비스를 이용할 수 있습니다."

이 캠페인은 가을에서 봄까지 대대적으로 펼쳐졌다. 마침내 이듬해

인 2016년 6월에 애플은 앱 스토어의 수수료를 낮추었다. 앱 이용자가 1년 이상 유료 프리미엄 요금제를 사용하면, 원래 30퍼센트인 수수료를 15퍼센트로 낮추는 방식이었다. 그러나 분쟁은 거기서 끝나지 않았다.

그 시기에 스포티파이는 업데이트를 시행하려고 했는데 애플로부터 승인을 받지 못했다. 애플은 스포티파이가 사용자에게 직접 접촉한 것이 애플을 우회하게 하려는 의도가 있다고 해석했다. 이 사건으로 애플은 스포티파이의 업데이트를 중단시켰다.

2016년 6월 말에 스포티파이의 수석 변호사인 호라시오 구티에레즈Horacio Gutiérrez는 애플에 서한을 보냈다. 서한에는 애플이 음원 서비스 업계의 '경쟁사에 손해를 입히는 무기로' 플랫폼 소유자의 지위를 남용했다는 주장이 담겼다. 며칠이 지나서 애플의 수석 변호사가 그 비판에 반박했다. 이후로 여러 해 동안 스포티파이와 애플의 갈등이 이어졌다.

뜨거웠던 주식 상장의 순간

▶

2017년이 되었다. 이제는 되돌아갈 수 없었다. 스포티파이는 주식 시장에 상장해야 했다. 에크는 투자 은행을 기쁘게 하거나 15명가량의 자본가 앞에서 답변하고 싶지 않았으나 어쩔 수 없었다. 주식 상장은 그가 스포티파이를 통제할 수 있는 유일한 방법이었다. 스포티파이의 투자사들은 경기가 꺾이기 전에 수익 배분을 요구했다.

도전은 많았다. 스포티파이는 10억 달러의 대출금 때문에 매년 이자를 상환하고 있었는데 수익을 더 높이려면 빚을 청산할 필요가 있었다. 그리고 월스트리트는 스포티파이가 음반사에 덜 의존하게 되어 가치 사슬에서 올라가기를 바랐다.

스포티파이의 주식은 상장되기 오래전부터 다량으로 거래되었다. 금융 세계의 영향력 있는 존재들 몇몇이 스포티파이의 일부를 얻으려고 줄을 서고 있었다.

음반사와 저작권료 협상을 다시 하다

Ⅱ Work

스포티파이는 음반사와 저작권 협상을 다시 할 필요가 있었다. 수익을 높이려면 그 수밖에 없었다. 재무 담당 이사인 맥카시는 스포티파이가 매출 1크로나당 수익을 약 15퍼센트밖에 손에 쥐지 못하는 것이 말도 안 된다고 여겼다. 전략 및 콘텐츠 담당 이사인 블롬이 저작권 협상에 합류했다. 협상 목표는 스포티파이에 더 많은 수익을 가져오게 하는 것이었다.

하지만 2016년 말에 유니버설 뮤직과의 협상은 교착 상태에 빠졌다. 어린아이들을 둔 44세의 블롬은 기력을 상실했다. 그는 뉴욕 어퍼이스트사이드의 방 네 개짜리 주택에서 가족과 살았지만, 쉴 새 없이 스톡홀름, 런던 그리고 로스앤젤레스를 오가느라 거의 가족과 시간을 보내지 못했다.

협상에서 스포티파이의 무료 사용자는 여전히 논쟁거리였다. 하지만 맥카시와 수석 변호사 구티에레즈가 책상에 앉아 블롬이 협상 목표를 이루도록 지원했다. 2017년 4월 마침내 유니버설 뮤직의 회장 그레인지가 합의를 마치며 축하 인사를 건넸다.

"스포티파이의 지속적인 성장과 혁신을 기원합니다."

유니버설 뮤직은 드레이크부터 스위프트에 이르기까지 소속 아티스트들이 앨범을 발매할 때 스포티파이에서만 2주 먼저 공개하게 해 주었다. 스포티파이는 협상 중에 음반사의 대표들에게 스포티파이가 가장 잘나가는 스트리밍 서비스라는 사실을 상기시켰다. 여전히 무료 계정 사용자들이 있었지만 말이다.

그리고 몇 달에 걸쳐 스포티파이는 독립 음원사인 멀린Merlin, 소니 뮤직 그리고 항상 그렇듯 마지막으로는 워너 뮤직과 비슷한 조건으로 합의를 마쳤다. 음반사 대표들은 스포티파이가 주식에 상장되기를 바랐다. 그들은 스포티파이의 10퍼센트 이상을 소유했기 때문에 주식 상장이 성공적으로 이루어진다면 큰돈을 벌 수 있었다.

음반사들과의 합의에 따라 스포티파이는 매출 1크로나당 약 25퍼센트의 수익을 얻게 되었다. 결과적으로 무료 서비스를 운영하는 비용이 낮아지는 효과를 보았다. 이처럼 블롬은 주어진 업무를 성공적으로 해냈다. 그러나 스포티파이에서 회사 생활을 하는 동안 가장 집중적으로 일했던 시기가 거의 끝나 가던 중이었다.

12월에 에크는 콘텐츠 팀에 임원진을 모이게 했고, 그 자리에서 블롬을 팀에서 제일 높은 지위에 임명했다. 에크는 다시 협상된 저작권의 조건에 대해 만족해했다. 그런데 한편으로는 블롬이 2018년에도 지금처럼 일을 해낼 수 있을지에 대해서는 확신하지 못했다.

에크는 직원 문제에서 예전처럼 회피하지 않았다. 그는 리드 호프만에게서 영감을 받았다. 호프만은 비즈니스에 특화된 소셜 네트워크인 '링크드인'의 창업자로서, 하나의 자리를 2~5년 동안 하는 여행tour으로 간주하는 독특한 발상을 내놓았다. 직원이 여행을 마치면 다른 자리로 이동하는 순회를 하거나 아니면 퇴사를 택하도록 권했다. 에크 또한 임원진에게 제한된 기간 내에 해야 할 임무를 부여하기 시작했다. 그것을 '미션'mission이라고 했는데 대략 2년 동안 동안 주요한 업무를 열심히 해 달라는 주문이었다.

주식 상장이 이루어진 다음 몇 개월이 지나서 에크는 블롬을 불러 물었다. 하나의 미션을 마쳤으니 한 단계 도약해서 다음 미션을 완수할 수 있는지를 말이다. 에크는 여러 차례 블롬에게 질문을 던진 끝에 기다렸던 대답을 들었다. 수년간 전략 및 콘텐츠 담당 이사로 일해 온 블롬은 스포티파이에서 퇴사하기로 마음을 정했다. 에크는 블롬의 역할을 넘겨받을 후임자를 찾기 시작했다.

뉴욕 증권 거래소에서 직상장을 택하다

‖ Nobody's Child

전통적으로 테크 기업은 주로 나스닥에서 상장을 했다. 마이크로소프트는 1986년에, 구글은 2004년에 그렇게 했다. 그러나 2012년에 페이스북이 상장되던 날, 나스닥에 심각한 전산 장애가 일어난 사건이 벌어진 이후로 트렌드가 바뀌었다. 지난 몇 년간 트위터, 알리바바, 스냅은 뉴욕 증권 거래소를 택했다. 에크도 마찬가지로 그곳에서 상장하기를 원했다.

2017년 봄에 스포티파이는 여러 이사회 임원을 새롭게 들였다. 우선 투자사 시네빅의 대소유주인 크리스티나 스텐벡이 있었다. 스텐벡은 개발 도상국에서 디지털 사업을 오래해 온 인재였다. 디즈니의 전前

운영 담당 이사인 토마스 스탁스Tom Staggs와 유튜브의 전前 제품 담당 이사인 쉬시어 메로트라Shishir Mehrotra도 합류했다. 두 사람 모두 동영상 분야에서 경력이 대단했다.

마지막으로 추가된 임원은 파드마스리 워리어Padmasree Warrior였는데 2015년부터 마이크로소프트 이사회의 일원이었으며 칸의 오랜 친구였다. 게다가 워리어는 테슬라와 경쟁하는 중국 전기 자동차 생산업체인 니오의 지사장이었다. 이들은 모두 스포티파이와 무관했으나 미국 재무부의 요구였기 때문에 스포티파이에 받아들여졌다.

스포티파이는 전통에 얽매이지 않는 주식 상장 방법을 택했다. 재무 담당 이사인 맥카시는 소위 말해서 '직상장'Direct Listing을 제안했다. 그 아이디어는 에크에게 전폭적인 지지를 얻었다. 직상장이란 기업 공개 IPO를 하여 자금을 모으거나 새로운 주식을 발행하지 않고 기존 주식만 직상장하는 방식이다.

이렇게 하면 기존 주주들이 수수료 등을 면제받으면서 곧바로 보유한 주식을 시장에서 거래할 수 있으며, 금융 회사에 지불하는 수수료도 대폭 줄일 수 있다. 이에 반해 일반적인 상장과 달리 주관사가 없어서 주가가 하락할 때 막을 수 없고, 새로운 주식을 발행할 수 없는 등 직상장에 따른 위험 요소도 존재했다.

스포티파이 주식, 순식간에 과열되다

‖ C.R.E.A.M

2017년 주식 상장을 앞두고 스포티파이의 가치는 치솟았다. 아직 상장이 안 된 기업의 주식이 그만큼 집중적으로 거래된 경우는 극히 드물었다. 그 시기에 에크는 스포티파이에 대한 권한을 강화하려고 주의를 기울였다.

스포티파이의 직원들 가운데 많은 사람이 백만장자가 되었다. 소피아 벤츠, 멩멩 두Mengmeng Du, 요나탄 포스테 등은 자신의 스톡옵션을 행사한 뒤 매각한다면 복권에 당첨된 것과 다름없었다. 칸 역시 부자가 되었고 인터넷에 스포티파이의 초기 투자자로도 널리 알려졌다. 가장 눈에 띄는 동료는 스트리게우스였다. 2006년에 스포티파이가 그의 회사 뮤토렌트를 사들일 때 4.9퍼센트의 지분을 받았기 때문이다.

여러 직원이 주식의 일부를 팔고 나머지는 보유했다. 2009년에 회사를 떠났던 엔 또한 예전에 받아 두었던 주식으로 수억 크로나를 벌었다. 일찍부터 그는 1퍼센트의 지분을 소유하고 있었다.

스포티파이의 주식을 사들인 곳은 많았다. 외국의 벤처 자산 기금, 재단 그리고 금융계에서 가장 영향력 있는 투자자들의 충전금 등등. 그중 이안 오스본Ian Osborne도 있었다. 우버에서부터 전前 영국 수상인 데이비드 캐머런까지 여러 유력 인사와 기업을 컨설팅한 전문가였다. 헤지펀드 권력자인 로버트 시트론 또한 스포티파이의 주식에 투자했다.

2017년 내내 각 음반사와의 저작권 합의가 이루어질 때마다 스포티파이의 주식은 가치가 올라갔다. 가장 마지막에 합의를 한 유니버설 뮤직과 4월에 합의를 마쳤을 때에는 한 주당 2,700달러가 되었다. 약 50퍼센트나 시세가 치솟은 셈이었다. 이 가격은 이제 스포티파이 전체의 몸값이 100억 달러, 즉 2005년에 스카이프가 팔렸던 가격의 세 배에 달한다는 것을 의미했다. 이미 엄청난 액수였지만 놀라운 가격 상승은 겨우 시작일 뿐이었다.

금융 세계의 높은 사람들은 스포티파이의 주변을 살폈다. 그들은 끊임없이 성장하는 유료 사용자 수에 대한 보도 자료를 읽었고, 다른 스트리밍 서비스인 넷플릭스가 어떻게 뉴욕 시장에서 성공을 거두었는지를 알아보았다. 두 곳의 출처에 따르면, 세계적으로 힘 있는 투자자인 손정의가 스포티파이에 많은 관심을 드러냈으며 더 큰 주식 지분을 사고 싶어 했다.

손정의는 소프트뱅크라는 막강한 기업의 창업자로 그의 펀드는 세계의 유망한 테크 기업에 매년 200억 달러 정도를 투자한다. 그러나 소문에는 손정의와 로렌손의 사이가 안 좋아져서 주식 지분을 사는 일이 어그러졌다고 했다. 로렌손은 부자라고 해서 특별히 그 앞에서 신중하게 구는 사람이 아니었고, 이러한 태도가 60대 동양인의 마음에 들지 않았던 것 같았다.

소프트뱅크와는 거래가 이루어지지 않았지만 관심을 보이는 사람들은 넘쳐났다. 그 거래는 스투레플란 주변의 금융계까지 살찌웠다. 그곳의 컨설턴트와 중개업자들은 거래가 일어날 때마다 수수료를 챙겠다. 그 과정에서 매매에 자주 응한 사람이 마르틴 쇠데스트룀Martin Söderström인데, 샬롯 쇠데스트룀Charlotte Söderström과 결혼한 에너지 넘치는 젊은 사업가였다.

샬롯 쇠데스트룀은 거대 패션 기업 H&M의 회장이자 최대 소유주인 스테판 페손Stefan Persson의 딸이었다. 마르틴 쇠데스트룀은 페손 가문과 세계의 여러 유산가의 가족 금융을 관리하는 일을 했다. 2017년 가을에 그는 스포티파이의 전체 주식 가운데 0.7퍼센트를 보유하게 되었다.

대형 음반사들 전부와 저작권의 협상이 마쳤을 때, 스포티파이의 주식은 한 주당 4천 달러에 이르렀다. 반 년 사이에 두 배가 된 것이다. 스포티파이가 주식 상장을 할 날이 가까워질수록 점점 더 거래량은 줄어들었다. 가을에는 알리바바의 창업자 마윈이 대리인을 통하여 최소 5천만 달러의 지분을 구입하려고 했다. 그러나 시기상 불가능한 일이었다. 이 시기에는 거래가 있다 해도 실제 소유주가 거의 항상 자신의 소유권을 최우선으로 활용했기 때문이다. 이른바 제1 선매권 말이다. 그야말로 마윈은 지나치게 늦잠을 자 버렸던 것이다.

이와 같은 열띤 주식 거래는 전례 없는 일이었다. 그 거래의 일부를 중재했던 한 금융인은 민간의 테크 기업 중에서 스포티파이가 이제껏 가장 높은 매출을 올렸다는 소리를 들었다고 했다. 물론 우버와 에어비앤비 같은 미국 대기업도 인기가 많았다. 그러나 그 기업들 경우에는 미국의 엄격한 주주 간 계약이 거래를 막고 있었다. 에크가 생각하기에는 주식 거래가 활발하고 주식 소유주 목록에 큰 규모의 조직이 많을수록 주식 상장에 더 유리했으며, 직원들이 스톡옵션을 행사하는 데에도 도움되었다.

가장 부지런한 구매자들 가운데 뉴욕의 헤지펀드 타이거 글로벌도 있었다. 스포티파이의 직원들은 2017년 초에 스톡옵션을 행사할 때 타이거 글로벌이 이를 사 모았다. 이 기업은 전설적인 주식 투자자인 줄리안 로버트슨이 1980~2000년에 운영했던 헤지펀드 타이거 매니지먼트에 뿌리를 두었다. 가을에 타이거 글로벌은 투자 은행에 주식을 팔고 싶어 하는 사람을 찾아 달라고 요청했다. 여러 투자 은행에 연락을 했기 때문에 시장에서는 실제 수요가 높다는 인식이 형성되었고 그 영향으로 스포티파이의 주식은 계속 가격이 올라갔기에 이 같은 말이 돌았다.

"타이거가 온 힘을 다해 주식을 빨아들이고 있다."

짧은 시간에 타이거 글로벌은 스포티파이의 압도적인 소유주가 되었다. 12월에 스포티파이의 지분 6퍼센트를 보유하면서 타이거 글로벌은 최대 소유주인 에크에 다가섰다. 그러나 에크는 걱정하지 않았다. 억만장자인 체이스 콜맨, 인터넷 투자자들인 리 픽셀Lee Fixel과 스캇 슐레이퍼Scott Shleifer처럼 타이거 글로벌도 의결권을 순조롭게 에크에게 넘겼다.

러시아 사업가인 밀러가 2011년에 스포티파이를 유니콘으로 만들었을 때와 같은 상황이었다. 수억 크로나를 투자했으나 밀러는 이사회 임원이 아니었다. 에크는 필요로 했던 돈을 얻었고, 새로운 소유주에게는 공식적으로 영향력을 조금도 내주지 않았다.

한편 밀러는 스포티파이를 조금 일찍 떠났다. 밀러의 회사인 DST는 2015년 크리스마스 바로 직전에 스포티파이에서 갖고 있던 마지막 몫을 팔아 버렸다. 당시 한 주당 1,800달러였는데, 2년 뒤에는 두 배 이상으로 뛰었다. 2017년 말에 스포티파이는 유통 시장에서 160억 달러의 가치로 평가받았다. 그러나 에크는 여전히 더 높은 몸값을 원했다.

중국 기업 텐센트와의 교섭

Ⅱ Empire State of Mind

2017년 봄에는 세계에서 가장 큰 기업 가운데 한 곳인 중국 대기업 텐센트가 스포티파이에 관심을 갖기 시작했다. 텐센트의 대표단은 스톡홀름의 본사를 여러 차례 방문했다. 비리예르 얄스가탄에서 일하는 직원들은 소근거렸다. 도대체 회사에서 무슨 일이 벌어지고 있는 건가 하면서.

텐센트는 1998년 11월에 마화텅과 네 명의 공동 창업자가 설립했다. 마화텅은 에크처럼 최고 경영자며 회장이다. 텐센트의 첫 번째 제품은 IOCQ로 인기 있던 PC용 채팅 도구인 ICQ의 일종의 복제품이었다. ICQ 측으로부터 항의를 받고 난 이후에 텐센트는 그 프로그램의 이름을 QQ라고 부르기 시작했다. 마화텅은 홍콩 증권 거래소에 텐센트를 상장시켰다. 마화텅은 자신의 기업 내에서 경쟁을 독려했는데,

때로 일부러 여러 팀에게 유사한 업무를 맡겼다. 그렇게 해서 최종적으로 선별된 제품이 시장에서도 강할 거라고 생각해서였다.

텐센트의 대전환은 2011년에 메신저 앱인 위챗과 함께 이루어졌는데, 2017년에 이 앱을 거의 10억 명이 사용했다. 위챗은 지불부터 모바일 게임과 뉴스에 이르는 모든 것을 총망라한 소셜 네트워크였다. 그런데 위챗은 중국 정부에 사용자들이 주고받은 메시지는 물론 삭제한 메시지까지 제공한 사실이 알려져 거센 비난을 받았다. 텐센트는 스트리밍 서비스인 QQ 뮤직도 만들었다. 2016년에 QQ 뮤직은 경쟁사인 쿠고우Kugou와 CMCChina Music Corporation와 합병되었고, 텐센트 뮤직이 탄생했다.

2010년에 텐센트는 테크 분야 여기저기에 출현하기 시작했다. 텐센트는 차량 공유 앱을 개발한 리프트에 투자했다. 이 기업은 전기 자동차 제조사인 테슬라와 우버의 최대 경쟁 상대로 꼽혔다. 또한 텐센트는 에픽게임즈의 대주주다. 2017년에 세계를 휩쓸었던 '포트나이트'라는 성공적인 게임을 개발한 곳이다.

밀러처럼 마화텅은 자신의 포트폴리오 기업에서 수동적인 역할에 그쳤다. 2017년 10월에 마화텅은 주식 상장된 스냅의 주식을 12퍼센트 사들였지만 의결권은 포기했다. 그런데 스냅과의 거래가 이루어지기 직전, 그는 스포티파이를 통째로 인수하는 것을 고려했었다. 저자들이 이 책을 집필하며 만난 소식통의 정보에 따르면 말이다.

에크와 텐센트와의 대화는 조심스러웠다. 처음에는 스포티파이와 텐센트 뮤직 사이의 협력으로 이야기가 시작되었다. 점차 텐센트는

20억 달러 정도에 스포티파이 전체를 인수할 준비가 되어 있다는 의지를 보여 주었다. 에크의 책상에는 공동 사장의 역할을 맡아 달라는 제안서가 놓이기까지 했다. 텐센트 뮤직은 중국에서 수억 명이 사용하고 있으나, 그 수는 스포티파이보다 훨씬 더 적었다.

에크는 오래전부터 만약 스포티파이를 더 잘 운영하는 상대가 있다면 미련 없이 넘길 생각이 있었다. 페이스북의 주식 가치를 넘어선 텐센트는 그러한 운영자가 될 것 같기도 했다. 그래도 에크는 주저했다. 마치 7년 전 마이크로소프트의 제안과 비슷한 텐센트의 제안은 그에게 두 번째였다. 우선은 스포티파이를 독립적인 기업으로 주식에 상장시키기를 에크는 원했다.

그러나 텐센트와의 대화는 거기에서 끝나지 않았다. 가을에 에크와 텐센트의 대표단은 다른 계획을 세웠다. 스포티파이와 텐센트 뮤직이 서로 공동 소유주가 되는 것이었다. 10억 달러 가치의 주식, 즉 10퍼센트의 지분을 교환하기로 했다. 이것은 스포티파이 입장에서는 향후의 중국 진출을 고려한 조치였다.

게다가 텐센트는 스포티파이의 대금업자들이 보유한 주식을 약 50억 크로나(약 6,500억 원)에 떠맡았다. 대금업자들은 예전에 스포티파이에 빌려 준 돈의 약 두 배를 벌었다. 스포티파이의 나머지 대금업자는 자신의 대출금을 회사의 주식으로 변환했다. 주식이 상장되기 바로 직전이라 텐센트는 일정 기간 스포티파이의 주식을 팔 수 없었다. 이러한 경우에 몇 개월 동안이 아니라 3년간 주식 판매가 금지된다. 이로써 텐센트도 원하는 대로 스포티파이에 투자할 수 있었다. 에크는 텐센트와의 거래를 마치며 포부를 밝혔다.

"이 거래는 음원 스트리밍의 글로벌 성장을 가져오고, 두 회사 모두에게 이익을 안겨 줄 것입니다."

이 계약은 스포티파이라는 기업의 가치를 더욱 높였다. 이후 스포티파이 주식은 한 주당 5,300달러에 이르렀다. 스포티파이는 1년 사이에 가치가 세 배나 뛴 총 250억 달러로 평가되는 기업으로 거듭났다. 에크는 월스트리트에서 주식으로 두둑하게 한몫을 챙겼다.

사업 모델을 끊임없이 개발하다

Ⅱ Walk Straight Down the Middle

스포티파이는 주식 시장을 만족시키기 위해서 음악으로 돈을 버는 여러 묘안을 새롭게 내놓거나 기존의 방식을 다듬었다. 비록 음반사에 비용을 물게 되더라도 그렇게 하기로 했다.

2017년 가을에 스포티파이의 제품 팀은 진지하게 논의를 했다. 그중 가장 중요했던 논의 가운데 하나는 과연 음악이 어디에서 오느냐는 것이었다. 만약 스포티파이가 작은 스트리밍 기업을 여럿 운영한다면 각각이 마진이 적더라도 결과적으로는 큰 마진을 얻을 수 있을 테고, 결과적으로 음반사에 지불하는 저작권료를 더 낮출 수 있었다.

또한 아티스트나 프로듀서와 더 가까운 관계를 만드는 것은 필수라는 이야기도 나왔다. 사업적인 관점에서 이러한 논의들은 스포티파이

가 유통 기업에서 과연 어디까지 발을 내딛을 수 있을지를 고민하게
했다. 이 문제는 소비자뿐 아니라 음악을 만드는 사람들을 위해서라도
정확히 해야 했다. 그래서 스포티파이의 경영진은 2017년 여름에 대
변인을 통하여 《빌보드》에 신중하게 입장을 밝혔다.

"우리는 저작권을 소유하지 못합니다. 우리는 음반사가 아닙니다.
모든 우리의 음악은 저작권 보유자로부터 허가를 받은 것이고, 우리는
지불을 합니다. 우리 스스로 돈을 지불하는 것은 아닙니다."

단 며칠 뒤 에크는 어려운 상황에 봉착했다. 업계 전문 온라인 매체
'뮤직 비즈니스 월드와이드'가 소식을 하나 전했다. 스포티파이의 플
레이리스트에서 인기를 누리는 몇몇 곡이 잘 알려지지 않은 아티스트
50명의 곡이라고 했다. 그 아티스트들의 스트리밍 횟수를 전부 합치
면 무려 5억 회나 되었다. 그런데 곡을 제공한 것은 스톡홀름의 에피
데믹 사운드Epidemic Sound였다. 그 기업은 프리랜서 아티스트들이 텔
레비전 방송부터 유튜브 영상까지 다양하게 음향을 입히는 작업을 하
는 일종의 뮤직 뱅크였다. 음악 업계에서는 그 아티스트들을 "가짜 아
티스트들."이라면서 분노했다고 익명의 소식통들이 전했다.

이처럼 애플이 위대한 팝스타들과 수백만 달러짜리 계약을 하고 있
을 때, 에크는 다양한 음악을 구해서 스포티파이를 채웠다. 그리고 이
전보다 매출에서 더 많은 몫의 수익을 가져갔다. 2017년 7월에 스포
티파이는 에피데믹 사운드에서 거의 1,500곡을 들여왔으며 그 수는
점점 더 커졌다. 이에 대하여 스포티파이의 정책 및 커뮤니케이션 담
당 이사인 요나탄 프린스Jonathan Prince는 다음처럼 설명했다.

"우리는 스포티파이에 필요한 콘텐츠를 발견했습니다."

그리고 에크는 컴퓨터로 팝 뮤직을 만드는 연구를 주목했다. 배경 음악이 아니라 진짜 히트곡들 말이다. 프랑수아 파크헤트François Pachet 는 소니 뮤직에서 20년간 근무하면서 인공지능을 연구했다. 파크헤트 의 인공지능은 기존의 수많은 곡들을 읽고 스타일을 해석했으며 이를 바탕으로 훌륭한 작품을 만들었다. 요한 세바스찬 바흐의 곡을 모방하 게 한 뒤 실시한 블라인드 테스트에서 참여자의 반 이상이 인공지능이 만든 선율을 바흐의 작품이라고 답할 정도였다.

2017년 중반에 파크헤트는 파리에 자리한 '크리에이터 테크놀로지 리서치 랩'의 원장이 되었다. 에크가 세운 그 연구실에서 그는 음악을 만드는 아티스트들을 돕는 인공지능 도구를 발전시켰다. 연구실 동료 들 가운데 한 사람은 인간 기타리스트와 인공지능의 합작품을 선보였 다. 그리고 스포티파이에 휙게SKYGGE라는 이름으로 그들의 앨범《헬 로 월드》Hello World를 업로드했다. 이후 2018년에 대략 1천만 회가 스 트리밍되었으나, 컴퓨터가 만들어 낸 곡들이기에 저작권료는 한 푼도 나가지 않았다.

수개월 뒤 에크는 주식 상장을 신청하기 겨우 몇 주 전에 퍼즐 조 각 하나를 끼워 맞추듯 한 가지 일을 실행했다. 스포티파이 역사상 제 일 큰 비용을 들여 기업 인수를 한 것이다. 그 대상은 2012년에 설립 된 스웨덴 음악 기업인 사운드트랩Soundtrap이었다. 그 기업이 내놓은 앱은 여러 사람이 협력하여 음악을 만들고 실시간으로 녹음하는 도구 였다. 원래는 아마추어 음악가를 염두에 두고 개발되었는데, 일반인도 그 앱을 꽤 사용했으며 학교 수업에서도 활용되었다. 사운드트랩은 거의 아무런 매출도 올리지 못했지만 약 7천만 크로나(약 91억 원)의 투자를 받은 상태였다. 사운드트랩의 소유주들 가운데에는 벤처 투자사인 인두스트리폰덴Industrifonden과 스포티파이의 전前 재무 담당 이사였던 스테르퀴가 있었다.

처음에는 협력 관계에 있던 사운드트랩을 2017년 여름에 스포티파이의 이사들이 아예 인수하자는 의견을 내놓았다. 사운드트랩의 소프트웨어를 활용하는 사람들은 아직 어엿한 아티스트들은 아니었으나 점차 실력이 나아질수록 스포티파이와 깊은 관계를 맺을 가능성이 높았다. 이렇듯 에크는 기존의 음반사에 저작권료를 지불하고 음원을 확보하는 것 외에도 다양한 방식으로 새로운 음원을 찾아냈다. 스포티파이는 아예 사운드트랩에 2017년 이른 가을에 인수를 제의했다. 사운드트랩은 아직은 할 일이 많이 남아 있다며 주저했으나 몇 개월이 지난 다음 계약서에 서명을 했다. 사운드트랩 회장인 페르 에마누엘손Per Emanuelsson이 말했다.

"우리는 음악을 해방시키고 싶었습니다. 그런 면에서 스포티파이의 비전과 잘 맞았어요."

에마누엘손은 스포티파이가 사운드트랩을 인수한 뒤에도 사업을 계속하도록 보장을 약속받았다. 공식적으로 사운드트랩의 인수가는 비밀이었지만 대략 5억 크로나(약 650억 원) 이상으로 알려졌다.

스포티파이의 역할은 파괴가 아닌 혁명

‖ We Will Rock You

2018년 3월 스포티파이의 고위 임원진이 월스트리트 분석단을 만났다. 뉴욕 트라이베카의 스프링 스튜디오에서 열린 프레젠테이션에는 여러 유명인이 참석했다. 진행자의 목소리가 스피커에서 쩌렁쩌렁 울렸다.

"어서 무대로 올라와 주십시오. 창업자이며 최고 경영자인 다니엘 에크입니다."

에크는 흰색 스니커즈, 검은색 청바지, 검은색 재킷 그리고 티셔츠 차림으로 연단에 나가서 제1회 '인베스터 데이'Investor Day에 온 관중에게 환영 인사를 했다. 이 행사는 기업이 재무 이해 관계자들을 초대하여 여는 설명회인 '캐피털 마켓 데이'의 스포티파이 버전이었다.

"좋습니다! 모두, 안녕하십니까."

에크는 2007년 런던의 영화관에서처럼 미래를 확신한다고 말했다. 그러나 그때와는 상황이 달랐다. 당시에는 추상적인 개념에 불과했던 뮤직 플레이어가 수많은 사용자에게 사랑받고 있었고 이제 에크는 2천억 달러짜리 기업을 이끌었다.

"우리는 위세를 떨치려고 대중에게 다가간 것이 아닙니다. 그래서 여러분이 우리를 알아주거나 축하하거나 하는 일은 없을 겁니다."

몇 주 전에 스포티파이는 주식 상장 신청을 공식화했다. 그 서류는 스포티파이라는 기업을 전체적으로 조망할 수 있는 그림을 제공했다.

항외와 스트리게우스는 10억 달러에 달하는 주식을 보유하고 있었으며, 6퍼센트에 가까운 주식을 보유한 소니 뮤직은 다섯 번째로 큰 스포티파이의 소유주였다.

주식 보유 현황을 꼼꼼하게 살펴본 사람이라면 에크가 텐센트에게 두 번째 순위를 내어 준 사실을 확인했다. 그러나 스포티파이에서 에크의 영향력은 그대로였다. 비록 몇 년 동안 주식을 일부 팔았음에도 불구하고 그는 여전히 스포티파이에 대한 막강한 지배력을 발휘했다. 특별 배당주 운영과 주권 프로그램을 통하여 에크와 로렌손은 회사의 의결권 가운데 80퍼센트 이상을 통제할 수 있었다. 이것은 마치 구글과 페이스북의 창업자들이 소유하는 복수 의결권의 특권과 비슷했다.

인베스터 데이의 무대에서 에크는 투명성을 강조했다. 스포티파이가 외부에 대해서뿐만 아니라 항상 투명하게 행동해야 한다고 덧붙였다.

"투명성은 정말로 우리 문화에서 중요한 역할을 하고 있습니다. 항상 그래 왔습니다. 하지만 내부적으로 투명성을 지켜 왔던 것만큼 외부적으로는 그렇게 하지 않았습니다."

인베스터 데이는 에크가 새로운 전략을 처음 선보인 자리였다. 바로 스포티파이가 팬과 아티스트 사이에서 기술 주도의 저장소가 되어야 한다는 것이었다. 스포티파이는 사용자들에게 적절한 음악을 제공하고 동시에 아티스트에게는 자신의 팬을 찾도록 해 주어야 했다. 에크는 이를 "양면 시장."이라고 칭했다. 한마디로 스포티파이가 사용자와 창조자 모두에게서 돈을 받는 곳이라는 의미였다. 데이터의 지속적인 스트리밍은 소비자가 어떤 곡을 듣고 있는지 알려 준다. 그리고 소비자의 사용량 가운데 거의 3분의 1일을 차지하는 플레이리스트에서 순위가 어떻게 될지도 예측해 준다. 이 데이터를 바탕으로 스포티파이는 음악 업계의 수요를 조절할 수 있었다.

에크는 아일랜드의 가수이자 작곡가인 더멋 케네디Dermot Kennedy를 언급했다. 케네디는 늦은 나이에 이를 때까지 더블린 거리의 음악인으로 살아 왔다. 그러다 2015년에 스포티파이에 몇몇 곡을 업로드했다. 이후 큰 음반사의 후원 없이도 디스커버 위클리에 진입하여 수백만 사용자를 만났다. 이제 케네디는 전 세계를 투어하면서 자신의 음악으로 먹고살 수 있게 되었다.

이외에도 여러 사례가 있었다. 스포티파이는 주식 상장 신청서에 미국의 싱어송 라이터인 라우브를 거론했다. 라우브는 무명의 아티스트였다. 그의 곡 하나가 스포티파이의 투데이스 톱 히트의 플레이리스트에 수록되기 전까지는 말이다. 이후 수백만 번의 스트리밍이 일어났는데, 그중 70퍼센트가 스포티파이가 만든 플레이리스트에서 비롯되었다.

"아무도, 어떤 음악 업체도 하지 않았던 일입니다. 그래서 더 스포티파이가 해야 하는 중요한 일이라고 생각합니다."

이어서 에크는 '붕괴된'이라는 마법 같은 말을 사용했다.

"어떤 사람들은 스포티파이가 음악 산업을 붕괴시켰다고 합니다. 그러나 우리는 사실 그것이 바로 음악 산업의 진화라고 봅니다."

스포티파이는 내부적으로 '소비 이동'을 이야기하기 시작했다. 큰 규모의 플레이리스트를 접한 사용자는 대형 음반사의 곡에서 다른 출처가 제공한 곡으로 옮겨 갈 가능성이 있었고 그렇게 되면 스포티파이의 수익은 더 개선될 수 있었다.

다음 연사는 쇠데스트룀이었다. 스포티파이의 R&D 수석 임원인 그는 청색 셔츠를 입고 갈색 가죽 부츠를 신고서 무대로 나왔다. 월스트리트 분석가들 앞에서 그는 스포티파이가 데이터를 운영하는 기업이라는 점을 분명히 했다. 스포티파이는 사용자가 어떤 종류의 음악을 언제 어떻게 듣는지 등을 보여 주는 데이터를 200페타 바이트로 저장하고 있었다. 그 양은 600만 개의 스마트폰에 담는 데이터와 맞먹었다. 이것이 월스트리트 분석가들이 좋아하는 개념, 바로 확장성이었다. 여기까지 설명한 쇠데스트룀은 주장했다.

"스포티파이는 소프트웨어입니다. 우리가 하는 게 바로 그겁니다. 그리고 우리는 그것에 능숙합니다."

나중에 등장한 맥카시는 스포티파이의 성장을 강조했다. 수익성 이전에 성장을 가속하고 있다는 점에 주목해 달라고 했다. 새로운 사용자를 모집하는 데 드는 비용보다 더 많이 새로운 사용자로부터 벌어들이는 한, 스포티파이는 문제없을 것이었다. 이날 오후에 총 아홉 명의 임원들이 무대에 등장했다. 마케팅 팀을 이끄는 다니엘라 리Danielle Lee를 제외하고 모두가 남자였다. 스포티파이가 벌인 월스트리트를 위한 쇼는 이제 막을 내렸다. 몇 주 뒤에 주식 상장이 이루어졌을 때 에크는 무대 위에서 거의 보이지 않았다.

드디어 주식 상장되다

(‖ Morning Has Broken)

부활절 이후 맞이한 첫 평일, 스톡홀름의 뉘브로비켄Nybroviken은 햇빛으로 빛나고 있었다. 아침 8시 30분에 벤츠는 자신의 사무실로 가는 중이었다. 한때 스포티파이의 마케팅을 총괄했던 그녀는 2014년에 스포티파이를 그만두었다가 최근에는 투자사의 전문 상임 이사로 근무 중이었다.

그녀는 휴대 전화를 집어 들고 외스테르말름의 일출 장면을 찍었다. 기온은 0도였고 하늘은 구름 한 점 없이 맑았다. 그녀는 트위터에 사진을 게재하며 이렇게 적었다.

"회사를 상장시키는 데 최고의 날인 것 같다."

벤츠의 사무실은 스포티파이의 첫 번째 사무실에서 단 몇 블록 떨어진 곳에 있었다. 리다르가탄에서 뒤헝클어진 음악 메타 데이터를 책임지고 있는 홀트는 이 트윗에 '좋아요'를 눌렀다. 스포티파이의 제품 개발 담당 이사였던 카디르와 노스존을 통해서 10년 가까이 주식을 소유한 패르손도 그랬다.

스포티파이 출신의 옛 직원들은 스포티파이를 추억하며 페이스북에 글을 남겼다. 모두가 긴장하며 뉴욕에서 거래가 시작되기를 기다렸다. 사실 에크는 주식 상장에 너무 큰 의미를 부여하지 않으려고 애썼다. 그럼에도 불구하고 2018년 4월 3일 화요일은 중요한 날이었다.

더 열심히, 더 빨리, 더 강하게

〓 Harder Better Faster Stronger

몇 시간 뒤면 뉴욕은 아침이었다. 8시를 알리기 바로 전에 파랑색 옷의 경비원이 월스트리트 11번지의 입구 바로 안쪽에 있는 작은 공간으로 들어갔다. 뉴욕 증권 거래소의 주식 시장이 열리기 전까지는 90분 정도 남아 있었다.

조금 있으면 기자들이 보안 검색을 통과하여 물밀 듯 들어올 예정이었다. 뉴욕 증권 거래소에는 여러 규칙이 있었다. 이곳에서는 스니커즈도, 청바지도 허용되지 않았다. 미국의 경제 전문 방송사인 CNBC는 개장을 알리는 종이 있는 연단 아래에 스튜디오를 준비했다. 그러나 에크나 로렌손은 여기에 없었다. 스포티파이의 회장인 에크는 그 이유를 전날 저녁에 공개서한으로 밝혔다.

"당연히 나는 우리가 지난 10년 동안 만들어 낸 것이 자랑스럽습니다. 그러나 내일이 스포티파이에 가장 중요한 날은 아닙니다. 이것을 중요하게 생각해 주십시오."

그러고선 공개서한에 서명하며 다프트 펑크의 히트곡 〈하더 베터 패스터 스트롱거〉를 인용했다.

"더 열심히, 더 잘, 더 빨리, 더 강하게."

스포티파이의 주가는 초기 공모가인 132달러보다 13퍼센트 오른 149.01달러로 거래를 마쳤다. 그날 우리도 경제 신문 〈다겐스 인두스트리〉의 기자로서 현장에 있었다. 뉴욕 증권 거래소의 딜러들은 이제

껏 경험하지 못한 일을 겪었다고 이야기했다. 그도 그럴 것이 스포티파이의 상장은 업계에서 첫 번째 직상장이었다.

뉴욕 증권 거래소가 위치한 맨해튼 최남단에는 차가운 아침 바람이 불었다. 너비 10미터가 넘는 검은색 현수막이 주식 시장 건물의 정면을 덮고 있었다. 현수막에는 스포티파이의 초록색 로고가 인쇄되어 있었다. 그리고 그 아래에는 미국 성조기 3개가 나부꼈다. 그중 하나가 스웨덴 국기로 교체될 예정이었다.

입구의 경비원이 각국의 국기가 담긴 통들에 다가갔다. 통 겉면에는 국가의 명칭이 검은색으로 적혀 있었다. 경비원은 'S'에서 통 하나를 들어서 국기를 꺼내 건물에 게양했다.

눈앞의 주식보다 장기전을 준비하다

‖ Livin' in the Future

같은 시각, 뉴욕 증권 거래소에서 70블록쯤 떨어진 곳에 오늘의 주인공이 흰색 가죽 의자에 앉아 있었다. 에크는 허드슨강과 가까운 67번가의 변두리에 위치한 CBS 방송국의 홍보 담당 이사 더스티 젠킨스Dustee Jenkins와 함께 있었다. 매일 300만 명이 넘는 시청자가 보는 〈디스 모닝〉This Morning이 방송 중이었다.

에크는 스타벅스 종이컵에 담긴 음료를 마시며 진행자인 게일 킹과 이야기를 나누었다. 에크는 머리를 완전히 밀었으며 고르게 자란 갈색

수염이 관자놀이에서 턱까지 이어진 모습이었다. 초록색 폴로셔츠를 입은 그는 팔목에 애플워치를 차고 있었다.

"몇 년 전만 해도 미국에서 스트리밍은 아무것도 아니었습니다."

에크는 애플 뮤직의 출시를 겨냥한 발언을 했다. 이제 스포티파이는 업계의 표준 모델로 통했기에 그는 자신 있게 말했다.

"우리는 주머니에 세상의 음악을 전부 넣게 되었고, 그래서 여러분은 예전보다 음악을 더 많이 듣고 있을 겁니다."

지난번 같은 프로그램에 출연했을 때 에크는 막 출시했던 모먼트 기능을 소개했었다. 하지만 얼마 못 가 모먼트는 실패작이 되어 버렸다. 3년 뒤인 지금 그는 설욕의 기회를 잡았다.

스위프트는 최근에 자신의 팬들에게 안부 인사를 보냈다.

"〈델리케이트〉Delicate를 위해 만든 영상이 곧 공개됩니다, 스포티파이에만요, 오늘 밤. 그러니까 확인해 보세요."

CBS 스튜디오에서 에크는 스위프트를 스포티파이로 돌아오게 하려고 테네시주의 내슈빌로 '아주 많이' 찾아가 설득했다고 했다. 주식 상장 전 목요일에 스포티파이는 스위프트의 최신 뮤직비디오를 독점으로 처음 공개했다. 그러나 경쟁사는 여전히 강력했다. 프로그램 진행자인 킹은 애플 뮤직이 미국에서 스포티파이를 추월하는 중에 있다는 정보로 에크를 압박했다.

"두려운가요?"

킹이 궁금해했다. 에크는 침착하게 대응했다.

"애플의 존재는 스트리밍을 위한 시장을 넓혀 줄 뿐이지요."

에크는 마치 미국의 정치인처럼 교활하게 말했다.

"어린 시절, 스톡홀름의 노동자들이 사는 지역에서 살았습니다. 듣고 싶은 음악을 들을 여유가 없었어요. 1998년과 1999년 즈음에는 정말 어떻게 하면 음악을 전부 구할 수 있을까 고민했습니다. 그리고 나중에는 그걸 합법적으로 하는 방법을 찾아낸 겁니다."

에크는 야구 용어를 빗대어 표현하기도 했다.

"여태껏 10년에 걸친 여정을 해 왔습니다. 이제 두 번째 이닝이라는 느낌이 듭니다."

그런 다음에 에크와 로렌손이 언젠가 우연히 깨닫게 된 교훈을 언급했다.

"주식을 절대로 우선순위에 두지 않을 겁니다."

그러나 오늘은 시세를 슬쩍 쳐다보기는 할 거라고 고백했다.

"이따가 개장할 때 살펴보기는 하겠지요. 하지만 정말로 장기적인 것이 더 중요하다고 생각합니다."

증권 거래소의 국기 게양 해프닝

Ⅱ Red Flag

최근 몇 년간 뉴욕 증시 거래소에 상장된 주식들 가운데 대략 100개가 가장 주가가 높았다. 그리고 그와 거의 비슷한 숫자의 국기들이 거래소 입구에 보관되어 있었다. 경비원은 발코니로 나가서 오른쪽에 나

란히 성조기를 게양한 다음 흰색 십자가가 그려진 빨간색 국기를 게양
했다.

거리 아래에는 〈다겐스 인두스트리〉의 기자가 서 있었다. 거대한 스
포티파이 로고가 들어 있는 현수막 아래의 국기들을 올려다보았다. 스
위스 국기와 두 개의 성조기였다. 8시가 갓 넘은 시각이었는데, 트위
터에 그 장면이 찍힌 사진이 게재되었다. 기자가 무슨 일이냐고 묻자
입구에 있던 경비원이 중얼거렸다.

"아, 실수했네."

곧 스웨덴 공영 방송 SVT, 〈텔레그래프〉, 〈뉴욕 타임스〉 그리고 블
룸버그 모두가 트위터에 등장한 그 사진을 게재하고 싶어 했다. 이 해
프닝은 '스위스 미스'The Swiss Miss라는 재미있는 별칭이 붙어서 세계
로 급속히 퍼져 나갔다. 뉴욕 증시 거래소의 트위터도 스웨덴과 스위
스에 대한 농담을 섞어 이를 소개했다.

"오늘 아침에 주가를 확인하다가 우리의 중립적 역할을 강조한 사
진을 보셨는지요. 즐겨 주셨기를 바랍니다."

모두가 부자가 되다

Ⅱ Money Money Money

"자, 거래를 시작합니다. 560만, 165.90!"

뉴욕의 스포티파이 사무실에서는 직원들이 텔레비전 화면 앞에 서

2018년 4월 3일 월스트리트에 스포티파이가 상장된 날 뉴욕 증권 거래소 건물의 경비원 실수로 스웨덴 국기가 아닌 스위스 국기가 게양된 모습. ©Sven Carlsson

서 이를 지켜보았다. 이로써 스포티파이는 시가 총액 265억 달러 기업으로 성장했다. 스포티파이는 페이스북과 알리바바 등 몇몇 테크 대기업들 다음으로 주식 상장 규모가 컸다.

스포티파이는 165.90달러로 거래를 시작해 장중 169달러까지 급등한 뒤 149.01달러로 거래를 마쳤다. 스포티파이의 주가는 H&M, 텔리아, 스냅과 트위터보다도 더 높았다. 게다가 이번 직상장은 업계에 하나의 모델을 제시했다. 비즈니스 채팅 앱인 슬랙과 에어비앤비도 조만간 비슷한 방법으로 상장할 예정이었다.

로렌손은 그날 뉴욕에 있지 않았다. 그러나 소셜 미디어에 주식 상장과 관련한 여러 소식을 올렸으며, 스웨덴 국기를 잘못 게양한 해프닝도 공유했다. 49세의 스포티파이 공동 창업자는 엄청나게 부유해졌다. 그는 여전히 스포티파이의 12퍼센트 이상을 소유하고 있었는데 그 가치는 3천억 크로나(약 40조 원)에 달했다. 에크의 아이디어를 철석같은 믿음으로 뒷받침했기에 투자했던 금액의 500배가 넘는 돈을 거머쥐게 되었다.

패르손의 이익은 그만큼 높지 않았으나, 본인이 파트너로 적을 둔 노스존은 투자금의 130배 가까운 이익을 얻었다. 블룸버그는 유럽의 벤처 캐피털 펀드인 노스존이 이날 높은 이익을 거두었다고 보도했다. 패르손은 미국의 경제 방송에 출연하여 주식 상장에 대하여 이야기를 했다. 한편 패르손은 애플 뮤직으로부터 반복적으로 압력을 받았으나 개의치 않았다. 그의 생각에 애플은 자신의 먹이 사슬 안에서는 강하지만 아이폰 세상 밖에서는 약했다.

"어디에나 있고, 모든 곳에서 기능하는 것은 처음부터 스포티파이의 전략이었습니다. 애플은 20퍼센트 정도의 글로벌 마켓을 점유하고 있지만 제한된 영역에서만 기능합니다."

몇 달 안에 노스존과 크리앤둠은 스포티파이의 주식 대부분을 팔아치우면서 총 250억 크로나(약 3조 5,000억 원)의 이익을 보았다.

스타돌의 전前 회장인 미크셰는 스포티파이가 그냥 아이디어에 불과했을 때 에크를 고용하고 노력에 찬사를 보냈었다. 미크셰에게는 혜안이 있었다. 나중에 스웨덴 최대 기업 가운데 하나를 세울 젊고 유능한 인재를 일찍부터 알아보았으니 말이다.

"마티아스, 당신에게 소리를 크게 질러."

사업가인 알란 마메디Alan Mamedy가 트위터에 썼다. 그는 스팸 전화를 차단해 주는 앱을 개발한 스웨덴 기업 트루콜러의 CEO였다. 이에 미크셰는 진심으로 화답했다.

주식 상장으로 에크는 200억 크로나(약 3조 원) 정도를 충분하게 벌었다. 스포티파이는 창업자들, 초기 투자자인 항외, 천재 프로그래머 스트리게우스 그리고 헤지펀드 권력자인 시트론까지 모두를 억만장자로 만들어 주었다.

두 번째 이닝에 들어선 스포티파이

▶

제5회를 맞이한 브릴리언트 마인즈 콘퍼런스에는 지금까지의 행사 가운데 가장 많은 유명 인사가 참석했다. 보머 재킷과 스니커즈 차림의 에크가 콘퍼런스가 열리는 스톡홀름의 그랜드 호텔 근처의 거리에 들어서자, 찰칵찰칵하는 카메라 셔터 소리들이 이어졌다. 에크는 이제 36세고, 인생에서 최고로 건강한 상태며, 재산이 스포티파이를 시작했을 때보다 270억 크로나(약 3조 6,000억 원)나 더 늘어났다.

에크의 앞에는 스포티파이의 서버가 여전히 외면당하고 있을 때 커다란 세상을 보여 주었던 칸이 걷고 있었다. 햇볕에 그을린 그의 피부가 연푸른 셔츠 사이로 보였다. 에크의 잠재력을 일찌감치 발견한 이 전설적인 조언자는 부자가 되었다. 수년 동안 해외 출장, 비즈니스 회의 그리고 파티를 반복하던 칸은 심장마비로 쓰러졌다. 몇 년에 걸쳐 다시 건강을 회복했고 이제는 잘 살고 있다. 에크도 성공에 따른 대가를 치르고 있었다. 그는 2019년에 위협에 노출되어 신변 보호를 받았다.

스포티파이가 상장된 지 1년이 넘었다. 상장 첫 달은 주식 시세가 계속 오르다가, 나중에 주식 시장이 흔들리자 뒤로 밀리기 시작했다. 2018년 가을에 스포티파이는 가격을 안정화시키기 위해서 주식을 사들였다. 이후 개최된 스포티파이의 1분기 보고 자리에서 애널리스트와 기자들은 에크가 훨씬 더 안정되어 보인다고 했다. 스포티파이의 주식 시세는 2천억 크로나(약 30조 원)를 유지했다. 몇 년 전만 해도 생각조차 할 수 없던 일이었다.

한편 오랜 세월 애플에 대한 불만을 쌓아만 두던 스포티파이는 2019년 봄에 처음으로 공식적인 캠페인을 펼쳤다. 거대 기업이 경쟁사에게 어떻게 복수를 하는지, 그리고 작은 기업을 얼마나 고통받게 하는지를 에크와 임원진은 단도직입적으로 말했다. 나아가 유럽 연합에 애플의 수수료 정책에 대해 반독점 소송을 제기했다. 그리고 캠페인 사이트인 '타임투플레이페어닷컴'timetoplayfair.com을 열었다.

잡스와 섀도복싱을 한 지 9년이 흐른 지금, 에크는 전설적인 인물의 이름을 거론하는 것을 주저하지 않았다. 그는 브릴리언트 마인즈 콘퍼런스에서 솔직히 말했다.

"스티브 잡스가 원래 앱 스토어를 애플 콘텐츠만으로 채우기를 원했다는 사실은 상당히 잘 알려져 있습니다."

에크는 자신이 앱 경제에서 느낀 점을 털어놓았다.

"처음에는 서로에게 이익이 되는 동반자 관계처럼 생각했으나 점점 아주 일방적이 되어 버렸습니다. 그리고 이제는 관계를 지속하는 것이 완전히 불가능해졌습니다."

에크와 칸은 경비가 삼엄한 입구를 지나서 기자들이 닿을 수 없는 안쪽으로 사라졌다. 단 몇 시간 뒤면 행사 주최자인 브레진스키가 제 44대 미국 대통령인 오바마를 인터뷰할 것이다. 그래서 구름 낀 6월의 목요일, 이날은 보안이 대대적으로 이루어졌고 행사 프로그램 내용도 비밀이었다.

브릴리언트 마인즈 콘퍼런스는 다보스 포럼처럼 성장하는 것이 목표였다. 다보스 포럼은 스텐벡, 발렌베리 그리고 울손 같은 세계 경제계에서 유명한 가문들이 재정을 지원하여 매년 스위스 다보스에서 개최되는 세계 경제 회담이다. 이에 비해 브릴리언트 마인즈 콘퍼런스는 미디어에 전혀 공개되지 않는 행사였다.

이번 콘퍼런스에는 어린 환경 운동가 그레타 툰베리도 참가했다. 툰베리는 지구 온난화를 훨씬 더 심각하게 다루어야 한다면서 환경 운동에 동참할 것을 촉구하고 관련 영상을 인스타그램에 올렸다. 몇 시간 뒤에 발렌베리 회장 두 사람은 유르고덴Djurgarden에 있는 저택에 몇몇 특정인들만 저녁 만찬에 초대했다. 비록 테크 분야에 한정해서였으나, 나름대로 스톡홀름의 다보스 포럼과 비슷한 행사를 연 것이다.

브릴리언트 마인즈 콘퍼런스에 참석한 유명한 손님 명단이 스웨덴미디어의 지면을 가득 채웠다. 석간신문 〈엑스프레센〉Expressen은 호텔 입구에서 대기하며 자동차에 올라타는 유명인들을 포착했다. 그런데 여러 기자가 이 행사에 대하여 엘리트주의적이라며 비난 섞인 기사를 썼다. 기자인 요한 하켈리우스Johan Hakelius는 참가자들을 이해할 수 없는 허튼소리를 먹고사는 "억만장자 좀비들."이라고 칭했다. 이와 다른 입장을 취한 기사도 있었다. 〈다겐스 뉘헤테르〉의 칼럼니스트인 요한 크노네만Johan Croneman은 일부 기자들의 이 같은 행태에 대해서 유감을 표했다.

에크는 세계적으로 여러 산업을 부활시켰으며 스웨덴에 새로운 대기업을 건설했다. 많은 사람이 그의 일생의 사업에서 영감을 받았다. 그러나 그는 옛날식으로 국민에게 사랑받는 사업가는 아니었다. 수백만 명의 음악인들이 자신의 예술로 먹고살 수 있을 거라는 에크의 메시지는 아직 실현되지 못했다. 더군다나 그의 라이프 스타일은 개방성과 중용을 중요하게 여기는 스웨덴의 가치와 자주 갈등을 빚었다.

다니엘 에크, 부유한 유스홀름으로 이사하다

‖ The Suburbs

주식 시장에 상장된 스포티파이와는 별개로 에크는 돈이 많이 드는 야심 찬 프로젝트를 이끌고 있었다. 2018년 6월에 에크 부부는 유스홀름에 있는 1900년대 전후에 지어진 저택을 6,500만 크로나(약 90억 원)에 매입했다. 그러고선 건물 벽은 크림 같은 흰색으로, 창틀은 초록색으로 칠하고, 붉은 벽돌 지붕은 반짝이는 검정 기와 지붕으로 바꾸었다. 노동 계층이 주로 사는 록스베드에서 성장한 에크는 12년 만에 스웨덴에서도 가장 비싼 주택가로 입성했다. 이제 그는 스웨덴의 가장 큰 주식회사 가운데 하나인 스포티파이의 회장이었다.

에크 부부의 새 집은 3층이었고, 총 면적이 430제곱미터에 달했다. 가장 꼭대기의 타워 룸에서는 사방으로 시원스러운 경치를 만끽할 수 있었다. 거기에서 에크와 소피아는 이웃집들의 지붕과 북쪽의 골프 클럽 그리고 동쪽의 보트 수선소를 내려다보았다.

서쪽의 유스홀름 성 너머에는 소피아가 어린 시절 살았던 동네가 보였다. 그녀의 옛 집은 새 자택에서 운동 삼아 금방 뛰어갔다 올 수 있는 거리에 있었다. 그녀는 단데뤼드 고등학교에서 남쪽으로 몇 블록 떨어진 곳에 살았다. 에크 부부의 딸들, 엘리사와 콜린은 각각 5세와 3세였다. 그들은 소피아처럼 부와 권력을 갖고 있는 가문의 자식들과 함께 자라게 될 터였다.

그 집은 2018년에 스웨덴에서 가장 비싼 개인 주택 가운데 하나로 손꼽혔다. 에크와 소피아는 집을 사들인 다음, 건축 회사에 리모델링을 의뢰했다. 하지만 인부들이 막 작업을 시작하자마자 리모델링이 중단되었다. 새로운 이웃에 대하여 동네 사람들은 무슨 일이냐며 수다를 떨어 댔다. 연말연시가 지나고 나서 에크는 2천만 크로나(약 30억 원)에 근처 다른 주택 하나를 추가로 매입했고 동네에서는 추측이 난무했다. 혹시 저커버그처럼 사생활 보호를 위하여 자택 주위의 부동산들을 모두 사들이는 것일까?

해가 바뀌어 3월이 되었다. 드디어 에크의 계획이 드러났다. 그는 새로 구매한 주택까지 포함하여 대지를 평평하게 다지기를 원했고, 그 지역의 단데뤼드 콤뮨에 철거 신청서를 제출했다.

이때 새로운 것과 옛 가치 사이에서 전형적인 마찰이 벌어졌으며, 이 이야기는 일간지의 주요 지면을 차지했다. 이 지역에 사는 많은 거주자가 지역적 특징을 잘 보존하기를 원했다.

유스홀름은 1800년대 말 스웨덴의 최고 건축가들 몇 명이 설계된 주택들이 모여 만들어진 동네다. 주민들은 주로 학자, 공무원 그리고 예술가들이며 이와 함께 상류층들도 산다. 소피아 에크처럼 학자 집안의 자식으로 태어나 백만장자가 된 경우도 있었다. 그런데 점점 더 많은 사람이 전통 주택을 호화롭게 뜯어고쳤고, 개성 있던 유스홀름의 주택들은 비슷한 모습이 되어 갔다. 이러다가는 전통 문화 유산이 사라질 수 있었다.

어떤 사람들은 에크가 세금을 제대로 내고 있다고 말했다. 개인 재산이니 자기가 하고 싶은 대로 내버려 두어야 한다면서.

에크는 전문가에게 조사를 의뢰했다. 전문가는 그 집을 다양한 작은 헝겊을 이어붙인 '패치워크'로 묘사하며 이미 1900년대에 성공적이지 못한 개축을 여러 번이나 했다고 지적했다. 그 집은 원래 아메리칸 스타일로 지어졌지만 12년 뒤인 1905년에 당시 대유행한 유겐트슈틸 아르 누보Jugendstil Art Nouveau 스타일로 리모델링되었다. 이후로도 개축이 이어지는 바람에 문화사적 가치를 많이 잃었다고 전문가는 주장했다.

6월 중순에 에크가 브릴리언트 마인즈 콘퍼런스 입구에 막 들어섰을 때 콤뮨으로부터 메시지를 받았다. 철거 신청을 허가하지 않는다는 내용이었다. 콤뮨의 건축 위원회에 몸담고 있는 클라스 브레이홀츠 Claes Breitholtz는 〈다겐스 인두스트리〉의 취재에 응해서 이렇게 말했다.

"그 집은 역사적 의의가 있습니다. 유스홀름에 살았던 사람과 관련이 있고요. 크고 훌륭하며 언젠가는 아주 아름다운 집이었습니다."

집 문제로 에크가 지역 사회에서 논쟁을 불러일으킨 일은 또 있었다. 예전에 그는 억만장자인 스카이프 창업자 센스트룀으로부터 베름되의 여름 별장을 사들였다. 최근 그는 별장 주변에 높은 판목을 둘러 울타리를 만드려고 콤뮨에 허가를 요청했다. 사생활 보호 차원에서 밖에서 안이 들여다보이지 않게 하려고 했던 것이다. 하지만 이 허가 요청 역시 거절당했다. 콤뮨은 거절 사유를 다음처럼 밝혔다.

"판목을 세워 만든 울타리는 사람들의 시야를 막고 공간을 사유화하는 결과를 낳습니다."

에크 부부는 유스홀름 자택을 철거하는 것을 허가받지 못한 데 대해서 다시는 의견을 개진하지 않기로 했다. 그러나 몇 주 뒤 다시 한번 콤뮨에 항의를 했다.

팟캐스트의 넷플릭스를 꿈꾸다

‖ We Belong Together

주식 상장 이후 스포티파이는 주식 시장에 강한 인상을 남기기 위하여 여러 가지 새로운 시도를 했다. 예상대로 음반사의 영역을 차지하려는 시도는 월스트리트에 영향을 미쳤다.

2018년 여름에 스포티파이는 작은 음반사와 매니저들에게 저작권료를 선불로 지급했다. 그 대신 음반사에 소속된 아티스트들의 저작권을 직접 거래했다. 결과적으로 작은 음반사의 아티스트들은 예전보다 더 높은 비율로 수익을 갖게 되었는데, 대형 음반사의 소속 아티스트들보다 나은 조건이었다. 가을에는 거의 7만 명의 아티스트들이 스포티파이에 자신의 곡을 직접 업로드했다. 그 가운데 1만 명 이상이 디스커버 위클리 같은 플레이리스트에 처음으로 이름을 올렸다.

스포티파이가 아티스트들에게 다가서고 있다는 내용의 뉴스는 주식 시세를 올려 주었다. 대형 음반사는 속을 끓였지만 말이다. 스포티파이는 이제 음악 업계의 한 해 매출 가운데 4분의 1 정도를 차지했다. 어떤 음반사도 스포티파이와의 연결 고리를 끊을 수 없었다. 그러나 스포티파이가 인도 진출을 몇 개월 앞두었던 여름에 음반사는 확장 담당 이사인 세실리아 크비스트Cecilia Qvist를 무척 힘들게 했다. 더군다나 워너 뮤직과 법적 다툼을 벌이게 되면서 2019년 2월에 인도에 진출할 때 워너 뮤직의 곡들을 제외해야 했다.

마침내 스포티파이는 아티스트가 직접 음악을 업로드하는 실험을 그만두었다. 음반사와의 저작권 협상이 최종 단계에 접어들었던 2019년 여름이었다. 많은 사람이 이 조치를 스포티파이가 음반사에 양보한 것으로 해석했다.

이때쯤 에크는 새로운 노선으로 나섰다. 불과 몇 개월 전에 스포티파이 역사상 가장 규모가 큰 인수를 했지만 추가로 몇몇 기업을 더 인수했다. 우선 브루클린에 있는 김릿 미디어를 20억 크로나(약 2,700억 원) 정도에 인수했다. 리플레이 올Replay All, 더 넛The Nod 그리고 크라임타운Crimetown 등 우수한 품질의 팟캐스트를 생산하는 기업이었다. 이와 함께 팟캐스트를 배급하는 플랫폼인 앵커를 10억 크로나(약 1,300억 원) 이상의 금액으로 인수했다.

"우리는 이미 세계에서 두 번째로 큰 팟캐스트 플랫폼입니다."

에크는 두 기업의 인수를 마치며 논평을 내놓았다. 그러나 시장에서 애플이 1위라는 점은 뚜렷하게 언급하지 않았다. 몇 주 뒤에 스포티파이는 추가로 팟캐스트 기업을 인수했다. 인기 많은 장르 범죄 다큐멘터리를 제작하는 파캐스트Parcast였다.

갑자기 스포티파이는 공급 업체들을 소유하게 되었다. 에크는 스포티파이 뒤에 음악만이 아닌, 소리까지 아우르는 플랫폼을 염두에 두었다는 글을 블로그에 올렸다. 팟캐스트 시장은 권력이 음악 업계보다는 덜 집중되어 있었다. 달리 말해서 그 시장에서는 스포티파이가 '팟캐스트 업계의 넷플릭스'가 될 가능성이 충분했다. 그해에 에크는 팟캐스트 기업으로 오디오북 업계에 도전하는 방법을 여러 차례 논의했다. 그러자 몇 개월도 안 되어 애플이 팟캐스트 전략을 다시 짜고 있다는 소식이 들려왔다.

에크가 팟캐스트 영역에 대한 계획을 공식화했을 때 스포티파이는 여느 때보다 높은 이익을 창출했다는 1분기 보고서를 내놓았다. 에크는 이즈음 〈월스트리트 저널〉과의 인터뷰에서 이렇게 말했다.

"우리는 이제 사업 모델이 제대로 통하고 있다는 걸 확인했습니다."

그러나 2019년 전체적으로 스포티파이는 수십억 크로나의 손해를 보았다. 그 금액은 한 해 전에 인수한 세 개의 팟캐스트 기업에서 나온 적자와 대략 맞먹었다. 에크는 전통적인 전략으로 되돌아갔다. 가능한 한 빨리 성장하는 것 말이다.

기업의 투명성을 높이다

(‖ All the Stars)

2018년 8월의 어느 구름 낀 날 오전, 스포티파이는 스톡홀름의 8층짜리 신사옥에 스웨덴 기자들을 초대했다. 회사의 4천 명이 넘는 직원들 가운데 3분의 1 정도가 이곳에서 근무했다. 새로 마련된 사옥은 핀볼 게임기, VR 장비, 가라오케, 콘서트장을 갖추었다. 그리고 고층 아파트 건물들과 시청사의 교회 탑에서부터 군도의 섬들까지 전 시내가 내려다보이는 거대한 테라스가 있었다. 전경으로 스톡홀름의 성과 휩스홀르멘섬Skeppsholmen이 보였는데, 에크는 그곳을 로렌손이나 주요 이사들과 산책하며 중요한 결정을 내리곤 했다.

비록 스포티파이라는 이름을 탄생시켰던 록스베드의 콘크리트 아파트는 그 테라스에서 보이지 않았지만, 시선을 북동쪽으로 돌리면 2006년부터 시작된 스포티파이의 여정을 따라갈 수 있었다.

초기의 사무실들은 모두 외스테르말름에 있었다. 리다르가탄, 후믈레고스가탄 그리고 비리예르 얄스가탄 6번지까지. 테라스에서는 북쪽으로 명소인 성 요한네스 교회Johannes Kyrka가 보였다. 비스듬히 뒤로는 스포티파이가 세계적인 기업으로 도약했던 시기에 자리했던 비리예르 얄스가탄 6번지의 얄라휘셋이 있었다.

에크는 몇 층 아래로 내려가 기자들에게 환영의 인사를 건넸다. 에크는 연단에 마련된 높은 의자 하나에 앉았다.

"뭐든 물어보셔도 괜찮습니다."

여태껏 거의 모든 것에 대해 침묵을 유지했던 모습과는 차이가 있었다. 에크는 기자들을 향해 말했다.

"스포티파이는 회사의 투명성을 높이기로 했고, 이건 나 또한 한 걸음 앞으로 나아가는 겁니다."

그의 스웨덴어는 마치 영어처럼 들렸다. 홍보 팀에서는 "스포티파이의 공식어는 스웽글리시."라며 농담했다. 스포티파이조차 '스웨덴적'이라는 것에 확실한 답을 갖고 있지 않았다. 스포티파이의 법적 소재지는 룩셈부르크였고, 에크의 돈은 몰타와 키프로스에 있었으며, 직원들 3분의 1이 기반을 스웨덴에 두었다. 하지만 뉴욕의 사무실은 스톡홀름의 본사보다 빨리 성장 중이었고 스포티파이 주식은 월스트리트에서 거래되고 있었다.

"주식 상장을 했다고 많은 게 변했다고는 생각하지 않습니다."

에크는 스포티파이가 월스트리트에 있으나 본질은 바뀌지 않았다고 설명했다. 다만 공동 소유주들은 주식 거래를 통하여 이익을 취할 권리가 있었다.

"출시 이후 10년이 지나니 음악 산업의 종사자로서 그 임무에 경의를 표할 시기로 여겨지더군요."

평소 말수가 적은 에크는 스포티파이에 몇 가지 새로운 정책을 마련했다. 여성과 소수 그룹을 비하하는 곡을 스포티파이에서 내쫓은 것이다. 그리고 사회적으로 물의를 빚은 아티스트에게도 같은 조치를 취했다.

가수 알 켈리는 진작 디스커버 위클리에서 사라졌다. 그는 오랜 기간 성폭력을 저지른 사건으로 기소되었다. 임신한 여성을 폭행하여 기소된 XXX텐타시온, 살인 사건으로 고소된 텍사스 출신의 17세 래퍼인 테이-케이 등의 아티스트도 마찬가지였다. 이들의 음악은 스포티파이에서 곡명만 검색이 가능했다.

그러자 힙합 세계에서 '톱'이라고 불리는 힙합 레이블 톱 독 엔터테인먼트 사장인 앤서니 티피스가 에크에게 전화를 걸어 왔다. 인기 래퍼인 켄드릭 라마 등의 아티스트들을 스포티파이에서 떠나게 하겠다며 위협했다.

새로운 정책은 스포티파이의 임원진에게까지 영향을 미쳤다. 내부적으로는 문제를 일으킨 아티스트에게 적용한 기준이 모호한 면이 있고, 아직 최종 판결이 나지 않은 사건의 당사자들에게 성급하게 조치를 취한 것이 논란을 일으켰다는 의견이 대부분이었다. 스포티파이에서 음반사와 아티스트들과의 관계를 책임지면서 본인이 힙합 아티스트이기도 했던 카터는 일을 그만두겠다고 했다. 또한 스포티파이에서 해당 정책을 이끈 정책 및 커뮤니케이션 담당 이사인 프린스는 비난을 받았다. 특히 프린스는 클린턴과 오바마 행정부에서 자문을 맡았었던 터라 비난이 더욱 거셌다.

신사옥을 마련한 스포티파이가 스톡홀름에서 기자 회견을 연 것은 그로부터 두 달이 조금 넘은 시점이었다. 에크는 앞으로 인권 문제를 탁월하게 처리하는 미국의 남부 빈곤 법률 센터 등의 조직들에 자문을 구하겠다고 해명했다.

"옴부즈맨이라는 스웨덴의 전통을 이어받아서 일종의 윤리 위원회를 열 생각입니다."

에크는 원하든 원치 않든 스포티파이의 회장으로서 음악 세계의 가장 힘 있는 권력자가 되었다. 어떤 결정에는 호된 비판이 따라왔다. 오래전 리다르가탄의 아파트에서 여러 직원이 떼 지어 일했던 아주 작은 회사 시절에는 내부에서만 논의되고 말았겠지만, 글로벌 기업으로 성장한 이제는 사정이 완전히 달라졌다.

우리는 책을 쓰면서 여러 출처를 통하여 스포티파이의 최고 임원진 사이에 있었던 갈등을 살필 수 있었다. 에크는 마찰을 빚는 양측이 알아서 해결책을 찾을 때까지 한발 물러나 있는 편이었다. 2018년과 2019년에는 소수의 임원이 스포티파이를 떠났다. 마켓 담당 이사인 셋 파브맨Seth Farbman, 수년간 커뮤니케이션 담당 이사로 일했던 안젤라 왓츠Angela Watts 그리고 카터와 프린스였다. 그들의 퇴사에 대하여 한 소식통은 밝혔다.

"때로 분위기가 아주 심각했습니다. 에크는 책임을 다른 사람들에게 떠넘기는 경향이 있거든요. 그런 다음에는 사람들끼리 싸우게 내버려 둬요."

그래도 많은 경험자가 여전히 회사에 남아 있었다. 그중 대표적인 세 사람이 기자 회견에 참석했다. 제품을 총괄하는 쇠데스트룀, 프리미엄 사업 담당 수석 이사 노스트룀 그리고 HR 담당 이사인 베리였다. 기자 회견 담당자는 새로 임용된 커뮤니케이션 담당 이사인 젠킨스로, 그녀는 미국 텍사스에 뿌리를 두고 있으며 과거에 공화당의 대변인이었다. 스포티파이의 여성 임원 수가 부쩍 늘어났다. 노르딕 담당 이사인 옌뉘 헤르만손Jenny Hermansson, 확장 담당 이사인 크비스트 등도 기자 회견장에 함께했다.

그들의 메시지는 똑같았다. 스포티파이가 계속 성장하기 위해서는 돈을 투입해야 하며 그래야 애플, 아마존 그리고 최근 유튜브 뮤직을 출시한 구글 등의 경쟁자를 상대로 변함없이 선두 자리를 유지할 수 있다는 것이었다. 스포티파이는 넷플릭스처럼 고객과 직접 지불 관계를 맺고 있으며 무료 서비스를 갖추었다. 스포티파이의 이사들은 그것이 바로 성공 열쇠라고 강조했는데, 그중 쇠데스트룀이 추가로 의견을 내놓았다.

"보통은 제품을 공짜로 테스트만 할 수는 없습니다. 하지만 스포티파이는 정말로 평생 무료로 사용할 수 있습니다."

스포티파이의 무료 서비스는 음악 업계의 증오를 받는 존재에서 용인되는 존재가 되었다. 그러나 그보다 더 나은 존재로 거듭나야 했다. 쇠데스트룀은 스포티파이의 논리를 반복하여 이야기했다.

"사용자가 곡을 거듭해서 재생할수록 결과적으로 우리의 수익은 더 늘어납니다. 그렇지만 우리 경쟁사들은 그렇게 생각하지 않습니다. 그래서 사용자를 무료 버전에서 떼어 버리지요."

그런 다음 쇠데스트룀은 에크가 평소에 피하는 행동을 했다. 경쟁사들의 이름을 거명한 것이다.

"미국에 판도라라는 경쟁사가 있는데 나름의 문제가 있다고 합니다. 또 유튜브 뮤직은 주머니에서 멈출 수가 없어요. 만약 여러분이 무료 사용자라면 화면을 닫자마자 재생이 멈출 테지만요. 그리고 애플 뮤직은 무료 버전이 없지요."

법 개정으로 새로운 길이 열리다

‖ Law Man

매달 2억 3천만 명 이상의 사람들이 스포티파이에서 음악을 들었다. 그중 반 이상은 무료로 서비스를 사용했다. 음반사의 대표단은 협상 테이블에서 공짜 고객을 달가워하지 않았지만, 스포티파이가 새롭게 발견한 수입원이 있을 때는 환호성을 질렀다. 수백 명의 고용인, 그리고 중국 선전 경제 특구에서 페이스북이 자리 잡은 멘로 파크 지역에 이르기까지 여러 투자자가 에크의 아이디어로 부자가 되었다. 그러나 아티스트와 작곡가들 문제는 여전히 해결되지 않았다.

스포티파이의 주식 상장이 있기 몇 주 전, 세 곳의 대표 음반사 모두가 자사의 주식으로 얻는 이윤의 일부를 아티스트들에게 지불하겠다고 처음으로 약속했다. 밥 딜런의 보이콧 이후 9년이 흐른 시점이었다. 음반사들은 200억 크로나(약 2조 6,000억 원)의 가치가 넘는 스포티파이 주식을 갖고 있었다. 그해에 음반사들은 주식을 팔았고, 아직도 논쟁이 분분한 분배 모델에 따라서 아티스트들에게 돈을 지불했다.

2019년에 스트리밍 음악 업계에서는 미국에서 작곡가가 어떻게 저작권료를 받아야 하는지가 큰 논쟁거리였다. 정부 기관인 '저작권 저작권료 위원회'Copyright Royalty Board는 작곡가에 대한 보상액을 더 높이는 방향으로 권고했다. 그 보상액을 점진적으로 높이되, 최종적으로는 모든 스트리밍 수입 가운데 15.1퍼센트까지 지급하라고 했다. 스포티파이는 구글, 판도라 그리고 아마존과 함께 그 결정에 항의했다.

"제프 베조스는 세계에서 제일 부자고 다니엘 에크도 그 길에 들어서고 있습니다. 멋진 제품을 만든 그들이 그것보다 더 위대한 창조물을 왜 지원하지 않겠습니까. 그러니까 음악 말입니다."

이 시기에 케니 맥퍼슨Kenny MacPherson이 말했다. 그는 영국 일간지 〈인디펜던트〉 산하의 뮤직 퍼블리셔인 빅딜뮤직Big Deal Music의 창업자였다.

저작권 저작권료 위원회에 항의한 테크 기업들은 그 문제로 언론 인터뷰를 하지 않으려 들었다. 유일하게 응한 곳이 스포티파이였다. 스포티파이는 블로그를 통해 작곡가의 보상액을 확실히 높이고 싶지만 그렇게 해도 모든 저작권 문제가 해결되는 건 아니라고 해명했다. 스트리밍 대기업 가운데 애플만이 유일하게 저작권 저작권료 위원회에 항의하지 않았다. 애플은 다시금 크리에이터들의 친구로 돋보일 기회를 잡았다.

"스포티파이는 다른 사람들 일로 떼돈을 벌려고 합니다."

유럽 연합에 애플의 수수료 정책에 대해 반독점 소송을 제기한 스포티파이에 애플은 냉소적인 발언으로 응수했다.

"그리고 스포티파이는 앱 스토어만 압박하는 게 아닙니다. 아티스트, 뮤지션 그리고 작곡가들도 그 대상입니다."

로비에 힘을 기울인 결과, 스포티파이는 점차 성과를 볼 수 있었다. 그동안 에크는 작곡가와 뮤직 퍼블리셔로부터 수억 달러를 요구하는 소송을 당하며 여러 수난을 겪었다. 그 소송에서 다루어진 저작권은 소위 '기계적 복제권'Mechanical License으로 음반의 물리적 복제와 관련된 저작권이다. 그러다 2018년 10월에 '음악 현대화 법'Music Modernization Act이 통과되었다. 드디어 스포티파이는 저작권자에게 합당한 대가를 지불하고 스트리밍 사업을 발전시켜 나갈 수 있게 되었다.

도널드 트럼프 대통령은 백악관에서 새 법안에 서명하는 의식을 치렀고 아티스트인 키드 록과 악수를 나누었다. 키드 록은 카메라 앞에서 선언했다.

"이 법안은 작곡가, 프로듀서, 엔지니어를 보호하는 위대한 출발입니다."

공동 창업자들의 이야기

(‖ Old Friends)

2019년 한 해 동안 에크의 머릿속을 채운 것들은 다양했다. 유스홀름의 자택 철거, 다음 분기 보고서, 그리고 음악 업계의 커다란 변화 등등.

횝스홀르멘섬 주변을 산책하는 동안에, 테슬라 모델 X를 운전할 때, 또는 제4 세계 무역 센터의 사무실에서 뉴욕을 쳐다보면서 깊은 생각에 잠겼을 것이다.

어쩌면 에크는 로렌손 생각도 약간 했을지 모른다. 스포티파이의 또 다른 공동 창업자는 여전히 스포티파이의 최대 소유주였다. 주식 상장 이후 로렌손은 주식을 팔아서 5억 크로나(약 650억 원) 이상을 챙겼으나 아직도 지분이 거의 13퍼센트에 달했다. 스포티파이가 성숙기에 접어든 이제, 로렌손이 어떤 역할을 해야 할지 의견의 일치를 보아야 했다. 홍보 팀이 자주 지적했던 것처럼 로렌손은 지난 2016년에 이사회 의장을 그만두었으며, 분명히 스포티파이의 직원이 아니었다.

로렌손은 패들테니스를 치고 친구들과 조깅을 하며 일상을 보냈다. 인생의 다음 단계에 대해 그가 무척 숙고 중이라는 소식이 들렸다. 그는 거대한 기업을 이미 성공적으로 키워 냈으나 그렇다고 가만히 지내는 성미가 아니었다. 예전처럼 파티를 즐기며 살고 있지만, 가까운 지인들은 대부분 로렌손이 더 침착해지고 소박해졌다고 했다. 또한 그는 미혼 시절을 마감하고 인연을 만났다. 2019년 4월 1일 그는 50세가 되었고 동시에 스포티파이는 13주년을 맞았다.

두 사람의 관계는 에크가 2005년 자신의 비밀스러운 아이디어를 공유하면서 드라마틱하게 변화했다. 첫해에 로렌손은 금융가, 협상가, 이사회 의장 그리고 타협을 거부하는 사람으로서 스포티파이에서 큰 역할을 했다. 로렌손은 에크가 스포티파이를 비상시키는 데 필요한 힘을 실어 주었다. 이후 로렌손의 여러 임무는 점차 다른 사람들에게 분담되었다. 특히 재무 담당 이사인 맥카시의 등장으로 로렌손의 영향력은 크게 줄어들었다.

사적으로 로렌손은 에크의 결정에 이의를 제기하기도 했지만 철저히 무척 충성스러웠다. 스포티파이의 설립 이래로 두 사람은 의견 차이가 있더라도 좋은 사이를 유지해 왔다. 지금까지도 그랬다. 로렌손은 다음에 무엇을 할지에 대해 에크와 대화를 나누었다고 한다. 대소유주로서만 있을지, 아니면 전문 상임 이사라는 새로운 직책을 맡는 것이 좋을지. 그리고 다른 기업에 투자를 할 것인가? 앞으로도 이와 같은 여러 이야기를 해 나갈 것이다.

더 크게 성장할 미래를 향해

(‖ The Future)

에크는 기대 이상의 성공을 거두었다. 언젠가 로렌손과 희망했을지 모르는 지점보다도 더 멀리 왔다. 그러나 그는 안주할 수가 없다. 경쟁사 몇몇은 세계에서 가장 강력한 기업들이다. 다시 말해서 〈왕좌의 게임〉의 명대사 속에 등장하는 겨울은 지금이다. 에크는 지속적으로 제품을 지켜보고 끊임없이 발전시켜야 한다.

유튜브 뮤직은 뮤직비디오와 검색에서 스포티파이보다 얼마나 더 나은 성과를 내놓을까? 애플이 텔레비전과 영화를 스트리밍하는 서비스와 음악 부문을 통합시킨다면 스포티파이는 어떻게 대항할 것인가? 아마존이 스트리밍 음악의 가격을 내린다면 스포티파이도 그렇게 할 것인가? 그 경쟁사들은 거대한 기업이기에 모두 자사의 스트리밍 서비스를 지원할 여유가 넘친다.

주식 시장은 에크가 이 경쟁자들에게 맞서고, 음반사들을 먹이 사슬에서 밀어 떨어뜨리기를 원한다. 그래서 그는 크리에이터에게 가까이 다가가고, 고유의 콘텐츠를 발전시키며, 음악을 듣고자 하는 사람들을 스포티파이의 장점으로 사로잡았다.

잡스가 아이튠즈로 디지털 음악계를 지배했을 때처럼 애플은 지금도 여전하다. 2019년 여름, 에크는 스포티파이의 사용자 비율이 전년에 비하여 30퍼센트가 늘었다고 발표하면서 애플과 비교하는 발언을 했다.

"우리의 성장 속도는 가장 가까운 경쟁자에 비해 거의 두 배가 빠를 겁니다."

다만 애플이라는 이름은 정확하게 언급되지 않았다.

에크는 스트리밍 서비스에만 관심을 두는 것은 아니다. 어린이와 10대 청소년 사이에서 제일 사랑받는 동영상 공유 앱인 틱톡은

2019년에 다운로드 10억 회를 달성했다. 틱톡의 사용자들은 릴 나스 엑스의 〈올드 타운 로드〉Old Town Road가 밈이 되어 세상 온갖 것들에서 변주되는 모습을 지켜보았다. 이 곡은 컨트리 송에 영감을 받은 랩으로 여름에 여러 주 동안 《빌보드》의 싱글 차트 1위에 머물렀다. 게다가 틱톡을 만든 중국 기업 바이트댄스가 스트리밍 서비스를 시작하려고 한다는 이야기가 돌았다. (2020년 3월에 바이트댄스는 소셜 음악 스트리밍 앱 레쏘Resso를 선보였다. 레쏘는 현재 인도와 인도네시아에서 서비스를 제공하고 있다.—옮긴이)

세계 음악 시장의 소비자 대다수는 아시아에 살고 있다. 그리고 한국, 중국, 일본 같은 국가들은 음악과 기술 사이의 접경지대에서 새로운 트렌드를 보여 주었다. 이것이 텐센트가 전략적으로 중요하게 여겨지는 이유다. 스포티파이와 텐센트 뮤직 사이에는 중대한 차이가 있었다. 스포티파이의 중국 파트너의 주요 수입원은 상호적인 앱에서 나온다는 점이었다.

예컨대 위싱WeSing은 일종의 가상 노래방으로, 사용자는 그곳에서 다른 사용자와 함께 뮤직비디오를 만들거나, 직접 본인의 음악을 만들어서 팬을 얻는다. 팬이 된 사용자는 라이브 스트리밍 이벤트가 열렸을 때 상대에게 '가상의 장미'를 보내거나, 별도로 노래를 불러 주는 서비스를 받으면 금전적인 대가를 지불할 수 있다.

스포티파이는 페이스북과 초기부터 동맹 관계를 맺었다. 그럼에도 불구하고 에크는 '좋아요', 댓글, 그리고 공유 등의 기능이 있는 어엿한 소셜 음원 서비스를 만들지 못했다. 하지만 그에 대한 희망을 완전히 놓지 않았다. 2019년에 스포티파이는 사용자에게 음악을 함께 듣는 계획을 소개했다. 한국과 인도, 러시아, 일본 등의 국가에서 젊은 사용자가 어떻게 참여하고 반응할지 지켜볼 일이다.

미래에 스포티파이와 텐센트의 연합은 재고의 여지가 없지 않다. 그렇게 된다면 저작권 협상이 좀 더 원만하게 이루어질 것이다. 2019년 여름에 텐센트가 세 곳의 대형 음반사 가운데 가장 규모가 큰 유니버설 뮤직에 많은 투자를 하려고 한다는 사실이 분명해졌다. 결과적으로 스포티파이는 최대 음원 공급자를 둔 대소유주를 공유할 예정이다. 업계에 지각 변동이 일고 있다. 지금 에크의 최우선 임무는 자리를 잘 잡는 것이다.

에크는 일상적인 업무를 임원진에게 넘기고 무엇보다 높은 안목을 갖추려 애쓰고 있다. 그는 임원진이 지칠 만큼 수차례 질문하곤 한다.

"왜 우리는 더 빠르게 성장하지 않는 걸까요?"

일부 사람들은 에크가 일일이 작은 것까지 전부 관여하면서 부하에게 재량권을 주지 않는 관리자라며 수군댄다. 또한 에크는 이전의 성과를 별로 신경 쓰지 않는 편이라는 평을 듣는다.

여느 기업인처럼 에크도 비판을 받는다. 젊은 나이와 독특한 과거의 경험은 에크가 스포티파이의 회장 지위에 오랫동안 남아 있도록 할 것이다. 그러나 성공을 이루기 위해서는 귀를 크게 열고 끊임없이 스스로를 쇄신해야만 한다.

에크는 잡스를 만난 적이 없었지만 아이오빈은 수차례 만났다고 전해진다. 여러 면에서 그들은 서로 완전히 다르다. 하지만 에크는 아이오빈이나 아이오빈이 속한 세상을 절대로 과소평가해서는 안 된다는 교훈을 오랜 시간에 걸쳐 얻었다.

설립된 지 13년이 지난 지금, 스포티파이는 주요 경쟁사인 애플 앱 스토어에서 앱을 다운받을 수 있다. 하지만 아직도 순이익은 너무 적고 새로 투자할 곳은 끝이 없다. 한마디로 더 성장해야 한다. 에크가 말하기 좋아하는 '두 번째 이닝'에 들어섰다. 그의 머릿속에 그려진 미래는 이미 시작되었다.

이케아부터 스포티파이까지,
스웨덴은 어떻게
스타트업 강국이 되었나?

　이미 스포티파이에 관해 들어본 독자도 있을 것이고 스포티파이에
관해 이 책을 통해 처음 접하게 된 독자도 있을 것이다. 스포티파이를
비롯한 이 책에 언급된 다수의 스웨덴 기업들을 접하고 난 후 '스웨덴
은 역시 대단한 선진국이야' 정도의 피상적인 감상을 하며 책장을 덮
었을지 모르겠다.

　이 책을 통해 스포티파이라는 기업이 세계적으로 성공한 스웨덴 기
업으로 음악 산업의 판도를 바꾸고 스트리밍 시장에서 자타가 공인하
는 최고의 기업임을 알았다면 이제 이 책의 절반 정도를 이해한 셈이
다. 그렇다면 이 책을 통해 읽어낼 수 있는 나머지 절반은 무엇일까?

　이 책의 본문에 언급된 것처럼, 다니엘 에크의 어린 시절에 부모님
이 이미 이혼했기 때문에 다니엘의 기억에는 친아버지의 모습이 없다.
게다가 다니엘의 친아버지와는 연락도 닿지 않아 그의 어머니가 혼자

서 몇 년 동안 다니엘을 키웠다. 스웨덴에서도 한국과 마찬가지로 다니엘처럼 한부모 가정은 부모가 모두 있는 가정에 비해서 재정적으로나 시간상으로 여유를 가지기 상대적으로 어렵다. 이러한 이유로 스웨덴 정부는 어떤 다른 가정보다도 한부모 가정을 세심하게 배려한다.

무엇보다도 중요한 것은 '우리 모두의 아이'라는 생각이 스웨덴 정부와 어른들 인식의 밑바탕에 깔려 있다는 것이다. '연대'는 스웨덴에서 빼놓을 수 없는 중요한 가치관으로 스웨덴의 문화 곳곳에 깊게 뿌리박혀 있다. 어떠한 상황에서도 사회와 국가가 국민 한 사람도 버리지 않는다는 믿음이 있기에, 사회적으로 연대하면서 어려움을 이해하고 서로를 배려하며 다 함께 행복한 사회를 건설하고자 모두가 애쓴다.

그래서 모든 교육이 무상으로 지원되는 스웨덴에서 다니엘 에크는 다른 아이들과 똑같이 원하는 교육을 평등하게 받을 수 있었다. 일찍부터 컴퓨터에 소질을 보였던 다니엘이 돈을 벌기 시작한 것은 14살 때부터이지만, 고등학교를 졸업하고 성인이 되면서 본격적인 사업을 떠올렸을 것이고, 남들이 부러워하는 스웨덴 왕립 공과 대학교에 입학하고도 2개월 다니다 중퇴한 뒤 본격적인 사업을 시작하게 되었다.

이러한 환경이 가능한 이유는 스웨덴에서 18세가 되어 성년이 된다는 것은 재정적인 부분을 포함해서 부모 또는 보호자로부터 독립한다는 것을 뜻하기 때문이다. 간단하게 말하면 의식주를 자기 스스로 해결할 수 있게 된다는 것이다. 이러한 독립이 가능한 이유는 다니엘처럼 성인이 되는 이들이 독립할 수 있도록 정부의 전적인 지원이 있기 때문이다. 부모 역시 독립한 자식들 덕분에 어깨가 한결 가벼워진다. 자식이 대학에 들어가거나 성인이 되면 오히려 어깨가 무거워지는 국내의 사정과는 전혀 다른 모습이다.

부의 철저한 사회 환원

다니엘처럼 두각을 나타내는 청년들은 정부와 사회의 배려 속에 독립하여 혼자서 우뚝 설 수 있는 발판을 마련할 수 있다. 이 배경에는 정부의 지원뿐 아니라 기업의 지원도 함께 있다. 건실한 기업을 키워낸 기업인들은 자신이 받았던 지원을 사회에 다시 돌려줄 수 있는 차례가 되었다고 생각한다.

이러한 기업 정서가 생겨난 주요 배경은 스웨덴 산업을 지탱하며 스웨덴 주식시장 총액의 40퍼센트를 차지하는 발렌베리 가문에서 비롯되었다. 발렌베리 가문은 스웨덴의 SEB 은행을 비롯한 국내에도 잘 알려진 가전회사 일렉트로룩스, 통신회사 에릭손, 항공산업의 SAAB, 산업기계 분야의 아틀라스 콥코, 그랜드호텔, 최근 코로나 사태로 언급되고 있는 제약회사 아스트라제네카 외에도 미국 주식시장 나스닥에 상장된 대표적인 간판 기업 19곳을 포함하여 100여 개 기업의 지분을 소유하고 있는 가문이다.

발렌베리 가문의 경우 매년 수익의 85퍼센트를 법인세로 사회에 환원하고 있다. 이뿐만 아니라 발렌베리 재단을 통해 대학과 연구기관

등에 기부하는 금액도 한 해에 20억 크로나(약 2,700억 원)에 달한다. '존재하되 드러내지 않는다'라는 기업 경영 원칙에 따른 진정한 노블레스 오블리주를 보여주는 매우 모범적인 예라고 할 수 있다.

스웨덴은 이러한 기업의 사회 환원으로 다니엘 에크와 같은 젊은이들이 성장해서 독립할 수 있었고, 또다시 이를 통해 청년들은 새로운 기업을 성장시킬 수 있었다. 단순히 돈이 많은 사람이 개인적으로 기부를 하는 것이 아니라, 국가 시스템에 따라 기업이 법인세를 통해 축적한 부를 사회에 환원하고, 정부는 이렇게 거둬들인 값진 세금으로 혁신적인 아이디어를 가진 청년들이 도전하고 성장해나갈 수 있는 토대를 마련해주는 것이다.

전 세계 스타트업의 중심이 되다

물론 혁신적인 기술과 아이디어를 가지고 있다고 해도 자본과 경험이 부족한 청년들은 기존 시장의 진입 장벽을 뚫기 어려울 뿐만 아니라 지속적인 성장을 유지해나가기 힘든 것이 사실이다. 그래서 스웨덴 정부는 스타트업이 경쟁력을 갖출 수 있도록 재정적인 지원은 물론이고 전문 지식 컨설팅과 인큐베이팅 시스템 등의 전방위적인 지원을 아끼지 않는다. 이것이 바로 스웨덴의 스타트업 기업이 전 세계에서 경쟁력을 가지는 이유이다.

세계경제포럼WEF이 세계에서 가장 디지털화된 경제 지역이라고 칭한 바 있는 스톡홀름에는 더 팩토리, 에피센터Epicenter, SUP46, 씽즈, 노르쉔 하우스 등 다수의 스타트업 허브가 조성되어 있다. 더 팩토리의 경우 100개가 넘는 스타트업과 스케일컴, 벤처 캐피털, 연구실 등이 모여있는 북유럽 최대 혁신 기술 허브이다. 노르쉔 하우스의 경우, 기존 스웨덴 성공 기업들의 노하우를 신규 스타트업에 전수해줄 수 있는 프로그램으로 스타트업들의 성공적인 시장 진출을 돕고 있다. 이러한 환경 덕분에 스톡홀름은 기업 가치가 10억 달러가 넘는 스포티파이, 스카이프, 킹, 모양, 클라나Klarna 등의 유니콘 기업이 미국 실리콘밸리에 이어 세계에서 두 번째로 많은 도시로 손꼽히고 있다.

이렇게 스타트업의 허브로 스웨덴이 성장할 수 있었던 배경에는 바로 스웨덴 정부의 큰 역할이 있었기에 가능했다. 간편한 창업 절차로 누구나 쉽게 사업을 할 수 있도록 돕고, 실패를 하더라도 개인 파산으로 이어지지 않게 사회 안전망을 구축하고, 매년 스타트업 육성을 위해 약 4,050억 원 규모의 자금을 지원하며 누구라도 창업을 도전해볼 수 있도록 발판을 마련해주는 것이다. 그래서 스웨덴에서는 스타트업의 생존율이 유독 높다.

OECD 조사에 따르면 18~64세의 스웨덴 국민 중 약 65퍼센트가 좋은 창업의 기회가 있다고 생각한다고 한다. 국가경쟁력과 정비례 관계에 있는 기업 내에서 새로운 아이디어 개발·실행 관련 활동에서 중요한 역할을 하는 인력(18세~64세 사이) 비율을 지칭하는 EEAEntrepreneurial Employee Activity 비율 역시 유럽에서 스웨덴이 1위를 차지하고 있는 것도 우연이 아니다.

스타트업이 지속성장하기 위한 조건은 정부의 실질적인 지원과 더불어 끊임없이 혁신하고 도전하면서 자신감을 잃지 않는 것이다. 스웨덴은 스타트업 창업을 장려하는 문화, 기업의 법인세를 통한 재원 조성, 정부의 투명하고 공정한 지원이라는 세 가지의 단단한 상생 고리를 갖고 있다.

전 세계 1위 스트리밍 플랫폼인 스포티파이가 국내에 곧 진출한다는 소식이 들린다. 스포티파이의 화려한 성공 스토리뿐 아니라 그 밑바탕에 있는 스웨덴의 스타트업 정책과 기업 문화까지 그 관심이 넓게 확산되어 부디 국내 독자들이 이 책을 통해 더욱 폭넓은 인사이트를 얻을 수 있기를 바란다.

참고 자료

---

* 이 책에는 취재 중에 직접 참여했던 대화를 많이 인용했다. 이외에 한 가지 이상의 출처에서 중복적으로 밝힌 정보 또한 인용했다.

프롤로그

1   다니엘 에크가 스티브 잡스를 언급했던 익명의 출처 세 개.

Part 1 시작

비밀스러운 창업 아이디어

1   마티아스 미크셰(스타돌의 전 회장) 인터뷰: 스톡홀름, 2018년 3월.

2   안드레아스 엔(스포티파이의 전 기술 담당 이사) 인터뷰: 스톡홀름, 2018년 7월.

3   다니엘 에크와 마르틴 로렌손의 스포티파이 초창기에 대한 익명의 출처 다섯 개.

4   요나스 레이온휘부드, '인형들 특가품', 〈스벤스카 다그블라뎃〉, 2006년 8월 8일.

5   로센 그리펜베리, '2013 스포티파이에 대한 역사 – 그렇게 음악 세계가 정복되다', 〈다겐스 뉘헤테르〉.

6   다니엘 에크의 라디오 출연: 〈P1의 여름〉, 2012년 7월 12일.

7   로셀로 주식회사, 엔자이믹스 시스템 주식회사, 인스트럭터스 주식회사의 설립일 정

보: 오픈 코퍼레이트, 2018년.

말도 안 되는 아이디어를 기술로 실현시키다

1   C. 프리만, '투명인간', 《필터》, 2011년 6월 8일.

2   2007년 봄에 제출된 스포티파이 서류: 룩셈부르크 비즈니스 기록부.

3   프레드릭 니에멜래(스포티파이의 전 제품 담당 이사) 전화 인터뷰: 2018년 8월.

4   안드레아스 엔 인터뷰: 스톡홀름, 2018년 7월.

5   페르 순딘(유니버설 뮤직의 전 북유럽 사장) 인터뷰: 스톡홀름, 2018년 4월.

6   패르-예르겐 패르손(노스존의 파트너) 인터뷰: 스톡홀름, 2018년 4월.

7   스포티파이의 리다르가탄 시절에 대한 익명의 출처 세 개.

노동자들의 도시 룩스베드의 컴퓨터 신동

1   '스포티파이 창업자 다니엘 에크, 음악, 돈 그리고 아이디어들에 관하여', TV4 〈뉴스
    와 함께하는 아침〉, 유튜브, 2014년 1월.

2   '스포티파이의 1분기와 2분기', 유튜브(스포티파이), 2010년 1월.

3   다니엘 에크의 회계 주소지 정보: 국세청.

4   다니엘 에크의 라디오 출연: 〈P1의 여름〉, 2012년 7월 12일.

5   미케 요한손(룩스베드 청소년 센터의 지도 강사) 인터뷰: 반드하겐, 2018년 10월.

6   다니엘 에크의 학창 시절에 대한 익명의 출처 다섯 개.

7   다니엘 에크의 학창 시절의 성적과 사진.

8   '스트리밍, 끈기, 투명성, 경쟁, 다음은 무엇에 관한 형세', 유튜브(스포티파이), 2015년
    9월.

닷컴 버블의 붕괴와 아이튠즈의 탄생

1   패르-예르겐 패르손 인터뷰: 스톡홀름, 2018년 4월.

2   다니엘 에크의 트레이드더블러 시절에 대한 익명의 출처 세 개.

3   S. 룬델, '인터넷 아이디어로 백만장자가 된 사람들', 〈다겐스 인두스트리〉, 2005년
    11월 9일.

4   '스포티파이의 3분기', 유튜브(스포티파이), 2010년 1월.

5   J. 엘롭슨, 'IT 업계의 그레타 가르보', 〈비즈니스 세계〉, 2014년 3월.

6   토마스 헤세(소니 뮤직의 전 디지털 담당 이사) 전화 인터뷰: 2018년 10월.

7   '애플 뮤직 이벤트 2003 – 아이튠즈 뮤직 스토어 소개', 유튜브, 2007년 11월.

8   '애플 스페셜 뮤직 이벤트 2003 – 아티스트와 함께한 아이채트', 유튜브, 2006년 4월.

불법 공유를 막을 수 있는 탁월한 플레이어를 위하여

1   프레드 데이비스(음악 업계 변호사) 전화 인터뷰: 2018년 6월.

2   롭 웰스(유니버설 뮤직의 전 글로벌 디지털 담당 이사) 전화 인터뷰: 2018년 6월.

3   다니엘 에크와 음반사의 협상, 샤킬 칸의 과거, 스포티파이의 재정 지원, 리다르가탄 시절에 대한 익명의 출처 여섯 개.

4   '더 옴 쇼 – 샤킬 칸', 사운드클라우드, 2017년 5월.

5   에릭 바이퍼(사운드클라우드의 공동 창업자) 인터뷰: 스톡홀름, 2018년 5월.

6   L. 홀름스트룀, '안녕! 2007년 – 라이브', 시티즌 미디어 워치, 2007년 4월 21일.

스포티파이, 드디어 투자를 받다

1   조 코헨(시트웨이브의 전 사장) 전화 인터뷰: 2018년 4월.

2   패르-예르겐 패르손 인터뷰: 스톡홀름, 2018년 4월.

3   스벤 칼손, '악셀-톱펜: 사람들은 아비토 창업자들이 농담을 했다고 생각했다', 〈다겐스 인두스트리〉, 2017년 6월 8일.

4   페르 순딘 인터뷰: 스톡홀름, 2018년 6월.

5   2008년에 제출된 스포티파이 서류: 룩셈부르크 비즈니스 기록부.

6   '더 옴 쇼-샤킬 칸', 사운드클라우드, 2017년 5월.

Part 2 경쟁

모든 음악이 무료인 스트리밍 서비스

1   요나스 레이욘휘부드, '스웨덴 사람들은 애플의 악몽', 〈다겐스 뉘헤테르〉, 2008년 10월 30일.

2 올라 사스(페이스메이커의 공동 창업자) 인터뷰: 스톡홀름, 2018년 6월.

3 제이콥 키(워너 뮤직의 전 사업 개발 담당 이사) 인터뷰: 스톡홀름, 2018년 4월.

4 안드레아스 리프가덴(스포티파이의 전 사업 개발 담당 이사) 인터뷰: 스톡홀름, 2018년 5월.

5 조 코헨 전화 인터뷰: 2018년 4월.

6 페르 순딘 인터뷰: 스톡홀름, 2018년 6월.

7 '스타트업 팟캐스트 – 21화 구스타브 쇠데스트룀', 팟캐스트(스포티파이), 케네트웍스, 2014년 10월 29일.

8 스포티파이의 다니엘 에크에게 보낸 숀 파커의 이메일: Scribd.com, 2009년 8월 25일.

9 저자 불명, '스웨덴의 슈퍼탤런트 nr 1', 《베칸스 아패레르》, 2009년 9월 9일.

10 사무엘 아르비드손(소니 BMG의 전 사장) 인터뷰: 스톡홀름, 2018년 5월.

11 Z. 그린버그, '닥터 드레의 30달러 몬스터 – 비츠의 비밀 역사', 《포브스》, 2018년 3월 8일.

12 M. 예랭, '그렇게 스포티파이는 음반사를 사로잡게 되었다', 〈컴퓨터 스웨덴〉, 2009년 8월 7일.

13 M. 순베리, '망누스 우글라는 브라이트홀츠에게 화가 나다 – 스포티파이를 떠나다', 〈엑스프레센〉, 2009년 8월 13일.

14 Y. 아데고크, '2008년에 글로벌 음악 판매 8퍼센트 하락: IFPI', 로이터, 2009년 4월 21일.

15 벤스에서의 출시 파티, 구스타브 쇠데스트룀의 군대 시절, 애플 앱 스토어의 출시를 기념한 파티에 대한 익명의 출처 두 개.

페이스북을 발판 삼아 드디어 미국으로 진출하다

1 토마스 하세(소니 뮤직의 전 디지털 담당 이사) 전화 인터뷰: 2018년 10월.

2 K. 스위셔, '스포티파이의 에크가 음악 스타트업에 대해서 이야기하다', '올씽즈디', 2009년 9월 22일.

3 다니엘 에크의 라디오 출연: 〈P1의 여름〉, 2012년 7월 12일.

4 제이콥 키 인터뷰: 스톡홀름, 2018년 4월.

5 프레드릭 니에멜래 전화 인터뷰: 2018년 8월.

6 '다니엘 에크의 기조 인터뷰 파트 1', 유튜브, 2010년 10월.

7 안드레아스 엔의 퇴사, 다니엘 에크의 리더십 스타일, 스티브 잡스와의 대화, 스포티 파이의 재정 지원, 마이크로소프트와의 대화에 대한 익명의 출처 일곱 개.

8 '스티브 발머 그리고 다니엘 에크 @KTH, 스톡홀름', 유튜브, 2010년 10월.

스티브 잡스의 계속되는 방해 공작

1 토마스 하세 전화 인터뷰: 2018년 10월.

2 '애플의 독점에 대하여', 유튜브, 2010년 10월 22일.

3 P. 라우리아, '숀 파커와 스티브 잡스가 스포티파이, 애플을 둘러싸고 전쟁에 돌입하다', '더 데일리 비스트', 2010년 10월 28일.

4 소니 뮤직의 주식 옵션과 관련한 합의를 기술한 스포티파이 내부 문건.

5 M. 싱글턴, '이것은 소니 뮤직의 스포티파이와의 계약이었다', '더 버지', 2015년 5월 19일.

6 유럽에서의 협상, 스포티파이의 재정 지원, 유니버설 뮤직과의 협상에 대한 익명의 출처 세 개.

7 스티브 잡스를 잘 아는 유니버설 뮤직 임원진과의 대화에 대한 익명의 출처 세 개.

8 '스포티파이 약사 - 구스타브 쇠데스트룀', 유튜브, 2019년 1월.

9 인스트럭터스 주식회사 2013년 회계 감사 자료: 회사 등록과 도산 회사의 파산 관재 부서, 키프로스.

10 'CNET 뉴스 - 스티브 잡스는 아이클라우드를 도입했다', 유튜브, 2011년 6월.

11 스포티파이와 워너 뮤직의 협상, 스포티파이의 미국 진출을 축하한 파티에 대한 익명의 출처 세 개.

12 B. 시사리오, '뉴 서비스는 양으로 음악을 공급한다. 노래로는 아니다', 〈뉴욕 타임스〉, 2011년 7월 13일.

페이스북과는 협력을, 비츠와는 경쟁을

1 스포티파이와 페이스북의 협업에 대한 익명의 출처 세 개.

2 '페이스북 딜레마', PBS 〈프론트라인 2018〉, 2018년.

3 'F8 2011 기조연설', 유튜브, 2011년 9월.

4 P. 호지, '억만장자 숀 파커가 스포티파이를 위한 몬스터 파티를 열다', 〈샌프란시스코 비즈니스 타임스〉, 2011년 9월 23일.

5   울라 사스 인터뷰: 스톡홀름, 2018년 6월.

6   비츠 방문에 대한 익명의 출처.

언제 닥칠지 모르는 위기

1   스포티파이의 전략일에 대한 익명의 출처 네 개.

2   악셀 바드 브링예우스(스포티파이의 전 확장 담당 이사) 인터뷰: 베를린, 2018년 5월.

3   다니엘 에크의 텔레비전 출연: SVT 〈스카블란〉, 2015년 3월 5일.

4   다니엘 에크의 라디오 출연: 〈P1의 여름〉, 2012년 7월 12일.

5   A. 엣지클리프-존슨, 'FT와의 점심: 다니엘 에크', 〈파이낸셜 타임스〉, 2013년 9월 27일.

6   스포티파이에서 마르틴 로렌손의 역할에 대한 익명의 출처 세 개.

스포티파이, 음악을 넘어 영상 스트리밍을 넘보다

1   스포티파이 TV 프로젝트를 잘 알고 있는 익명의 출처 여덟 개.

2   요나스 훼그렌(디스커버리 네트워크 스웨덴의 전 사장) 인터뷰: 스톡홀름, 2018년 8월.

애플과 비츠, 라이벌끼리 손잡다

1   스포티파이의 곡 추천 기능에 대하여 다니엘 에크와 이야기를 나눈 익명의 출처.

2   에릭 벤하손(스포티파이의 전 개발자) 전화 인터뷰: 2018년 5월.

3   울라 사스 인터뷰: 스톡홀름, 2018년 6월.

4   프레드릭 빈노(비츠 뮤직의 전 기술 담당 이사이자 제품 담당 사장, 스포티파이의 전 제품 담당 이사) 전화 인터뷰: 2018년 7월.

5   투니고와 에코 네스트의 매입에 대한 스포티파이의 보도 자료와 회계 감사 자료.

6   구글과의 스포티파이 협상을 잘 알고 있는 익명의 출처 세 개.

7   J. 그라드발, '거인들이 테크닉 천재를 놓고 싸우다', 〈더 위켄드〉, 2016년 9월 8일.

8 비츠 뮤직과 애플과의 합병을 잘 알고 있는 익명의 출처.

9 스포티파이의 뉴욕 지사를 잘 알고 있는 익명의 출처 세 개.

10 2014년에 스포티파이 제품 팀에서의 일을 잘 알고 있는 익명의 출처 세 개.

11 '스타트업 팟캐스트 – 21화 구스타브 쇠데스트룀', 팟캐스트(스포티파이), 케네트웍스, 2014년 10월 29일.

12 '닥터 드레, 힙합의 첫 번째 억만장자가 타이리스 깁슨과 기념하다', 유튜브, 2014년 5월 10일.

사상 최악의 위기를 맞은 스포티파이

1 헨릭 란드그렌(스포티파이의 전 분석 담당 이사) 인터뷰: 스톡홀름, 2018년 9월.

2 스포티파이의 앱 제작 과정, 음반사와의 협상, 2013년 크리스마스 파티에 대한 익명의 출처 네 개.

3 2013년 스포티파이의 성장에 대한 내부 수치.

4 인스트럭터스 주식회사와 로셀로 주식회사의 회계 감사 자료: 회사 등록과 도산 회사의 파산 관재 부서, 키프로스.

5 '스타트업 팟캐스트 – 21화 구스타브 쇠데스트룀', 팟캐스트(스포티파이), 케네트웍스, 2014년 10월 29일.

6 '다니엘 에크, 니클라스 센스트룀, 일카 파나넨: 우리는 어떻게 성공으로 가다가 길을 잃어버렸을까', 유튜브, 2016년 11월.

테일러 스위프트의 보이콧, 라이벌이 된 제이 지

1 다니엘 에크의 새로운 습관과 성장의 갈망에 대한 익명의 출처 두 개.

2 페르 순딘 인터뷰: 스톡홀름, 2018년 6월.

3 롭 웰스 전화 인터뷰: 2018년 6월.

4 악셀 바드 브링예우스 인터뷰: 베를린, 2018년 5월.

5 독점적인 저작권과 관련한 제이 지의 제의, 타이달을 바라보는 마르틴 로렌손의 관점에 대한 익명의 출처 두 개.

6 스벤 칼손, '스포티파이: 음원 스트리밍 서비스가 죽을 각오로 끝까지 버티고 있다', '비즈니스 인사이더', 2015년 3월 11일.

7 요나스 레이욘휘부드, '제이 지는 아스피로를 매입하고 싶어 한다', 〈다겐스 인두스트

리〉, 2015년 1월 31일.

8 '제이 지의 타이달 오프닝 공식 출시!', 유튜브, 2015년 3월 30일.

Part 4 미래

빅데이터로 애플 뮤직에 대항하다

1 투자자와 다니엘 에크의 대화, 구스타브 쇠데스트룀의 내부 이야기, 스포티파이 러닝에 대한 익명의 출처 두 개.

2 어떻게 디스커버 위클리가 만들어지게 되었는지에 대한 익명의 출처 두 개.

3 '숍 토크: 스포티파이 디스커버 위클리', 유튜브, 2016년 2월.

4 '미디어 이벤트', 유튜브(스포티파이), 2015년 5월.

5 '애플 – WWDC 2015', 유튜브, 2015년 6월.

6 프레드릭 빈노 전화 인터뷰: 2018년 7월.

7 D. 골드베리, '애플 뮤직에 관해 다니엘 에크 이야기: 1등이어야 할 필요는 없어요', 〈다겐스 인두스트리〉, 2015년 6월 10일.

8 C. 앳킨슨, '음원 스트리밍 서비스를 엄밀히 조사하는 경쟁 위원회', 〈뉴욕 포스트〉, 2015년 4월 1일.

9 K. 위거즈, '비츠의 재출시에 앞서 무료 스포티파이 스트리밍을 죽이기 위해 음원 레이블에게 압력을 가하는 애플', '더 버지', 2015년 5월 4일.

10 브라이언 X. 첸 · B. 시사리오, '두 개의 주에서 조사된 애플 뮤직과 레이블', 〈뉴욕 타임스〉, 2015년 6월 9일.

11 모먼트의 출시에 대한 익명의 출처 세 개.

스웨덴이 낳은 성공 신화로 우뚝 서다

1 글로벌 뮤직 리포트, IFPI, 2016년 4월.

2 다니엘 에크 · 카타리나 베리 · 배리 맥카시의 리더 스타일, 2015~2017년 스포티파이에서 마르틴 로렌손의 역할에 대한 익명의 출처.

3 스벤 칼손, '다니엘 에크: 나는 팔지 않을 겁니다', 〈다겐스 인두스트리〉, 2016년 6월 9일.

4   스벤 칼손, '다니엘 에크는 스포티파이의 주식을 3억 크로나에 팔았다', 〈다겐스 인두스트리〉, 2017년 5월 19일.

5   쇠렌 그라낫(〈스베리에스 라디오〉 기자) 이메일 인터뷰: 2018년 9월.

6   쇠렌 그라낫, '스포티파이가 주식 상장 계획을 부정하다', 〈스베리에스 라디오〉, 2017년 6월 2일.

7   배리 맥카시의 스포티파이 초창기, 알렉스 노스트룀의 승진에 대한 익명의 출처 두 개.

8   피애데 AP 펀드의 구애, 스포티파이의 수십억 크로나 대출에 대한 발렌베리 측의 반응과 조건에 대한 익명의 출처 세 개.

9   다니엘 에크와 소피아 레반데르의 결혼식 관련한 인스타그램과 페이스북 게재물, 2016년.

스트리밍 전쟁에서 어떻게 살아남을 것인가

1   J. 뢰트거, '스트리밍이 다운로드, CD를 접수하다', 〈버라이어티〉, 2016년 3월 22일.

2   '다니엘 에크, 앞으로 10년간 스포티파이는 이렇게 발전할 겁니다', TV4 〈뉴스와 함께하는 아침〉, 2016년 8월 13일.

3   스포티파이 창업 이전 다니엘 에크에 대한 익명의 출처 두 개.

4   저스틴 비버의 뮤직비디오, 타이달과의 협상, 사운드클라우드와의 협상에 대한 익명의 출처 네 개.

5   2012~2016년 사운드클라우드의 발전 상황에 대한 익명의 출처 세 개.

6   '엘리자베스 워런 상원 의원 기조연설 – 미국의 독점 문제', 유튜브, 2016년 7월.

7   워싱턴 D.C에서 있었던 스포티파이의 로비 작업, 수년간 애플 앱 스토어의 진출이 지연된 일에 대한 익명의 출처 네 개.

8   스포티파이의 로비 작업에 대한 미국 당국의 정보.

9   C. 웨이크, '스포티파이는 소비자에게 애플의 앱 스토어를 통하여 지불하는 것을 중단하도록 요구했다', '더 버지', 2015년 7월 8일.

10 J. 러브 · M. 샨리, '애플이 음원 스트리밍 요구에 대해 스포티파이를 반격했다', 로이터, 2016년 7월 1일.

뜨거웠던 주식 상장의 순간

1   2017년 스테판 블롬의 작업에 대한 익명의 출처 세 개.

2 R. 새피언, '세계의 지배를 위한 스포티파이의 300억 플레이리스트',《패스트 컴퍼니》, 2018년 8월 6일.

3 스포티파이 이전 직원들의 주식의 거래와 이득에 대한 익명의 출처 여섯 개.

4 스포티파이와 텐센트와의 협상에 대한 익명의 출처 두 개.

5 스포티파이의 소유주 목록, 텐센트와의 거래에 대한 내부 문건.

6 스포티파이, 텐센트, 다니엘 에크 그리고 마르틴 로렌손 사이의 2017년 12월 15일 자 계약.

7 잉엄, T. '스포티파이는 플레이리스트에 있는 가짜 아티스트들을 부정했다. 그러면 왜 이 가짜 아티스트들이 플레이리스트에 있는가?', '뮤직 비즈니스 월드와이드', 2017년 7월 9일.

8 스포티파이의 사운드트랩 인수 전략에 대한 익명의 출처 세 개.

9 스벤 칼손, '스포티파이는 스웨덴 애플리케이션 회사를 5억 크로나에 인수했다'. 〈다겐스 인두스트리〉, 2018년 1월 2일.

10 '인베스터 데이 – 2018년 3월', 비디오 프레젠테이션(스포티파이), 2018년.

두 번째 이닝에 들어선 스포티파이

1 R. 스미르케, '스포티파이는 투자자와 그의 형제들 싸움을 가족에게 끌어들였다',《빌보드》, 2018년 3월 30일.

2 다니엘 에크의 유스홀름 주택에 대한 익명의 출처 두 개.

3 다니엘 에크의 유스홀름 주택에 대한 공식 문서: 단데뤼드 콤뮨과 베름되 콤뮨, 2018년.

4 스포티파이, 소니 뮤직, 워너 뮤직 그리고 유니버설 뮤직의 공식 정보.

5 앤서니 티피스와 다니엘 에크와의 대화에 대한 익명의 출처.

6 '스포티파이 CEO 다니엘 에크 인터뷰 – 코드 2018', 유튜브, 2018년 5월.

7 2018년 다니엘 에크의 리더십 스타일에 대한 익명의 출처 두 개.

8 '텐센트 뮤직 vs. 스포티파이', 팟캐스트(디지털 차이나), 2019년 1월 3일.

9 다니엘 에크의 자동차 소유에 대한 교통 위원회 정보.

10 2018년 마르틴 로렌손의 생각에 대한 익명의 출처 두 개.